JULIA ONKEN

Spiegelbilder

Buch

Die Autorin unternimmt, eingebettet in eine persönliche (Beziehungs-)Geschichte, eine Reise durch unwegsame männliche Seelenkontinente. Vom Prinzipienreiter bis zum Charmeur beschreibt sie eine breite Palette von Männertypen, die – wie sollte es auch anders sein – natürlich ein weibliches Pendant besitzen, denn Partner zeichnen sich jeweils durch die Eigenschaften aus, über die der andere gar nicht oder nur wenig verfügt. Angesichts dieser Tatsache sollte allen Frauen klar werden, daß es vergebliche Liebesmühe ist, den Partner »umerziehen« zu wollen. Selbsterkenntnis und eigene Entwicklungsschritte bringen da in jeder Hinsicht mehr. Die erfahrene Psychologin zeigt, welche konstruktiven Wege der Veränderung es bei Partnerschaftsproblemen gibt.

Autorin

Julia Onken, Diplompsychologin und Therapeutin, ist Gründerin und Leiterin des »Frauenseminars Bodensee«. Sie leitet zudem psychologische Aus- und Weiterbildungskurse und Paar-Seminare. Mit ihren Büchern »Feuerzeichenfrau«, »Geliehenes Glück« und »Vatermänner« wurde sie zu einer der erfolgreichsten deutschsprachigen Autorinnen zum Thema Partnerschaft und Selbstverständnis der Frau.

JULIA ONKEN

Spiegelbilder

Männertypen – wie Frauen
sie durchschauen und
sich dabei selbst erkennen

GOLDMANN

Die Zitate auf den Seiten 52 f., 78 ff., 85 f., 132 f., 138 f., 191 f. und 198
sind mit freundlicher Genehmigung des Ernst Reinhardt Verlags
dem Buch entnommen:
Fritz Riemann: Grundformen der Angst.
Eine tiefenpsychologische Studie. München 1961, 1995

Der Goldmann Verlag
ist ein Unternehmen der Verlagsgruppe Bertelsmann

Vollständige Taschenbuchausgabe September 1997
Wilhelm Goldmann Verlag, München
© 1995 C. Bertelsmann Verlag GmbH, München
Umschlaggestaltung: Design Team München
Umschlagmotiv: Paul Delvaux, »Pygmalion«
Druck: Presse-Druck Augsburg
Verlagsnummer: 12741
KF · Herstellung: Sebastian Strohmaier
Made in Germany
ISBN 3-442-12741-6

1 3 5 7 9 10 8 6 4 2

Inhalt

III. *Vorbilder*

I. Reisebilder

Der eine hat ein Pferd, der andere kann reiten

Terrible voyage – Schreckliche Reise

Wir rasen über die Route Nationale. Felix pfeift mich an, es sei alles meine Schuld. Ich hätte wieder einmal herumgeplempert. Und dann auf jeder Raststätte die Pinklerei! Dabei mußte er meinetwegen lediglich zweimal anhalten. Und einen Kaffee will auch er trinken.

Ich beginne zu rechnen. Um elf Uhr haben wir einen Termin mit Monsieur Clement. Es ist bereits nach zehn. Hundertzwanzig Kilometer liegen noch vor uns. Es gelingt mir, Felix zum Anhalten zu bewegen, um in Clements Büro anzurufen. Dort wird mir höflich mitgeteilt, er sei bereits unterwegs. Triumphierend legt Felix noch eine Oktave zu, was seine Schuldzuweisung betrifft. Nun hätte ich durch mein völlig überflüssiges Telefonieren noch mehr Zeit vertan. Alles ginge den Bach herunter!

Ich gebe mich nicht geschlagen. Gleich bei der nächsten Abzweigung dirigiere ich Felix auf eine Nebenstraße, peile luftlinienmäßig westwärts unser Ziel an. Irgendwann würden wir uns wieder auskennen und den vereinbarten Treffpunkt ausfindig machen. Wir jagen kreuz und quer. Uns völlig unbekannte Dörfer tauchen auf. Felix buchstabiert laut, falsch und vorwurfsvoll Ortsnamen. Je weiter wir fahren, um so fremder wird uns alles. Ich habe die Orientierung total verloren und möchte dringend anhalten.

Ohne zu reagieren, fährt Felix fiebrig weiter. Ich schreie ihn an. Erfolglos. Ich drohe, aus dem Auto zu springen, was ihn ebenfalls nicht beeindruckt. Die einzige Möglichkeit, damit er anhält, besteht darin, ihm nicht weiter vorzuschreiben, wie er zu fahren habe. Ich verstumme. Er hastet weiter. Drängt. Nach links? Nach rechts? Dann. Endlich. Hält er an.

»Wir haben uns verfahren«, kommentiere ich emotionslos.

»Du hast mich über Stock und Stein gejagt! Es ist alles deine Schuld!«

»Ich weiß. Ich weiß.«

»Und nun?«

»Und nun.«

»Du weißt doch sonst immer, wo's langgeht«, schreit er außer sich. »Also bitte!«

Ich krame die Landkarte hervor: »Voilà.«

Sie fällt zu Boden, er reißt die Türe auf, springt wütend aus dem Wagen und läuft wie von der Tarantel gestochen davon. Und wir wollten hier ein neues Leben beginnen! Wir wollten ein Schloß kaufen und dann leben wie Gott in Frankreich. Ein Leben führen ohne Streit. Ohne Zänkerei. Ohne hysterische Wutanfälle. So jedenfalls hatten wir es einander hoch und heilig versprochen. Und nun verpatzen wir unseren ersten Besichtigungstermin.

Wenn nur Felix nicht so stur wäre!

Ich sehe ihn noch verschwommen als winzigen Punkt auf der Straße. Er scheint völlig durchgedreht zu sein. Die Sonne brennt gnadenlos aufs Blechdach. Was soll ich tun? Ich versuche es mit der Landkarte. Hoffnungslos. Linsentrübung in fortgeschrittenem Stadium. Kann seit langem nicht mehr Auto fahren, lese nur noch mit der Lupe. Ich steige aus. Gehe auf die andere Straßenseite, stelle mich direkt vor den Wegweiser. Die Sonne blendet und vernebelt die großen Buchstaben.

Ich erkundige mich bei einem Fußgänger, wo wir sind und wie wir am schnellsten zum gewünschten Ort gelangen. Wir sind nicht mehr weit. Ich winke Felix zu. Er läßt sich Zeit, kommt gespielt gleichgültig zurück. Und die Fahrt geht auf direktem Weg weiter.

Monsieur Clement hat in der Pappelallee eingangs des Dorfes zwei Stunden auf uns gewartet. Er ist bestürzt, als er mich völlig aufgelöst sieht. Ich erzähle ihm alles. Von unserem Streit. Und daß sich Felix strikt weigere, die Karte zu lesen. Und vor allem, daß ich es mit diesem Mann nicht mehr länger aushalte. Monsieur Clement sorgt sich rührend um mich, während sich Felix unbekümmert die Gegend anschaut. Ach, einen charmanten Franzosen müßte man eben haben und nicht einen stockfischfinsteren Schweizer!

Wir lassen unser Auto stehen und steigen in dasjenige von Monsieur Clement. Und dann wird es ganz feierlich. Monsieur Clement fährt langsam durch die Allee, biegt in die leicht ansteigende Straße, rechts ein kleiner Bilderbuchsee. Auf der linken Seite hohe Mauern. Ein langer schmiedeeiserner Zaun. Ein Tor. Dahinter steht es. Majestätisch. Hochstirnig. Der Mittagssonne zugewandt.

Monsieur Clement blickt siegessicher: »Nicht wahr, es ist das, was Sie suchen!«

Es ist es.

Felix streckt mir die Zunge entgegen. Ich schneide eine Grimasse. Wir sind wieder versöhnt.

In dieser Nacht schlafe ich königlich im großen Hotelbett. Durch das offene Fenster strömen Straßenlärm und

Autogestank. Es stört mich nicht. Ich habe nur einen Gedanken: Endlich! Irgendwo ansässig werden. Ein Zuhause haben. Nie mehr herumreisen. Nie mehr Koffer packen müssen. Keine Abschiede mehr.

Und ich male mir aus, wie ich dort einen geregelten Tagesablauf lebe. Immer zur gleichen Zeit aufstehen. Früh ins Bett gehen. Dienstag und Freitag Haare waschen. Einmal in der Woche Brot backen.

Voyage de rêve – Träumerische Reise

Es war tatsächlich das Haus, das ich suchte, das seit Jahren in meinen Träumen kurz auftauchte und geheimnisvoll wieder verschwand.

Nun stand es da. Und ich davor. Was nun? Wie einen Wunschtraum wahr werden lassen? Wie die Phantasie in die Knie zwingen, um sich auf die Realität einzulassen?

Ich gehöre zu den Phantasten. Felix leider ebenfalls. Es fällt uns viel leichter, Pläne zu schmieden, in Wünschen spazierenzugehen, als sich mit knochenharten Fakten herumzuschlagen.

Vor einigen Jahren fraß sich ein Bazillus in unser Hirn: französische Schlösser. Mit all den menschlichen Wirrnissen und Verstrickungen. Wir klapperten sämtliche Schlösser an der Loire und anderswo ab, schlenderten durch die Jahrhunderte, vom schmalbrüstigen, schmächtigen Louis XIII., der als Vierzehnjähriger mit der gleichaltrigen Anna von Österreich vermählt wurde, bis zum zuletzt regierenden Louis XVI., der enthauptet wurde.

Die Franzosen sind stolz auf ihre Geschichte. Sie versuchen das Alte wie eine Kostbarkeit zu erhalten – auch wenn's etwas schief steht. In der Schweiz hingegen werden die Zeugen der Vergangenheit eliminiert. Je geschichtsloser, um so besser. Alles muß topfeben liegen, fadengerade gezogen und von allem gesäubert sein, was an Leben erinnert. Unebenheiten werden zubetoniert und vermauert. Es gibt keine von Grasbüscheln gesäumten Straßen mehr. Quadratische Betonsteine grenzen das eine vom andern ab. Und die Grenzmarkierung ist von länglichen Pflastersteinen nochmals eingefaßt. Und das Ganze nochmals durch einen Teersaum eingerahmt. Fruchttortensaubere Abschlüsse. Abgrenzung. Ausgrenzung. Facelifting allerorten. Jede Begradigungsaktion verengt den Lebensraum, stutzt Lungenflügel, sperrt Fülle ins Puppenhaus.

Spielzeuglandschaft. Ideen erstarren, stehen in Reih und Glied und Zahl. Und nur im Traum schleicht sich die Seele davon, durchzieht in kühnem Schwung Weltenmeere.

Meine Seminararbeit platzte aus allen Nähten. Neue Ideen zwängten sich durch jede Ritze, drängten übermütig zum Spiel. Chronischer Platzmangel. Wo immer. Auch zu Hause. Es gibt Häuser, die immer zu klein sind. Ob man zu viert drin wohnt, zu dritt oder zu zweit. Es sind allenfalls Einpersonenhäuser. Fernsehsitzhäuser.

Ich haderte mit dem Spielleiter, dem Regisseur da oben. Eines Tages hielt ich ernsthaft Zwiesprache und schrie hinauf, zu IHM, der da sitzt, in seiner großen Loge, und wohl etwas gelangweilt herunterschaut. Ich wollte von ihm wissen, wie er sich das wohl zukünftig vorstelle mit mir. Ob das nun immer so weitergehe oder ob er sich da räumlich mal was einfallen lasse. »Zum Henker«, schrie ich, »wie viele Idioten sitzen in ihren überdimensionierten Villen, wissen nichts Gescheiteres damit anzufangen, als sich zu langweilen. Sie besitzen ein Pferd und können nicht reiten!

Ich hingegen, ich kann reiten, reiten wie ein Teufel. Aber ich brauche endlich ein Pferd!«

Wir ließen Pläne erstellen, um unser Haus umzubauen. Aber wir konnten es drehen und wenden, wie wir wollten, das Haus würde trotz aufwendigen Umbaus zu klein bleiben. Später suchten wir nach einem anderen Haus. Jede Besichtigung ließ mich reuevoll in das alte zurückkehren. Letztendlich entschieden wir uns, ein neues Haus zu bauen. Obwohl mir immer klar war, in meiner bescheidenen Preisklasse würde es nie so werden können, wie ich mir das vorstellte.

Wir suchten Bauplätze. Wie zwei Kinder ließen wir uns auf die unmöglichsten Situationen ein. Einmal wähnten wir das große Los mit Seesicht gezogen zu haben. Unser Architekt bewahrte uns vor dem Schlimmsten. Die Bauparzelle war so schmal wie ein Handtuch, stürzte senkrecht in die Tiefe und endete in einer Mülldeponie. Die nicht bebaubare Fläche wollte uns der Landbesitzer ebenfalls für einen stolzen Preis andrehen.

Auf unseren Schlendertouren durch französisches Mauerwerk entdeckten wir an einem Großstadtkiosk dicke Kataloge, wo speziell historische Baulichkeiten feilgeboten wurden. Die Preise gigantisch niedrig. Der bescheidene Umbau meiner Schuhschachtel lag um einiges höher.

Gibt es etwas Schöneres, als in einem französischen Hotel im Bett zu liegen, drei, vier Kataloge um sich herum, und sich auf das Abenteuer der angebotenen Schlösser einzulassen? Wie im Märchen! Schlaraffenland.

»Ja, aber der Unterhalt, der Unterhalt! Um Gottes willen, denk an den Unterhalt«, unkte es warnend aus Freundes- und Bekanntenmunde.

»Verlier nicht den Verstand! Denk an plötzliche Überraschungen, wacklige, einstürzende Türme, zusammenkrachende Mauern. Das wird dich in den Ruin treiben!«

Vor allem Männer warnten mich. Mit jener Nüchternheit, die wir Frauen oft an ihnen bewundern. Klare Kalkulationen im Hirn. Keine schwärmerischen Träumereien. Die Folgen glasklar und konsequent immer vor Augen.

Nur im Bett haben sie ein Brett vor dem Kopf. Verlieren den Verstand. Welcher Mann denkt da an die Folgen? Die Konsequenzen? An den Unterhalt?

Man hätte mich in Ketten legen und hinter dicke Mauern einschließen müssen, um mich daran zu hindern, was sich nicht mehr verhindern ließ.

Nach den ersten Besichtigungen lernte ich allerdings, daß die wunderschönen Bilder oft wenig mit den zum Kauf angebotenen Objekten zu tun hatten. Die Franzosen sind große Könner, einen Steinhaufen aus einer vielversprechenden Perspektive zu fotografieren: zwischen dem Geäst uralter Bäume hindurch, davor ein liebliches Bächlein plätschert, ein herrschaftliches, reichverziertes, leicht geöffnetes Tor, das den Blick auf die sich im Schatten spielende Silhouette eines mit vielen Türmchen besetzten Traumschlosses freigibt. Steht man dann tatsächlich davor, traut man seinen Augen nicht. So standen wir oft fassungslos vor ausgetrockneten »Wasserschlössern«, und nur der mit Schutt und Müll aufgefüllte Graben war noch als solcher zu erkennen. Der Rest eine Ruine.

Doch wer von einer Idee angefressen ist, läßt sich durch Tatsachen kaum abschrecken. Wir suchten unermüdlich weiter.

Bis mir eines Tages ein Geheimtip zugetragen wurde. Nun, zwischen dem Wunsch, ein historisches Anwesen in

Frankreich zu besitzen, und tatsächlich ein solches zu erwerben, klafft ein tiefer Abgrund.

Etwas zu besitzen ist wohl in der Phantasie möglich. Die zur Materie gewordene Wirklichkeit hingegen läßt sich nicht in Besitz nehmen. Wir übernehmen höchstens die Verantwortung der Pflege. Mehr nicht. Ein Haus kann nicht mir gehören. Ich kann es nicht in die Arme schließen, ins Bett nehmen und ihm sagen: Du gehörst jetzt mir. Das Haus steht da und weiß nichts davon.

Voyage pluvieux – Regnerische Reise

Nachdem wir das Haus gefunden hatten, folgte der Versuch, es käuflich zu erwerben.

Viele Abklärungen. Es geht. Es geht doch nicht. Oder nicht so, wie wir uns das vorgestellt hatten. Felix klärt die klimatischen Verhältnisse ab. Wie viele Sonnenstunden, wie viele Kubikzentimeter Wasser im Jahr.

Wir fahren zur zweiten Besichtigung. Ein fachkundiger Freund begleitet uns. Es gießt in Strömen. Ich bin viel zu leicht angezogen und muß mich auf einer Raststätte umziehen. Das Wasser läuft mir hinten in die Schuhe herein und vorne wieder hinaus. Den Schirm habe ich zu Hause vergessen. Und die übrigen fünfzig, die ich in den letzten Jahren gekauft hatte, stehen irgendwo herum oder werden von irgend jemandem benutzt. Bei Schirmen werden die Besitzverhältnisse klar; Materie kann man nicht besitzen. Selbst wenn man meint, einen Schirm zu besitzen, flugs ist er schon wieder verschwunden. Mit dem Kauf immer neuer Schirme kann höchstens dazu beigetragen werden, daß möglichst viele im Umlauf sind. Schirme sollte man also grundsätzlich nicht mitnehmen, sondern nach Gebrauch zurücklassen, bei Bedarf sich eines anderen bedienen — und dann wieder stehenlassen.

Obwohl der Himmel trüb über uns hängt, fühle ich mich von der Weite dieses Landes umarmt. Wie kann mich etwas umarmen, das grenzenlos zu sein scheint? Umarmungen schließen ein, begrenzen, machen kurzatmig. Und doch. Ich fühle mich frei wie ein Vogel. Spüre den Flügelschlag, der um die Ohren rauscht.

Eigendrehung. Und fliegen. So weit ich will.

Ich bin aufgeregter als vor einem Rendezvous. Habe ich in meiner kindlichen Freude vielleicht übersehen, daß es im Grunde genommen doch nur eine bessere Ruine ist, die bald zusammenkracht? Daß es Mängel gibt, die ich übersehen habe?

Felix fährt. Manchmal wie ein junger Gott, mit letzter Raffinesse die Wolkenhydraulik bedienend. Manchmal aber flegelhaft. Atemlos. Zu schnell. Zu dicht: »Schatz, wenn du dich als Liebhaber so verhieltest wie auf der Straße, immer zu schnell, eine Nasenlänge voraus, wärst du ein miserabler Liebhaber.«

Als er gerade überholt, kommt uns ein Geisterfahrer entgegen. Felix steigt in die Eisen, drängelt sich zwischen die Überholten, während das Auto haarscharf an uns vorbeirast. Er hält beim Notruf an. Meldet die Angelegenheit und fährt überholfreudig weiter.

Im Verkehrsfunk folgt die Warnung: »Achtung. Auf der A 31 von Lyon nach Paris befindet sich ein Geisterfahrer.«

Und wie in jenem alten Witz hört wohl ebenfalls der Geisterfahrer diese Meldung und wird sich verwundert an seine Frau wenden: »Was heißt hier einer, es sind Tausende!«

Wir fahren zuerst ins Hotel, da wir etwas früh dran sind. Packen aus. Felix legt sich aufs Bett und schläft unverzüglich ein. Ich bin zu aufgedreht.

Endlich ist es Zeit. Wir verfahren uns zuerst. Wie immer. Und ich bin daran schuld. Wie immer.

In Partnerschaften gibt es Partituren. Sie sind festgelegt. Und sie wiederholen sich. Irgendwann singt man sie automatisch. Bei uns ist die Schuldfrage unter Dach und Fach, wird weder reflektiert noch korrigiert.

Felix hat seinen Fotoapparat dabei. Er fotografiert jede Ecke, während ich parliere, wissen möchte, ob es im Sommer im Haus sehr heiß sei — »non, au contraire, dans la maison il fait très frais« (nein, im Gegenteil, im Haus ist es sehr frisch), antwortet Madame. Ob es Mücken habe, will ich erfahren — »il n'y a pas de moustiques« (es hat keine), und ob die Menschen in diesem Dorf nett seien.

Ein Hundertseelendorf. Alle Häuser renoviert und unter Denkmalschutz. Und oben auf dem Hügel, mitten im Wald, eine kleine Kirche. Die Toten ruhen hier. Das älteste Grab aus dem siebzehnten Jahrhundert. Und es gibt noch viel Platz. Hier wird Sterben vorstellbar. Die ewige Ruhe unter Akazien, unter der hundertachtzigjährigen Linde und türkisblauem Himmel, verlockend. Ein Vogel zwitschert. Ein Schmetterling zittert auf schwarzer Marmorplatte. Daneben sitzt, auf einem Erdhügel, ein kleiner Alabaster-Engel — »A mon ange Pierrette«. Sie ist nur drei Jahre alt geworden. Wachsblumen überall. Kitsch, denkt meine schweizerische Gehirnhälfte. Die andere läßt sich verzaubern, seine Liebsten im Jenseits mit immerwährender Blütenpracht zu erfreuen. Wenn schon Erde wieder zu Erde wird, sollen die Blumen nicht verwelken.

Schon bei der ersten Besichtigung hat mich Felix auf den vorsintflutlichen Zustand der elektrischen Installation aufmerksam gemacht. Die Kabel hängen nackt und zusammengeknotet allerorten herum. Unter dem großen Dach ein wildes Durcheinander. Felix ist kurz vor einem hysterischen Anfall, malt den Teufel an die Wand, von wegen Brandgefahr und dergleichen. Dafür habe ich nur ein müdes Lächeln übrig, argumentiere, das Haus habe über drei Jahrhunderte lang nicht gebrannt. Die Chance sei demnach groß, daß es in den nächsten dreihundert Jahren auch nicht abbrenne.

Er wird wütend. Ich sei unbelehrbar, überheblich, wisse ohnehin immer alles besser, und rechnen könne ich auch nicht. Jedes Kind wisse doch, daß es erst seit rund achtzig Jahren Elektrizität gäbe. Wir streiten. Ausführlich. Auf deutsch – und das hat große Vorteile. Er läßt nicht locker. Ich auch nicht. Bis ich ihm mitteile, ich hätte nicht die Absicht, nach Frankreich umzuziehen, um den schweizerischen Unterverputz-Sauberkeitswahn zu importieren.

»Hier hängen eben die elektrischen Drähte nackt von den Decken herunter, verschwinden zu den Fenstern hinaus und kommen durch Türritzen wieder herein.«

Nochmals ein kurzes Aufbäumen im Heizungsraum, überall unverkabelte Installationen. Ich bin in einem Zustand, wo ich alles übersehe, alle Ermahnungen in den Wind schlage. Am liebsten hätte ich gleich den Kaufvertrag unterzeichnet. Felix ist dagegen. Er will handeln und verhandeln.

So fahren wir unverrichteter Dinge wieder nach Hause. Ich bin unendlich wütend auf ihn, weil ich davon überzeugt bin, daß wir durch sein blödsinniges Zaudern die Chance unseres Lebens verpaßt haben.

Aber ich lasse nicht locker. Ich will in Windeseile den Kauf hinter mich bringen und so schnell wie möglich dort einziehen. Er bremst. Taktiert. Ich dränge zur Eile. Wir fahren noch einige Male hin und her. Es regnet immer. Jedesmal verfahren wir uns. Und selbstverständlich ist es jedesmal meine Schuld.

Dann aber, nachdem mir der Geduldsfaden beinahe gerissen ist, ist es soweit. Und wir werden stolze Besitzer eines historischen Anwesens.

Nach Unterzeichnung des Kaufvertrages wollen wir unser Glück genießen und fahren unverzüglich zum neuerworbenen Besitz. Dort schrumpft unser Glücksgefühl, als wir feststellen, daß verschiedene besonders dekorative Baulichkeiten herausoperiert worden sind. Es sieht ziemlich leergeplündert aus. Die schönen Verzierungen am Eingangstor sind ebenfalls weggeschraubt.

Dies sei hier üblich, lassen wir uns belehren. Alles, was nicht niet- und nagelfest und einbetoniert ist, wird abgezockt. Eine Schloßbesitzerin erzählt, wie sie noch rechtzeitig vor dem Abholzen der Bäume angekommen sei, um diese zurückzukaufen. Ein anderer Freund berichtet, wie eine große schmiedeeiserne Vogelvoliere aus dem sechzehnten Jahrhundert, die ihn besonders verzauberte und zweifellos mit dazu beitrug, daß er das Schloß erwerben wollte, von den ehemaligen Besitzern sang- und klanglos auseinandermontiert worden und verschwunden sei.

Die Wunden heilen rasch, und bald vergesse ich diese unsägliche Angelegenheit – im Gegensatz zu Felix, der sich noch Monate später darüber herzhaft aufregt.

Ich trage fortan in meinem Portemonnaie, dort wo andere das Bild ihrer Liebsten unterbringen, ein Foto des Hauses, und ich kann nicht satt werden, es immer wieder neu zu bewundern. Eigentlich gefällt mir das Bild noch besser als die Wirklichkeit. Stehe ich leibhaftig davor oder darin, will sich diese Begeisterung nicht so recht einstellen, ja, gelegentlich erschauere ich bei der Vorstellung, diese großen und zahlreichen Räumlichkeiten möblieren zu müssen. Ans Putzen denke ich jetzt noch nicht.

Zunächst aber muß ich noch meinen zahlreichen Vortragsverpflichtungen nachkommen, die ich vor einem Jahr in totaler Bewußtseinstrübung eingegangen bin.

Unterwegs

... mit Minikoffer

Endlich geschafft. Mein Reisegepäck ist auf die Größe einer tragbaren Schreibmaschine zusammengeschrumpft. Schluß mit Herumschleppen von tausend überflüssigen Schrottdingen! Superschlank steht mein petrolfarbenes Köfferchen neben mir und wartet unauffällig auf dem Bahnsteig. Unbeschwert und leichtfüßig würde ich die vielen Vortragsreisen unternehmen können.

»Der Intercity, Abfahrt 10.05 von Gleis 14, hat 10 Minuten Verspätung«, hallt es durch den Lautsprecher. Kein Problem für mich. Mit dem winzigen Gepäck schreite ich den langen Steig hin und zurück. Zehnmal. Zwanzigmal. Dreißigmal. So wird mir nicht kalt!

Ich habe Reisen immer gehaßt. Urlaub machen ebenfalls. Packen müssen. Entscheiden! Was bleibt? Was muß mit? Für alle Fälle. Wenn's jäh kalt wird. Plötzlich Hundshitze ausbricht. Passendes Schuhwerk, in Farbe und Façon: hinten offen, vorne offen oder hinten offen und vorne geschlossen oder hinten und vorne geschlossen für den Regenguß.

Ich schleppte immer zuviel herum. Viel zuviel. Ob im Auto. Im Zug. Per Flug. Oder früher im mir verhaßten Wohnwagen. Wohnwagen! Noch nach drei Jahrzehnten hält das Trauma ungeschmälert an. Wie können sich vernünftige Menschen derartiges antun! Kochgeschirr, Bratpfannen, Salatsieb, Klobürste, Eierbecher, Freizeitklamotten, Waschmittel, Bettzeug – alles im Schlepptau hinter sich quer durch Europa. Als ob es nicht auf der ganzen Welt Kochgeschirr gäbe, eine Bratpfanne, die irgendwo herumhängt, ein gelöchertes Sieb. Aber nein. Es muß das eigene sein.

Und hinterher den ganzen Müll wieder ausräumen. Vom Reisestaub säubern, zurückplazieren – und da vielleicht durch die Reisestrapazen ramponiert, nicht mehr für den Alltag brauchbar. Mit der Zeit muß alles doppelt angeschafft werden. Urlaubsgeschirr. Urlaubsbratpfanne. Urlaubssalatsieb. Urlaubsklobürste. Urlaubseierbecher. Urlaubsunterwäsche. Urlaubsbettzeug. Bald muß nach einer größeren Wohnung, einem größeren Haus gesucht werden, mit geräumigem Keller und Speicher, um all diese Urlaubsutensilien das Jahr über zu lagern.

Ich weiß, wovon ich spreche. Hab' mich jahrelang damit herumgeschlagen. Die verheiratete Zeit ist verknüpft mit Karawanengefühl, Nomadendasein, Kilometersommerstau. Camping-Emigrantenleben: den ganzen Tag Plastikeimer vom Wasserplatz zum Wohnwagen und wieder zurück schleppen. Waschbecken von einer Ecke in die andere schieben, mit kaltem Wasser fettiges Spaghetti-Geschirr spülen. Übervolle, von Fliegen umschwirrte Müllsäcke brüten in Gluthitze. Unter unbarmherzig brennender Strandsonne schmoren, abends am offenen Feuer grillen und gleichzeitig Rauch und Duft des umliegenden Bratgutes in die Urlaubslunge atmen. Da auf den meisten Campingplätzen kein einziger Grashalm wächst, kein Baum vorhanden ist, und wenn, als schattenloses Geripppe kränkelt, wird jeder Tag zur Hölle. Ich habe all meine Sünden abgetragen, vorgebüßt.

Nach der Scheidung war ich den Wohnwagen los. Das Reisen aber blieb. Von Tagungsort zu Tagungsort. Psycho-Marketenderin. Ich reiste mit Auto. Mit Koffern, oder was darin nicht unterzubringen war, stopfte ich in Plastiktüten. Alptraum. Kein treusorgender Ehemann mehr vorhanden, niemand, den ich dafür hätte verantwortlich machen können. Auch keiner, der für mich schleppte. Peinvoller Alleingang. Diskret die Bagage in mehreren Portionen an der Rezeption vorbeigetragen, gemogelt, unter Tüchern und wallendem Mantel geschmuggelt. Noch schlimmer mit öffentlichen Verkehrsmitteln. Gibt es etwas Schmachvolleres, als dabei ertappt zu werden, wieviel Müll für ein einziges Wochenende mitgeramscht wird?

Später dann mit Felix auf Urlaubsreisen. Die ersten Jahre trug er mir alles klaglos durch die Hotelhallen. Allmählich müpfte er bei der Vielzahl unhandlicher Gepäckstücke auf. Dann kaufte ich ein sechsteiliges Kofferset. Packte großzügig seine Sachen ebenfalls mit hinein, wofür er mir unendlich dankbar war. 2 T-Shirts, 2 Hemden, Unterwäsche, Socken und ein Paar Hosen für ihn. Und für mich 7 Seidenblusen, kombinierbar mit Blautönen; 7 Seidenblusen, kombinierbar mit Beigetönen; 7 warmtonige T-Shirts, 7 kalttonige T-Shirts, 4 kalttonige Hosen, 4 warmtonige Hosen, 2 schwarze Röcke, 2 dunkelblaue Röcke, 2 wollweiße; 7 Paar passende Schuhe für schönes Wetter, davon 3 Paar kombinierbar mit Hosen und Röcken; 7 Paar passende Schuhe für regnerisches Wetter, davon 2 Paar zu Hosen passend; mindestens 10 Foulards, reichhaltig Unterwäsche, Strumpfhosen in allen Farben und Socken. Allein der kosmetische Aufwand war gigantisch: Tagescreme, Fond de Teint liquide mit Ersatzschwämmen, loser Puder, großer Puffpinsel, kleinerer Pinsel für Rouge, Reinigungsmilch, Augenbrauenbürstchen und -stift, Wimperntusche, Augenschminkzeug, Konturen- und Lippenstifte in kalten und warmen Tönen, Pinzette und Vergrößerungsspiegel (um allfällig sprießende Borsten an Oberlippe und Kinn unverzüglich auszuzupfen), Haarspangen, Haargummi, Haarshampooing, Weichspüler, Brossing, Rundbürste, elektr. Rundbürste, Lockenwickler, Nagellackentferner, Nagellack zu den verschiedenen Lippenstiftfarben passend, Nagelfeile, Körperlotion, Ohropax und Zahnbürste. Dazu kamen zwei Kilo Computerliteratur für Felix und für mich vier Kilo Fachliteratur, drei Kilo Belletristik und fünfhundert Gramm Lyrik. Felix verlor eh die Übersicht. Aber er war regelmäßig gerührt, daß ich an seine Ersatzsocken und -unterhosen gedacht hatte, und trug fortan das Gepäck.

Es hätte keinen Grund gegeben, mein Reisegepäck zu reduzieren, wären die Seminare, zu denen ich alleine fahren mußte, nicht gewesen. Obwohl ich ein ähnliches Elend bei anderen Frauen beobachten konnte, ärgerte ich mich zunehmend über den unbeschreiblichen Aufwand, den ich betrieb.

Zwar ist mir durchaus bekannt, wie gezielt an einer Verhaltensänderung gearbeitet werden kann. Gewünschtes Verhalten wird von einem Belohungseffekt begleitet. Und weil das menschliche Wesen nach Belohnungen giert, wird sich das Verhalten allmählich dahin ändern, möglichst viele Belohnungseinheiten einzukassieren. Es funktionierte nicht. Weiß der Henker, weshalb ich darauf nicht ansprach. Ich mußte mir was anderes einfallen lassen. Also erstellte ich Listen und notierte, wie oft ich bestimmte

Kleidungsstücke und Schuhe getragen hatte. Ein geschlagenes Jahr unterzog ich mich dieser Selbstkontrolle. Am Ende blickte ich auf ein erschütterndes Ergebnis: Auf 22 Tagungen schleppte ich insgesamt 87 Seidenblusen mit. Davon trug ich 13. Der Unzahl von 53 Pullovern stand eine Anzahl effektiv getragener von 5 gegenüber. 72 Paar Schuhe schulterte ich an den Rezeptionen vorbei. Lediglich 9 Paar kamen zum Einsatz. Vom Rest möchte ich lieber schweigen. Diese Zahlen kurierten mich. Heute weiß ich, was ein Mensch unterwegs braucht. Für zwei Tage. Für fünf. Oder für mehr.

Stolz bin ich auf meinen handlichen Minikoffer. Federnden Schrittes gehe ich an den Mitreisenden vorbei, die wie eingefrorene Statuen neben überfetten Kofferapparaten, gigantischen Beuteltaschen oder anderen unförmigen Gepäckstücken ausharren. Jeder steht vor seinem eigenen Müllberg. Und muß ihn auch noch bewachen. Der Zug fährt ein.

Der Sachbuchautor

Mein reservierter Platz ist besetzt. Ein älterer Herr. Ich setze mich gegenüber. Aus dem Fenster dösen. Geschenkte Zeit. Nachdenken. Niemand quatscht dazwischen. Nur ein leises beunruhigtes Hintergrundgefühl meldet sich. Kurz bevor ich von zu Hause wegfuhr, rief mich die Firma aus Frankreich an, bei der ich Heizöl bestellt hatte: »Madame, une chose grave c'est passé, dans la cave, l'eau traverse le plafond« (Madame, es ist etwas Schlimmes passiert. Wasser läuft durch die Decke in den Keller). Ich wollte Genaueres wissen. Aber das war nicht möglich. Ich telefonierte sofort mit dem ehemaligen Hausbesitzer. Dieser beruhigte mich: Fehlalarm. Es würde immer etwas Wasser aus den Leitungen im Keller herausfließen. Das sei eben so. Ich war beruhigt. Und Felix wird sich um die Angelegenheit kümmern. Dennoch will mich der Gedanke nicht ganz verlassen.

Ich möchte mich ablenken, grabsche mein Manuskript hervor, um die Zeit zu nützen, ungestört daran zu arbeiten.

»Sind Sie Autorin?«

»Ja.«

»Was schreiben Sie?«

»Sachbücher.«

»Ich auch. Ich habe auch ein Sachbuch geschrieben.« Er lehnt sich zurück. Da ich keine Fragen stelle, erzählt er ausführlich. Ich höre zu. Er holt weit aus. Sein Buch sei sehr, sehr erfolgreich. Viele Lesereisen.

»Das reine Sachbuch, so wie ich es schreibe, ist ja bald ausgestorben. Wenn man bedenkt, was sich in diesem Bereich tummelt! Der Markt ist total versaut durch Lebenshilfe! Psychologische Ergüsse! Amerikanischer Schmarren. Emanzenliteratur! Hausfrauenbekenntnisse! Alles unwissenschaftliches Zeugs! Und dann erzielt dieser Schund auch noch gigantische Auflagezahlen und landet auf den Bestsellerlisten! Diese sind ja, wie man weiß, alle gefälscht.«

Er sitzt breitbeinig. Erzählt von seiner bahnbrechenden Theorie. Schaut dabei zum Fenster hinaus. Bin Zuhörstatist. Ihm antworten? Widersprechen?

Er will nicht diskutieren. Er will recht haben. Er ist von jener Sorte, welche die Weisheit mit Löffeln gefressen hat. Er ist nicht an Meinungen anderer Menschen interessiert. Schon gar nicht an derjenigen von Frauen. Er kann nicht zuhören. Er hört am liebsten sich selbst reden und ist davon begeistert. In eineinhalb Stunden muß ich umsteigen. Diese Zeit wird nicht reichen, auch nur einen einzigen Impuls in sein Hirn zu werfen. Seine Daten sind programmiert. Ein festes System. Änderungen werden grundsätzlich keine vorgenommen. Wahrscheinlich haben sich schon andere Frauen an ihm die Zähne ausgebissen. Mitarbeiterinnen? Ehefrau? Vielleicht hat er Töchter! Sie werden ihre Überlebensstrategien entwickelt haben! Die Ehefrau wird innerlich emigrieren, wenn er großartig auswuchtet, sich aufbläht, vielleicht dabei stricken, nähen, gelegentlich mit dem Kopf nicken und in der hintersten Hirnnische von einem Mann träumen, der an ihr interessiert ist, der wissen möchte, was sie fühlt, was sie denkt, wie es ihr geht. Oder sie könnte ein Knötchen in der Brust produzieren, ein kleines Myömchen. Und da der Gemahl sich für derlei Kinkerlitzchen nicht interessiert, hätte sie immerhin einen netten Gynäkologen, der sich um sie kümmert. Immerhin.

Hat dieser Mann eine Tochter, wird es mit ihrem Selbstwertgefühl schlecht bestellt sein. Er wird ihr früh beigebracht haben, daß sie unwichtig ist, nur er etwas Bedeutendes zu sagen hat und alles, was er hustet, ungeheuerlich wichtig ist. Sie hat vielleicht versucht, sich mit Hustenanfällen bemerkbar zu machen. Bis sie gelernt hat, daß dies ebenfalls nicht die erwünschte Aufmerksamkeit bringt. Als Mitarbeiterin käme nur eine Frau in Frage, die den Mann idealisierte und von seiner Unfehlbarkeit überzeugt wäre. Als Lohn dürfte sie ihm stets zustimmend zur Rechten sitzen, an der richtigen Stelle applaudieren, stets wissend, ihm niemals auch nur das Wasser reichen zu können. Sie fräße ihm kritiklos aus der Hand, wäre immer seiner Meinung, selbst dann, wenn sie dabei entwertet würde.

Ich nestle an meinen Manuskriptblättern. Ich möchte darin lesen, korrigieren. Er spricht weiter, läßt sich nicht stören. Es ist ein verfluchter Bann, den ich nicht durchbrechen kann. Dabei bin ich weder seine Ehefrau noch seine Tochter, noch seine Mitarbeiterin. Nach mehreren Anläufen schleiche ich verlegen in den Speisewagen. Aufatmen. Durchatmen. Bin beinahe überrascht, daß ich noch da bin. Habe mich total vergessen. Abgemeldet. Genüßlich trinke ich einen Kaffee und verspreche mir, mich nicht mehr kleinschwatzen zu lassen.

Den Schwur noch nicht zu Ende gedacht, da setzt sich ein Mann mit Handyphon an meinen Tisch. Nabel der Welt! Dokumentation des eigenen Marktwertes! Es klingelt. Er strahlt und quasselt. Es klingelt ununterbrochen. Er quasselt und strahlt. Stolz quasselt er. Mit weltmännischer Gebärde. Von Zahlen. Von Terminen. Siebenhundertkommadrei zu dreidreiviertel Prozent. Achttausendvierhundertsechsundfünfzig Stück per zwölftenvierten geliefert. Er hängt unaufhörlich an der Quasselstrippe, schmeißt mir seine Zahlenwelt ins Hirn.

Ich möchte sagen: »Würden Sie sich bitte an einen anderen Tisch setzen. Ihr Gequassel stört mich.«

Aber ich sage nichts.

Als ich ins Zugabteil zurückkomme, ist mein Platz besetzt. Ein Herr mittleren Alters sitzt darauf und studiert weitausladend ein Börsenblatt.

Der Hartgummi-Mann

Umsteigen. Fünfzehn Minuten Aufenthalt. Zu kurz zum Kaffeetrinken, zum Stehenbleiben zu lang. Wieder hin- und hergehen. Fünfmal. Zehnmal. Zwanzigmal.

Leises Aufflackern von Vorfreude auf die winzige Gastlichkeit eines reservierten Platzes.

Nachdem ER sein Jackett ausgezogen und samt Mantel in die Gepäckablage gelegt hat, stellt er seinen grauen Hartgummi-Aktenkoffer zwischen seine und meine Füße, seitlich etwas abgewinkelt. Er streckt die Beine schräg von sich und legt sie entspannt auf den Koffer. Meine Bewegungsfreiheit wird stark eingeschränkt; ich sitze in meinem Reisekostüm, die Beine artig abgewinkelt, die Knie zusammengepreßt. Bereits ein leichtes Vorschieben eines meiner Füße hätte mich an den grauen Hartgummi-Aktenkoffer anstoßen lassen. Deshalb höre ich zu lesen auf, packe mein Notizbuch weg, um mich nicht in Gedanken versunken zu bewegen. Bin nur damit beschäftigt, nicht gegen den mausgrauen Hartgummi-Aktenkoffer zu stoßen, der da steht. Mit Zahlenschloß vor dem Zugriff Unbefugter gesichert. Zwischenzeitlich nur noch mit einem eher kleinen Männerfuß darauf, in feinem lederbraunen Schuhwerk, das, für diese Wetterverhältnisse höchst ungeeignet, dennoch völlig unbeschadet glänzt. Ein Lederschuh, der regelmäßig gepflegt und genährt wird. Daraus wächst anthrazitgrau Feingeripptes, von wenigen Zentimetern kochbutterweißer Haut unterbrochen bis zum flanellgrauen bügelgefalteten Hosenbein. Das nicht aufgestützte Bein steht weitwinklig vor ihm, das heißt, dicht vor mir. Astverzweigung im Schritt, unsichtbare Weiterführung von Unsichtbarem. Der Leib quillt wie eine überhängende Loge

hervor und wird von edlem Krokoledergürtel zusammen-
gehalten. Weißes Hemd hineingebüschelt, hellgraue
Hochglanz-Krawatte, mit dunkelroten Punkten gespren-
kelt, wölbt sich darüber. Arme rahmen ein, halten zusammen, die Hände finden sich an der Leibunterseite. Kaum
Hals. Nackensturz. Der Kopf liegt wie ein zu straff vertäu-
tes Boot im Hafen. Kein Gesicht, Aktennotiz. Dunkles
spärliches Haargut, ökonomisch und strategisch von der
üppigeren Seite zur kahlen hinüberverteilt. Er sitzt zufrieden. Lächelt zum Fenster hinaus. Er sitzt mit beneidens-
werter Selbstverständlichkeit auf einem ab nächster Station reservierten Platz. Nachdem er sich ausreichend entspannt hat, nimmt er mit einem leisen Seufzer seinen Fuß
vom mausgrauen Hartgummi-Aktenkoffer, hebt diesen
auf den freiliegenden Sitz neben sich und stellt das Zahlenschloß ein. Der Deckel springt auf und gibt ein wildes
Sammelsurium von Zeitungen, Prospekten und Papieren
frei. In den Deckel ein gebrauchtes Hemd geklemmt. Aha.
Der Herr ist mehrtägig unterwegs. Er wuselt eine Zeitschrift hervor, schließt den grauen Aktenkoffer und stellt
ihn wieder zwischen uns, noch etwas dichter zu mir hin, ich
weiche automatisch zurück, was ihn unverzüglich dazu
veranlaßt, mir noch etwas näher zu rücken. Sitze nun
völlig eingeklemmt. Die neue Aktenkofferposition hat ihm
aber nun so viel freien Raum verschafft, daß er auch noch
das zweite Bein bequem darauf legen kann. Er liest nicht in
seiner Zeitschrift. Er blättert darin. Bald legt er sie aufge-
schlagen auf den leeren Sitz neben sich.

An der nächsten Station steigt eine jüngere Frau mit
zwei dicken Koffern ein. Als sie sieht, daß ihr reservierter
Fensterplatz besetzt ist, winkt sie sofort ab und setzt sich in
die fensterlose, dunkle Ecke schräg gegenüber. Er ist dar-

über nicht überrascht, sondern nimmt dies als Selbstverständlichkeit zur Kenntnis. Inzwischen habe ich beinahe ganz zu atmen aufgehört. Schaue auch nicht mehr zum Fenster hinaus. Achte nur noch darauf, daß ich nicht an den grauen Aktenkoffer anstoße. Obwohl ich weiß, daß sich in diesem mit Zahlenschloß gesicherten Hartgummi-Tresor weder geheime Akten noch Wertpapiere befinden, sondern nur Zeitungsschrott. Dennoch. Unantastbares Relikt. Männliches Hartgummi-Heiligtum.

Dann steigt er aus. Eine Frau mit Kleinkind an der Hand erwartet ihn. Er umarmt sie. Hebt das Kind kurz hoch, das sich steif nach hinten lehnt und schnell wieder zur Mutter will. Die Frau hakt sich bei ihm unter, mit der anderen Hand hält sie das Kind.

Ich strecke meine Beine aus. Atme durch. Hole mein Buch und mein Notizbuch hervor. Esse eine Banane. Möchte Notizen machen. Aber im Hinterkopf pulsiert unsichtbar die Sorge, was wohl mit unserem Haus in Frankreich geschehen ist. Die Frau im Abteil setzt sich auf ihren reservierten Fensterplatz und schaut interessiert zum Fenster hinaus.

... unter fremder Flagge

Inzwischen ist der Regen zu Schnee geworden.

Umsteigen.

Bissig pfeift der Wind.

Wieder auf- und abgehen. Kopf zwischen die Schultern geklemmt.

Regionalzug. Halt an jeder Milchkanne. Viele Leute. Schulkinder. Auf dieser Strecke führt die Bahn keinen

Erste-Klasse-Wagen. Vis-à-vis sitzt eine Bierfahne. End-station. Hier werde ich abgeholt, zum Hotel gebracht. Schönes Zimmer. Heizung andrehen. Auspacken. Schuhe zum Trocknen legen. Blazer aus dem Koffer und aufhän-gen. Ob ich nochmals Felix anrufe, um mich zu beruhigen? Es wird schon alles in Ordnung sein. Ich gehe ins Bett und versuche zu schlafen, was mir nicht gelingt. Gegen Abend den Versuch unternehmen, eine Kleinigkeit zu essen, was mir ebenfalls nicht gelingt, da das Hotel nur Frühstück anbietet. Verpflege mich aus meinem Koffer-Notvorrat: Nüsse und Rosinen. Die Haare von Schneeböen plattgepu-stet. Ich stelle sie mit drei großen flohleichten Reise-Lok-kenwicklern und einem flohleichten Reise-Heißdampffön wieder auf. Vortragsunterlagen, ein Kurzarm-T-Shirt, ein Langarm-T-Shirt, Schuhe und eine Ersatzstrumpfhose in eine speziell für diesen Zweck mitgeführte Plastiktüte.

Inzwischen regnet es wieder. In der Hotelhalle nehme ich einen Schirm aus dem Schirmständer. Und dann ab durch die Fußgängerzone. Der Vortragsort sei einfach zu finden. Immer geradeaus der Nase nach. Bis kurz davor. Dann links, dann zweimal rechts. Unter einem Torbogen durch und dann wieder links. Ganz einfach. Ich biege zu früh ab, verliere die Orientierung. Dazu nasse Füße.

»Wo ist das Bürgerhaus?«

»Das große oder das kleine?«

»Keine Ahnung. Wahrscheinlich das kleine.«

Liegt in einer ganz anderen Richtung.

Also zurück. Nochmals fragen.

»Meinen Sie das große oder das kleine?«

»Wahrscheinlich das kleine.«

»Sind Sie sicher?«

»Ich weiß nicht. Es findet dort ein Vortrag statt.«

»Dann ist es das große. Das heißt, im großen Bürgerhaus befinden sich mehrere kleinere Säle. Hingegen im kleinen Bürgerhaus gibt es nur eine einzige, aber sehr große Halle für Großveranstaltungen.«

Also dann zum großen. Klar.

Und wieder geht's zurück. Nochmals dreimal fragen.

Endlich komme ich an. Es sind noch wenige Minuten bis Beginn. Die Menschen sind schon da. Ich werde von der Veranstalterin freundlich empfangen.

»Hatten Sie eine gute Reise?«

»Ja. Danke.«

»Haben Sie gut hergefunden?«

»Ja. Ja. Ich mußte etwas suchen. Aber jetzt bin ich hier.«

In der eiskalten Toilette umziehen. Pullover ausziehen. Kurzarm-T-Shirt. Wie fast immer, der Vortragssaal ist total überheizt. Wie immer erkundige ich mich beim Hauswart, ob die Heizung heruntergedrosselt werden kann. Und wie beinahe immer geht das nicht. Vollautomatische Steuerung. Hin und wieder jedoch verschlägt es mich in zugige, ungeheizte Scheunen, regnerische Hallen, feuchte Kellerlöcher, umgebaute Reitställe, improvisierte schlecht heizbare Räume. Deshalb bin ich für unterschiedliche klimatische Verhältnisse ausgerüstet. Der Raum ist zu klein. Es werden noch Stühle hereingetragen und hinter meinem Rücken aufgestellt, was sich später als eine problematische Angelegenheit herausstellt. Will ich die Zuhörerinnen hinter mir direkt ansprechen, muß ich mich umdrehen. Das aber verträgt das Mikrofon schlecht. Es gibt bei jedem Dreh eine Rückkopplung und pfeift jämmerlich. Der Einsatz des Overhead-Projektors ist ebenfalls problematisch. Die einen sehen aufgrund geographischer Verhältnisse nichts, und die andern, die faktisch etwas sehen könnten, sehen ebenfalls nichts: Der Apparat ist total verdreckt und nicht in der Lage, meine Folien zu projizieren.

In der Pause Bücher signieren. Zehnmal den Namen hinschreiben, zwanzigmal, dreißigmal. Immer wieder meinen Namen schreiben. Akkordsignieren. Ich trete ganz in die Fußstapfen meiner Mutter. Sie arbeitete ebenfalls im Akkord. Als Fabrikarbeiterin Reißverschlüsse in Badehosen einnähen. 78 Rappen das Stück. Auch verdienstmäßig – wie die Mutter, so die Tochter. Und immer wieder den Namen schreiben. Und nochmals. Nach dem zehnten Mal Bewußtseinsflaute. Schiele zum Buchtitelblatt. Wie heiße ich? Ach ja. Segle unter fremder Flagge! Hätte ich's geahnt. Damals. Als ich mich scheiden ließ. Ich hätte die Fahne heruntergelassen und in die Wellen geworfen. Hätte ich tatsächlich? Wie den Kindern Heimat geben, wenn Namen auseinanderfallen? Wir wollten Familie bleiben. Rückten näher zueinander. Und die fremde Flagge wehte über uns, Symbol, daß wir dennoch zusammengehören. Wie ist es möglich, Kinder tragen den Namen des Vaters? Dabei wächst beinahe die Hälfte bei der alleinerziehenden Mutter auf. Wie viele Boote kreuzen herum, alle unter fremder Flagge. »Ich bestätige die Empfängnis Ihres geschätzten Kindes!« (Luise F. Pusch, Das Deutsche als Männersprache, Suhrkamp, 1993.) Das killt uns Frauen den letzten Rest Selbstbewußtsein. Wie können wir ein Gefühl des eigenen Selbstwertes entwickeln, wenn wir stets irgendeines Mannes Namen tragen! Alles, was wir erreichen, wird ihm gutgeschrieben. Würden wir den Mädchennamen behalten oder zurückfordern, dienten wir unter Vaters Fahne.

Ich will keine Regatten für andere gewinnen. Weder für einen Ehemann. Noch für den Vater. Ich will meinen eigenen Namen haben. Wäre ich früher zu Verstand gekommen, hätte ich mir einen Phantasienamen zugelegt. Entweder einen besonders wohlklingenden und geheimnisvollen wie etwa »Monddunkel« oder »Liliensee«. Noch besser gefiele mir ein Name, der mein Lebensgefühl beschreibt, wie etwa »Kaltstart« oder ähnlich. Sprung aus der Hocke.

Hinterher Diskussion. Viele Frauen. Viele Fragen. Und immer wieder dieselben:

Wie können wir die Männer verändern?

Wie können wir die Väter unserer Kinder günstig beeinflussen, damit sie mehr Verantwortung übernehmen? Was können wir als Mütter tun, damit unsere Söhne nicht so wie ihre Väter werden? Was können wir unternehmen, daß unsere Töchter anteilnehmende, an ihnen interessierte, sie emotional beantwortende Väter haben? Väter, die auf die Bedürfnisse ihrer Töchter eingehen, sie ernst nehmen?

Ich enttäusche. Kein Wunder. Keine Rezepte. Keine psychologischen Geheimkniffe. Keine esoterisch spirituelle Zauberformel. Kein Sand ins Getriebe der Bewußtseinstrübung.

Als ich ins Hotel komme, bin ich ungeheuer aufgedreht, und zugleich sitzt mir die Angst im Nacken. Wasserschaden in Frankreich. Gibt es etwas Beunruhigenderes, etwas Schrecklicheres! Ich kann nicht schlafen. Und lesen kann ich auch nicht. Möchte den Fernseher andrehen. Und da ich mit Fernbedienungen grundsätzlich nicht zurechtkomme, knipse ich einfach drauflos. Verschiedene Bilder flimmern, und ich bin ganz fasziniert über die Vielzahl der Angebote. Plötzlich lande ich in einer Szene, die ich auf den ersten Blick nicht einordnen kann. Ich schaue genauer: Eine fast nackte Frau in Hundestellung, sie trägt ein winziges Servierschürzchen und hochhackige Schuhe. Dahinter ein ebenfalls nackter Mann, der seinen Penis von hinten in sie hineinrammt. Sie vögeln im Takt. Die Frau keucht, stöhnt und schreit:

»Fick mich halb tot, o ja, tiefer, fester, fick mich halb tot, o ja, tiefer fester . . .«

Während der Mann immer nach »tiefer, fester« stöhnend sagt: »Du geile Sau, ja, ich besorg's dir, du geile Sau, ja, ich besorg's dir . . .«, und das ebenfalls stets wiederholt. Sie machen immer weiter. Im Takt. Der Text bleibt immer gleich. Die Stoßbewegungen ebenfalls. Dazwischen greift er mit gespreizten Fingern an ihren Busen.

Mir fällt ein, daß ich vergessen habe, die Zähne zu putzen. Ich pilgere durch das Beinahe-Luxusappartement ins Bad. Da überall Lautsprecher angebracht sind, hallt es durch alle Räume.

»Fick mich halb tot, o ja, tiefer, fester.«

»Du geile Sau, ja, ich besorg's dir.«

»Fick mich halb tot, o ja, tiefer, fester.«

»Du geile Sau, ja, ich besorg's dir . . .«

Ich komme zurück und knipse weiter. Bleibe in einer Talk-Show hängen. Als diese zu Ende ist, drücke ich wieder auf den Tasten herum. Kaum zu glauben. Sie vögeln immer noch.

Alles hat seine Zeit

Verändern wollen

Ich werde vom Klingeln des Telefons geweckt. Wer mag mich in dieser Herrgottsfrühe anrufen? Felix? Ist nun doch etwas Schlimmes im Haus passiert? Wir hatten vereinbart, nur im Notfall zu telefonieren. Es ist Elsa. Eine der Frauen, welche die Veranstaltung organisiert hat. Sie will mir noch sagen – auch im Namen von Laura, Bettina, Hermine und Olga –, daß sie mit mir ganz und gar nicht einverstanden sind.

Nervös und aufgeregt zählt sie auf:

»Wer soll denn die Männer verändern, wenn nicht wir?«

»Wer soll den Männern klarmachen, daß es so nicht mehr weitergeht, wenn nicht wir?«

»Wer soll den Männer zeigen, wo es langgeht, wenn nicht wir!?«

Mit nüchternem Magen argumentieren. Verschlafen therapeutisch pädagogische Akzente setzen. Schritt für Schritt vorgehen. Erklären. Geduldig Angriffe abfangen. Ernst nehmen, ohne zurückzuschlagen. Zugleich bin ich erleichtert, daß nicht Felix am Telefon ist. Obwohl ich geduldig auf ihre Argumente eingehe, hilft alles nichts. Ich gebe auf. Elsa wird mit jedem Erklärungsversuch noch wütender. Sie schreit. Ich sei eine elende Verräterin an der Sache der Frau. Keine Feministin. Sie sei enttäuscht. Ich verabschiede mich mit dem frommen Wunsch, ihr und ihren Freundinnen möge es gelingen, den Partner nach ihren Wunschvorstellungen zu verändern. Elsa hängt ein. Ich möchte noch weiterschlafen. In meinem Kopf aber hüpfen die Gedanken abwechselnd zwischen Elsa und Felix hin und her. Mein kleiner Reisewecker surrt. Ihn, den ich stets als erstes im Hotelzimmer auspacke und aufs Nachttischchen stelle, als einziges mir vertrautes Requisit. Ein Reisewecker als Träger heimatlicher Gefühle. Alles fremd sonst. Jeden Tag neu. Unbekannt.

Frühstücksbuffets in guten Hotels: stets das gleiche Bühnenbild. Überangebot. Und auch die Akteure scheinen die gleichen zu sein. Meist Männer. Auf Geschäftsreise. Oder Kongressen. Tagungen. Gelegentlich eine Frau. Die Männer sitzen hemdsärmlig, zeitunglesend, belegen einzeln Vierertische, während sich weibliche Einzelpersonen zwischen Küchentür und Durchgang, vor der Toilettentür und hinter der Garderobe mit Katzentischen begnügen. Freiwillig. Aus alter Gewohnheit.

Auf der Zugfahrt vor mich hin dösen. Führe das Telefongespräch mit Elsa weiter.

Klar. Wir wollen glücklich sein. Als Kernstück brauchen wir IHN, den uns glücklich machenden Partner. Macht er uns nicht glücklich, weil er sich nicht so verhält, wie wir uns das wünschen, versuchen wir, ihn mittels eines meist auf Lebenszeit angelegten Nacherziehungsprogramms zur Veränderung zu bewegen.

»Da ist doch nichts dabei«, höre ich Elsa sagen. Nein. Da ist tatsächlich nichts dabei. Es gibt Frauen, die versuchen das ein geschlagenes Leben lang. Und im Altersheim erzählen sie noch immer ihren Enkeln, wie sie unermüdlich Großvaters schlechte Manieren auszumerzen versuchten.

Und dann, mitten in einer ihrer unzähligen Nacherziehungsaktionen, legte sich Großvater aufs Krankenlager, furzte ungeniert noch ein allerletztes Mal, daß die Wände wackelten – und starb.

Die Versuche, den Partner zu verändern, scheitern – allesamt. Diese Tatsache hindert uns nicht daran, immer wieder mit neuem Elan erzieherisch einzugreifen.

Viele Frauen sind Amateurpsychologinnen. Sie haben sich ein beachtliches Wissen über die menschliche Psyche angeeignet und wissen über diejenige des Partners hervorragend Bescheid – oft sehr viel umfassender als über ihre eigene. Sie wissen, weshalb der Partner in bestimmten Situationen unerwünschtes und problemdurchtränktes Verhalten zeigt. Sie sind in der Lage, seine Reaktionen und Verhaltensweisen messerscharf zu analysieren, seine Entwicklungsgeschichte lückenlos zu rekonstruieren – mit all den Klippen, Hürden und traumatischen Erlebnissen, von denen er selbst meist keine Ahnung hat. Das Psychogramm seiner Mutter wird nebenbei mitgeliefert, und Zusammenhänge zwischen Lebensgeschichte einerseits und neurotischen Störungen, die sie anhand von Fehlverhalten minutiös belegen, andererseits werden herausgearbeitet. Sie leisten auf diesem Sektor Beachtliches! Diese Frauen verstehen dann die Welt nicht mehr und sind zutiefst enttäuscht, wenn sich trotz intensiver und gründlicher Partneranalyse absolut nichts verändert. Es ist durchaus verständlich, daß sie unermüdlich nach dem Knopf fahnden, der die Veränderung in Gang setzen soll. Sind die psychologischen Möglichkeiten abgegrast, hoffen und lechzen wir nach allem, was uns Wunder verspricht. Und immer mehr Frauen suchen in astrologischen, esoterischen, spirituellen Hilfsangeboten eine Lösung zu finden. Zwar mag die Erklärung vorübergehend erleichtern, der Partner sei uns persönlich vom lieben Gott in weiser Voraussicht serviert worden, damit wir ausgerechnet an diesem Störfall jene Lektionen lernen, um die wir uns im letzten Leben gedrückt hätten. Oder die ungünstige planetarische Konstellation des Partners sei für den unbeugsamen Starrsinn, die chronische Untreue oder seine Gefühlskälte verantwortlich zu machen – und nicht er. Wäre er nur zwei Minuten später zur Welt gekommen, hätten wir den idealen Mann in ihm. Langfristig vermögen uns derartige Überlegungen nicht zu beruhigen. Und glücklicher werden wir dabei ebenfalls nicht.

Wie viele Frauengespräche haben wir geführt, um gemeinsam eine Lösung zu finden, wie wir ihn umgänglicher, liebevoller, zärtlicher, treuer, verantwortungsbewußter und gesprächsbereiter machen könnten!

Wie viele Frauen haben für ihre Männer sonderpädagogische Programme ausgeheckt, nacherzieherische Maßnahmen zusammengestellt, um seine Verhaltensweisen günstig zu beeinflussen!

Wie viele heimlich erstellte Partnerhoroskope sowie graphologische Gutachten sollten uns Auskunft über die dunklen Seelenecken unseres Lebenszentrums Mann geben. Gar manche Frau schielt via Wahrsagerin hinter die Seelenkulissen des Partners. Selbstverständlich immer mit dem einzigen Anliegen, das schließlich die Vorgehensweise rechtfertigt: Wo müssen wir den Hebel ansetzen, um ihn zu verändern?

Wir schrecken vor nichts zurück! Manch einer wurde auf eine Meditationstagung mitgeschleppt, unter der Androhung, die Beziehung sei aus, wenn er sich nicht ebenfalls in spiritueller Richtung weiterentwickeln würde. Gelegentlich ist es uns gar gelungen, ihn in Psychotherapie zu schicken, um sich an der Psyche herumklempnern zu lassen. Damit er endlich sein Mutterproblem löst! Die unglückselige Identifikation mit seinem Macho-Vater entlarvt! Damit er endlich mehr Verantwortung übernimmt! Damit er endlich erwachsen wird!

Oder wir schicken ihn zum Homöopathen. Nicht ohne diesen selbst vorher konsultiert zu haben, um eingehend mit ihm die Probleme des Partners zu besprechen. Sorgen dafür, daß er die Globuli brav schluckt: Staphysagria gegen Gefühlskälte, Ignatia gegen chronische Griesgrämigkeit, Nux vomica gegen ewige Nörglerei, bei mangelndem Verantwortungsbewußtsein und Untreue Veratrum album.

Oder wir lassen uns einen Bachblütenmix zusammenstellen, tröpfeln ihm die farblose Wundertinktur ins Essen. Schmuggeln Edelsteine an die richtige Stelle, nähen schwarze Saphire in Hosentaschen, um Lendenlahmen auf die Sprünge zu helfen.

Ich kenne alle Tricks, mit denen wir Frauen versuchen,
– aus Kontaktlosen, Aggressiven freundliche, herzenswarme Burschen zu formen.
– aus Mutlosen, Feiglingen und Angsthasen beherzte, mutige Helden zu bildhauern.
– aus einfallslosen, vertrockneten Erbsenzählern romantische, vor dem Beischlaf Kerzen anzündende, Gedichte rezitierende Liebhaber zu zaubern.
– aus Schwaflern und Gauklern verantwortungsbewußte, zuverlässige und gewissenhafte Männer zu drechseln.

Keine Mühe ist uns zu groß. Keine Arbeit zu viel. Wir lassen uns zu Freizeit-Psychotherapeutinnen und Sonderpädagoginnen ausbilden, nehmen Kurse in Astro-, Grapho-, Numero- und Pendelogie, um selbst Hand anzulegen.

Ich kenne keinen einzigen Fall, in dem die Veränderungstherapie geglückt ist. Keine einzige Frau, die diesbezüglich einen Erfolg verbuchen kann. Trotzdem lassen wir uns nicht durch reichliche Mißerfolge davon abbringen, uns unermüdlich um die Vollendung des Partners zu kümmern. Lebenszentrum Mann. Der Blick auf sich selbst ist getrübt, die ganze Aufmerksamkeit wird auf die Entwicklung des Partners ausgerichtet.

Hartnäckig sitzt mir Elsa im Hirn:

»Dann müssen wir Frauen also einfach alles hinnehmen? Die Männer dürfen bleiben, wie sie sind?!«

Wie einer Aufgebrachten klarmachen, daß der Partner nicht auf der Welt ist, um ihren Vorstellungen gerecht zu werden? Wie einer Wütenden aufzeigen, daß die Domestizierung des Partners nicht zum Lebensziel einer Frau gehören kann? Wie einer durch Partnerschaft Frustrierten klarmachen, daß Partnerschaft nicht das Ziel sein kann?

Warum fällt es den meisten Frauen leichter, ihre gesamte Energie für die Veränderung des Partners einzusetzen, als sich mit der eigenen Persönlichkeitsbildung zu beschäftigen? Weshalb sind wir bereit, alles nur Erdenkliche zu unternehmen, um beim anderen etwas in Bewegung zu setzen? Weshalb ist für viele Frauen der Weg zu sich selbst der mühsamste und weiteste?

Das alte Programm sitzt tief, wirkt noch immer. Wir haben uns über Jahrtausende um das Wohl anderer gekümmert und sind uns selbst dabei abhanden gekommen. Da kann uns jede Krise nur recht sein. Jede Krise, die uns aus dem alten Trott herausschleudert und die uns auf uns selbst zurückwirft. Jeder störrische Partner, der sich unserem Anspruch auf Veränderung konsequent entzieht, ist ein Glücksfall. Jeder Unverbesserliche ist ein Geschenk, eine entzückende Morgengabe der uns zuzwinkernden Gottheiten.

Ich höre Elsa wütend argumentieren: »Dann müssen *wir* uns also verändern, und die Welt ist wieder in Ordnung. Wo kämen wir hin, wenn sich jeder nur noch um sich selbst kümmerte! Das züchtet Egoisten, Narzißten!«

Die Welt läßt sich nicht in Ordnung bringen, indem ich am Partner herumerziehe und herumoperiere. Ich kann mich lediglich um mein eigenes Universum kümmern und wagen, in meinen eigenen Urgrund einzutauchen, ihn zu erforschen und als Essenz eine umfassendere Sicht des eigenen Lebens zu erhalten. Die Gesetzmäßigkeiten menschlichen Daseins geben ihre Geheimnisse nicht hüpfend, im heiteren Sonnenlicht auf lustigen Wellenkrönchen tanzend preis. Sie wohnen im Krisengrund. Zwischen Verzweiflungsriffen und dunklen, bangen Fragen.

Schließlich muß jede für sich den Weg zur eigenen Wissensquelle suchen, wo die Antwort nach dem Sinn der menschlichen Existenz zu finden ist.

Wer seinen eigenen Lebensplan erforscht, hat genügend mit sich selbst zu tun.

Wer seinen eigenen Entwicklungsperspektiven nachspürt, erlebt eine Herausforderung, die einen gar zu erdrücken droht. Vieles, was wir erahnen, wohin es uns drängt zu gehen, ist zunächst als Ziel noch undeutlich und birgt die Gefahr in sich, daß wir gelegentlich in der falschen Richtung suchen. Wer aber sein Leben ernsthaft bedenkt, kommt aus dem Staunen nicht mehr heraus.

Sich verlieren

Den meisten Menschen ist es ein großes Anliegen, eine für
sie gültige Weltordnung zu finden, die ihnen hilft, ihr In-
der-Welt-Sein zu verstehen, den Sinn ihres Daseins zu
begreifen und in eine größere Gesetzmäßigkeit einzuordnen. Sie suchen Halt und Orientierung, um ihre Lebensführung dahin auszurichten.

Dieses Suchen hat viele Gesichter.

Viele haben das Vertrauen in Management und Ge-
schäftsführung kirchlicher Institutionen verloren. Sie verlassen schleunigst das mit schwerer Schlagseite havarierte
Kirchenschiff. Während es den einen gelingt, ihre Fragen
nach dem Sinn des Daseins unbeschadet zu bewahren,
retten andere gerade noch die nackte Haut. So geraten sie in
eine Situation der inneren Heimatlosigkeit. Nie zuvor
boomten Sekten, religiöse Vereinigungen, Zusammen-
schlüsse usw. derart heftig und zahlreich wie in unserer Zeit.

Auf dem Supermarkt der Wissenschaften und Sportver-
eine blühen sektenintensive Abhängigkeitsverhältnisse.

Missionarischer Eifer allerorten.

Und der suchende Mensch, der nichts anderes will, als
sich mit seinem Herkunftsland rückzubinden, erhält be-
stenfalls eine Eintrittskarte für eine schlechte Guru-Caba-
ret-Vorstellung.

Die offenen Fragen indessen bleiben unbeantwortet, die
Sehnsucht nach Beheimatung ungestillt. Nur das drängende, unermüdliche Suchen bleibt. Und jede Enttäuschung erhöht die Empfänglichkeit für die skurrilsten Angebote. Wer aber mit einer solchen Intensität sucht, muß
eine Ahnung von der Existenz des Gesuchten haben! Muß
davon überzeugt sein, irgendwo eine Antwort zu finden.

Sich auf Ahnungen zu berufen, ob individuelle oder kollektive, ist immer ein Wagnis, sich der Lächerlichkeit preiszugeben. Lachen werden vor allem jene, die ihr Glaubensbekenntnis in den scheinbar untrüglichen Gefilden der sogenannten Objektivität abgelegt haben. Es existiert nur das, was zählbar, meßbar und wiegbar ist. Alles andere gibt es nicht.

Sich dennoch auf Ahnungen einzulassen heißt, den eigenen Intellekt beiseite zu schieben, um sich in aller Stille am silbernen Traumfaden zu der Frage »Woher?« zurückzutasten. Die Frage nach der Herkunft des menschlichen Wesens vereint die gegensätzlichsten Weltanschauungen. Ob wir davon ausgehen, menschliches Leben entstehe aus einer zellularen Grundsubstanz, oder ob wir der Meinung sind, irgendwo gäbe es einen vorgeburtlichen Ort des Aufgehobenseins, der Beheimatung. In beiden Fällen gehen wir davon aus, daß etwas Ganzes, Vollständiges vorausging. Entweder die ganze, vollständige Zelle oder das Numinose, Unbenennbare. Die vorgeburtliche Erfahrung hat uns eine Idee von der Befindlichkeit des Ganzseins mitgegeben.

Durch die Zeugung fallen wir aus der vertrauten Beheimatung heraus und geraten aus der Geborgenheit in eine Ungeborgenheit. In die Welt hineingeworfen werden bedeutet, daß wir von Grundängsten begleitet werden: »... in der Welt habt ihr Angst...« (Johannes 16, 33). Die Konfrontation, Auseinandersetzung und schließlich Überwindung dieser Ängste gehören mit zur Bewältigung der Lebensaufgabe. Gleichzeitig bleibt eine verblaßte Erinnerung an Geborgenheit und Aufgehobensein. Das Thema des »Eins-Seins«, des Aufgehobenseins in etwas »Ganzem« begleitet uns deshalb als Grundsehnsucht lebenslang.

Diese Ursehnsucht im menschlichen Wesen bleibt ungestillt. Vorübergehende Raststätten können allenfalls kurzfristig befriedigen. Die Sehnsucht aber bleibt. Sie ist letztlich der Motor, der unermüdlich dafür sorgt, daß wir Suchende bleiben. Damit wir uns durch die ständig drängende Sehnsucht stets daran erinnern, daß wir nicht nur ein körperliches, sondern auch ein geistiges Herkunftsland besitzen.

Das Thema »Ganzsein«, »Einssein« taucht in jedem Leben in verschiedenen Kostümierungen auf. Es wiederholt sich zunächst unverschlüsselt in den ersten Lebensstationen. Mit der körperlichen Ver-ein-igung zweier Menschen als Zeugungsmoment wird das Dritte herbeigerufen und aus der Beheimatung abberufen. Zugleich werden, als Ersatz für das Verlorene, neue Beheimatungsmöglichkeiten zur Verfügung gestellt.

Die erste Station ist die Gebärmutter. Nach der Geburt folgt die Symbiose mit der Bezugsperson. Später tritt an diese Stelle die Familie, das heimatliche System wird erweitert. Mit zunehmendem Alter des Kindes wird es den Heimatraum ausdehnen, um schließlich mit dem Einbruch sexueller Energien diesen Herkunftsort aufzusprengen. Die Sexualität zeigt gerade in dieser Phase, was sie eigentlich ist: Aufforderung zum Aufbruch, zur erneuten Suche nach Ergänzung. Der Zustand des Verliebtseins belebt die Ursehnsucht nach der paradiesischen Heimat.

So steht der Partner stellvertretend für die verlorene Heimat. Scheidungen spielen sich vor diesem Hintergrund ab: den Boden unter den Füßen verlieren, sich nur noch halb fühlen, sich abhanden kommen usw. Würde nicht dieses Urthema aktiviert, ließen wir uns sehr viel leichter scheiden, und die Wunden wären nicht abgrundtief, und vor allem würden sie schneller verheilen. Scheidungswunden heilen nie. Sie vernarben. Wer diese Erschütterung in seiner Seele erlebt hat, weiß, es ist der Zusammenbruch schlechthin. Einen größeren, schwerwiegenderen gibt es nicht. Kaum vorstellbar. Mit dem Verlust des Partners durch Tod nicht zu vergleichen.

Sich suchen

So strebt der Mensch in seiner Lebensführung grundsätzlich danach, zu vervollständigen, zu vervollkommnen, zu komplettieren, abzuschließen und zu beenden. Alles in ihm drängt letztlich zur Ganzheit, will zurück zum Ursprung. Dieses Thema begleitet uns, ob wir wollen oder nicht. Gelingt es uns nicht, es in uns selbst als anzustrebendes Ziel zu lokalisieren, so werden wir entsprechende Nebenbühnen errichten, um es dort immer wieder neu zu inszenieren. Die beliebteste Inszenierung ist wohl die, sich mit einem Partner zu komplettieren. Viele Frauen streben lebenslang diesen Zustand mit dem Partner an. Kein anderer Mensch aber ist in der Lage, sich nahtlos an die Hälftigkeit des anderen anzufügen. Es bleiben stets Leerstellen offen, unbesiedelte Beziehungsgebiete sind Hinweise, daß sich die Partnerschaft nicht als Eintopfgericht vermanschen läßt, sondern jeder eine eigenständige Persönlichkeit ist. Im Versuch, den anderen zu verändern, liegt die größte Gefahr, die eigene Entwicklung zu verpassen.

Die eigene Psyche zu erforschen und sich selbst zu verändern ist weit mühsamer, als am Partner herumzunörgeln. Sich auf den eigenen Heimweg aufzumachen ist die mühsamste Reise. Schleichwege führen nicht zum Ziel.

Umdenken. Umkehren. Einkehren. Wir können uns diese Erkenntnisse nicht entspannt mit Musik erduseln. Oder in einwöchigem Meditationskurs erlernen. Oder durch homöopathische Potenzen oder Blütenessenzen einträufeln. Oder durch ein Horoskop errechnen. Oder durch krankenkassenpflichtige Psychotherapien gutschreiben lassen. Oder. Oder. Und auch mit feministischen Forderungen allein ist nichts gewonnen.

Alle Perspektiven, die das Eigene ausblenden, führen ins Abseits. Alle Hoffnungen weiterzukommen, ohne eigene Arbeit an sich selbst zu leisten, ohne die Mühe auf sich zu nehmen, die eigene Seelenlandschaft kennenzulernen, zerschellen.

Der Heimweg ist lang. Steinig. Manchmal führt er durch ausgetrocknete Wüstengebiete. Ungesellig. Unspektakulär. Und wird nur von der eigenen Ernsthaftigkeit getragen, das Ziel erreichen zu wollen, zurückzukehren in die eigene Heimat. Die Erinnerung an das heimatliche Ursprungsland spornt uns an, unermüdlich nach dem Fixstern zu suchen, der über jedem einzelnen steht. Orientierungshilfe für dunkle Stunden.

Lernen hat seine Zeit

Die Entwicklungspsychologie zeigt eindrücklich, wie bereits die ersten Lebensjahre gespickt sind mit kollektiven Lerninhalten und Lektionen. Es handelt sich um eine Grundausstattung von Fähigkeiten, um künftig die an den einzelnen gestellten Anforderungen zu bewältigen. Sie ermöglicht, mit unseren Grundängsten so umzugehen, daß wir uns im Laufe des Lebens weiterentwickeln, und uns gleichzeitig wieder mit unserer Heimat rückzubinden, dem Ort, wo wir einst aufgebrochen sind und wohin wir zurücksterben.

Die heutige Psychotherapie hat den Behandlungsrahmen von Patienten, die unter psychischen Störungen und Fehlverhalten leiden, längst gesprengt und auf das weite Feld von Suchenden, Fragenden ausgedehnt.

Es hat immer wieder Menschen gegeben, die sich im hohen Maße darum bemüht haben, andere einerseits in ihren Daseinsfragen zu begleiten, ohne sie in ihrer eigenschöpferischen Gedankentätigkeit einzuschränken und abhängig zu machen, andererseits Möglichkeiten der Weltbetrachtung aufzuzeigen, um Zusammenhänge zu erkennen.

Fritz Riemann, Psychotherapeut und Lehranalytiker, hat in einer tiefenpsychologischen Studie anhand des Zusammenspiels von Kräfte- und Bewegungsimpulsen, denen die Erde folgt, sehr eindrücklich aufgezeigt, wie sich eine solche Ordnung auf die psychischen Verhältnisse übertragen läßt: »Wir werden in eine Welt hineingeboren, die vier mächtigen Impulsen gehorcht: Unsere Erde umkreist in bestimmtem Rhythmus die Sonne, bewegt sich also um das Zentralgestirn unseres engeren Weltsystems, welche Bewegung wir als Revolution, ›Umwälzung‹, bezeichnen. Gleichzeitig dreht sich dabei die Erde um ihre eigene Achse, führt also die Rotation, ›Eigendrehung‹ benannte Bewegung aus. Damit sind zugleich zwei weitere gegensätzliche bzw. sich ergänzende Impulse gesetzt, die unser Weltsystem sowohl in Bewegung halten, wie diese Bewegung in bestimmte Bahnen zwingen: die Schwerkraft und die Fliehkraft. Die Schwerkraft hält unsere Welt gleichsam zusammen, richtet sie zentripetal nach innen, nach der Mitte strebend, aus, und hat etwas von einem festhalten und anziehen wollenden Sog. Die Fliehkraft strebt zentrifugal, die Mitte fliehend, nach außen, sie drängt in die Weite und hat etwas von einem loslassen, sich ablösen wollenden Zug. Nur die Ausgewogenheit dieser vier Impulse garantiert die gesetzmäßige, lebendige Ordnung, in der wir leben, die wir Kosmos nennen. Das Überwiegen oder das Ausfallen einer solchen Bewegung würde die große Ordnung stören bzw. zerstören und ins Chaos führen.« (Fritz Riemann, Grundformen der Angst, eine tiefenpsychologische Studie, Seite 11, Ernst Reinhardt Verlag, München/Basel 1961, 1995.)

Diese vier Grundimpulse lassen sich auf die Psyche des Menschen übertragen. Aus der Entwicklungspsychologie wissen wir sehr genau, welche Lektionen das Kind in den ersten Lebensjahren absolviert und welche Reifungs- und Entwicklungsschritte von ihm zu leisten sind.

Es ist völlig gleichgültig, welchen psychologischen Entwicklungsmodells wir uns bedienen, welchen psychologischen Raster wir anwenden. Wenn wir sie übereinanderblenden, stimmen sie an den Eckpunkten überein. Die ersten Lernschritte, die jedes Kind zu absolvieren hat, sind mit diesen vier Grundimpulsen identisch.

Diese Lektionen stehen paarweise in einem polaren, sich ergänzenden Verhältnis zueinander.

Die erste Lektion heißt: ein einmaliges Individuum werden; eigenen Impulsen folgen; sich als eigenständiges, von anderen getrenntes Wesen erfahren; das eigene Selbst als Mittelpunkt und Zentrum erleben (Rotation).

Als ergänzende zweite Lektion steht die Revolution: sich dem Leben und den anderen Menschen vertrauensvoll öffnen.

Die dritte und vierte Lektion stehen ebenso ergänzend zueinander, wie dies in Riemanns Gleichnis vom Zentripetalen der Schwerkraft und dem Zentrifugalen der Fliehkraft zum Ausdruck kommt.

Dritte Lektion: sich in der Welt niederlassen, sich auf Dauer einrichten, Zukunft als etwas Festes einplanen.

Und die vierte Lektion:

Alles Leben ist der Veränderung unterworfen. Altes vergeht und stirbt, Neues entsteht und wird geboren. Alles wird ständig neu, erneuert sich.

Ein Mensch, der diese Lektionen gelernt hat, wird den Forderungen, die das Leben an ihn stellt, gerecht werden können:

Es wird ihm möglich, sich als einmaliges Individuum zu erleben, seinen eigenen Impulsen, Wünschen und Bedürfnissen nachzugehen und *gleichzeitig* auf diejenigen anderer Menschen zu achten. Sich abgrenzen, ohne sich auszugrenzen. Hingabe zu leben, ohne sich dabei zu verlieren. Ebenso ist er in der Lage, sein Leben einer festen Ordnung zu unterstellen, sich an Regeln zu halten und sich *gleichzeitig* auf die ständige Veränderung des Lebens immer wieder neu einzulassen. Haben wir die eine oder andere Lektion nur mangelhaft erlernt, werden wir entsprechende Reifungs- und Entwicklungslöcher herausbilden. Der Grundimpuls wird überdehnt, übersteigert und pervertiert schließlich ins Maßlose:

1. Selbstbewahrung und Selbstverwirklichung steigern sich in ausschließliches Selbstbezogensein, in ein unaufhörliches Drehen um die eigene Achse. Der andere wird in seinen Bedürfnissen ausgeblendet und nicht wahrgenommen. Es bildet sich ein Psychogramm mit der Signatur heraus: Distanzhalten zu anderen Menschen sowie

Angst vor Nähe. Wir erhalten das Bild einer *distanzier-ten Persönlichkeit*. (In der psychoanalytischen Neuro-senlehre wird dieses Psychogramm als »schizoide Per-sönlichkeitsstruktur« bezeichnet. Ich erwähne dies der Vollständigkeit halber, ziehe aber beschreibende Be-griffe vor, da sie weniger entwertend und nicht mit einem Stigma belegt sind.)

2. Revolution, sich dem Leben vertrauensvoll öffnen, Hin-gabe an das Leben oder an einen Menschen, gerät hier im Übermaß zum Sichverlieren, zum Selbstverlust. Ein solcher Mensch hat den Kontakt zu sich selbst verloren, orientiert sich an anderen, sucht stets die emotionale, ihn absichernde Nähe zu anderen und gerät dadurch in Abhängigkeit. Deshalb ist die Angst vor Trennung sein zentrales Thema. Am besten wird dieses Psychogramm als *nähesuchende Persönlichkeitsstruktur* beschrieben. (Nach psychoanalytischer Neurosenlehre: »depressive Persönlichkeit«.)

3. Überwiegt die Schwerkraft, werden Spielregeln, die un-serem Dasein eine Ordnung geben und die Verhältnisse untereinander regeln, zu unumstößlichen Verboten und festen Regeln. Das Leben erstarrt. Alles sollte für die Ewigkeit sein, unveränderlich bleiben, was sich als Angst vor der Vergänglichkeit zeigt. Daraus erhalten wir die *ordnend-kontrollierte Persönlichkeit* (Nach psycho-analytischer Neurosenlehre: »Zwanghafte Persönlich-keitsstruktur«.)

4. Der letzte Impuls der Fliehkraft, des ständigen Wandels, des Werdens und Vergehens übersteigert sich in die totale Abgelöstheit, Unverbindlichkeit oder vermeintli-che Freiheit. Dieser Grundimpuls verhärtet sich in der ständigen Angst vor Festlegung. Und wir erhalten das

Bild der *grenzensprengenden Persönlichkeit*. (Nach psychoanalytischer Neurosenlehre: »hysterische Persönlichkeit«.)

Selbstverständlich sind Menschen nicht einfach in klar abgegrenzte und geschlossene Persönlichkeitsstrukturen einzuordnen. Die »reinen« Persönlichkeitsstrukturen sind selten anzutreffen, sehr viel häufiger hingegen bilden sich Mischstrukturen heraus. Übergänge von der einen zur anderen psychischen Konstellation sind entweder fließend, oder es ergeben sich aus verschiedenen Bereichen kombinierte Strukturen mit einem oder mehreren Schwerpunkten. Die Persönlichkeitsstruktur kann mit Landschaftsverhältnissen verglichen werden, wo sich unterschiedliche geographische Situationen zusammenfügen. Bestimmte Eigenarten treten in den Vordergrund und wirken für den Gesamteindruck prägend. Und wie sich das Landschaftsbild durch den Verlauf der Jahreszeiten verändert, so werden durch die unterschiedlichen Lebensphasen Schwerpunkte verschoben.

Die Frühlingsphase im Leben des menschlichen Wesens entspricht der Vertrauensbildung. Das Kind sprießt ungeschützt in das Leben hinaus, drängt naturhaft zum Licht, um sich als Individuum zu entfalten.

In der Sommerphase erleben wir, wie die Vegetation zur Blüte reift, hingebend blüht und ihre Pracht verströmt. Übertragen auf das Psychische, bedeutet das, sich selbst zur Blüte zu.bringen. Seine spezifischen Anlagen, Fähigkeiten und Talente zu entfalten, um sich dahin zu entwickeln, wie einen die Schöpfung gemeint hat.

Der Herbst ordnet die Fülle des Sommers. Die Herbstphase zeigt bildhaft, wie alles einer zyklischen Ordnung, einem steten Wandel unterworfen ist. Im Älterwerden werden die Schatten stetig länger. Wir erleben Vergänglichkeit als unausweichbare Gesetzmäßigkeit. Schicksalsschläge und Lebenskrisen werden im Rückblick allmählich als ordnendes Prinzip erkennbar.

Und schließlich erleben wir in der kahlen Todeslandschaft des Winters die Endlichkeit. Der Winter trägt die Zeichen des Sterbens in sich: Aufbruch zum Ende und – Neubeginn.

Die Zyklen der Jahreszeiten lehren uns, daß alles seine Zeit hat.

Wenn ein Reifevorgang, der an eine bestimmte Entwicklungsphase gebunden ist, aus der Zeit herausfällt, seine Zeit verpaßt, findet ein Versuch der Selbstregulation statt, um den Entwicklungsschritt nachzuholen. Die Entwicklungslöcher werden nun durch die Herausbildung bestimmter Fähigkeiten und Verhaltensweisen ausgeglichen, kompensiert und somit überdeckt. Da es sich lediglich um die Überdeckung eines Mangels handelt, bleibt das Grundproblem unangetastet weiterhin bestehen.

Im Laufe unseres Lebens erhalten wir immer wieder die Möglichkeit, uns mit diesen Reifungslöchern auseinanderzusetzen. Schließlich liefert das ganze Leben genügend Material nach, um die Lektionen doch noch zu lernen. Wir sprechen dann von Krisen – und sind darüber alles andere als erfreut.

Spätestens aber in der Wahl des Partners werden sich unsere Reifungs- und Entwicklungslöcher bemerkbar machen. Die Partnerwahl vollzieht sich unbewußt. Einerseits zieht uns das Bekannte, Vertraute an; die »heimatlichen Glocken« läuten. Andererseits greift das Prinzip der Ergänzung, das aus der Ursehnsucht nach Ganzsein des menschlichen Wesens die nötige Kraft erhält. Es werden jene Partner zusammenfinden, die in bestimmten Wesenszügen übereinstimmen und sich gleichzeitig sinnvoll ergänzen. Zwei Gegenpole, die zusammengehören, etwas vereinfacht ausgedrückt: »Gleich und gleich gesellt sich gern« und »Gegensätze ziehen sich an«. Der Mensch strebt immer nach Ganzheit als Grundthema allen menschlichen Seins. Die verblaßte Erinnerung an den Ursprung, an das Aufgehobensein in etwas Allumfassendem, Ganzem zeichnet sich überall ab und wird sich auf sämtliche Bereiche übertragen.

Da gerade in der Partnerschaft die Ursehnsucht nach Ganzsein auflebt, ist es verständlich, daß sich in Paarkonstellationen vor allem die sich in ihren Entwicklungslöchern ergänzenden Persönlichkeitsstrukturen zusammenfinden. Das Gegenpsychogramm weist das auf, was dem anderen fehlt. Die Wahl eines bestimmten Partners ist ein Lösungsversuch, aus eigenen Defiziten und Mängeln herauszufinden.

Ein chronischer Nein-Sager ist mit einer chronischen Ja-Sagerin zusammen. Ein Mann, der vor allem seine Bedürfnisse wahrnimmt und sie auch gezielt umzusetzen weiß, ist mit einer Partnerin zusammen, der es schwerfällt, ihre Bedürfnisse wahrzunehmen, ja, sie nicht einmal kennt, geschweige denn, sie umsetzen kann. Ein forscher, aggressiver Bursche sucht den Ausgleich bei einer Sanftmütigen.

Die *ordnend-kontrollierte Persönlichkeit* fühlt sich vor allem durch eine Person, die Grenzen sprengt und aus dem Vollen schöpft, also der *grenzensprengenden Persönlichkeit*, komplettiert und ergänzt. Und ein Mensch mit *grenzensprengendem Psychogramm* findet wiederum die sinnvolle Ergänzung in demjenigen des *ordnend-kontrollierten*.

Die *distanzierte*, gefühlsferne Persönlichkeit wird sich durch die emotionale, *nähesuchende* wunderbar ergänzt fühlen – und umgekehrt. Und die emotional-*nähesuchende* Persönlichkeit wiederum fühlt sich durch die *distanzierte*, gefühlsferne magnetisch angezogen. Das Übermaß an Emotionen des einen wird durch den Mangel des anderen ausgeglichen. Und zusammen fühlen sie sich ganz. Paradiesisch. Wie einst. Und somit ist die Welt wieder in Ordnung. Und wir fühlen uns im siebten Himmel, lehnen uns bequem zurück und wollen das Leben in vollen Zügen genießen!

Die ersten Krisen aber lassen in der Regel nicht allzulange auf sich warten. Die Aufgabenstellung an das menschliche Individuum scheint damit nicht erfüllt zu sein, sich einen Partner zuzulegen, der das hat, was dem anderen fehlt.

Die erste paradiesische Zeit des Sich-Ergänztfühlens wird allmählich in eine Phase der Ernüchterung übergehen, später dann in eine oft lebenslange Phase des Leidens. So wird die emotionale, *nähesuchende Persönlichkeit* schmerzlich erleben, daß sie ausgerechnet mit dem Partner, der mit einer *distanzierten Persönlichkeitsstruktur* ausgestattet ist, genau das nicht findet, was sie sucht: Nähe. Sie fühlt sich unbeantwortet, allein und einsam. Das Paradies neigt sich oft früher als erwartet seinem Ende entgegen.

Auch hier sollten die den anderen ergänzenden Persönlichkeitsanteile nicht als statisch, lebenslang festgelegt verstanden werden. Wesensanteile verändern sich, werden durch die Dynamik einer bestimmten Paarkonstellation in den Hintergrund treten oder sich verstärken.

Um ein Haar habe ich die Haltestelle verpaßt. Das hätte gerade noch gefehlt. Hier liegt der Schnee mindestens zehn Zentimeter hoch. Und das im April. Damit habe ich nicht gerechnet. Wenn das so weitergeht, werde ich unterwegs ein Paar Stiefel kaufen müssen. Wie aber, um Gottes willen, soll ein Mensch vernünftig mit Stiefeln reisen können! Diese monströsen Apparate passen in keinen Minikoffer. Also stets an den Füßen behalten. Auch bei schönem Wetter.

Plötzlich Sonnenschein. Schöne Aussichten!

Wie geht's weiter? Zettel in der Handtasche suchen. Es sei alles ganz einfach. Durch die Unterführung, beim nördlichsten Ausgang hinauf, dann hinein in den hinter dem großen Brunnen westlich stehenden Bus. Einfach und kinderleicht zu finden. Wo ist der Nordausgang? Hinten zum Industriegebiet? Richtung Zentrum? Ganz einfach, dort, wo der Brunnen steht! Kein Brunnen weit und breit. Weder hinten noch vorne. Dafür Schnee und Eis. Ist doch ganz einfach! Und leicht! Flohleicht wie mein Minikoffer. Herumfragen. So einfach. Zettel in der einen Hand, Brille auf und absetzen, in der anderen Handtasche und Koffer. Alles ist leicht und einfach. Kein Brunnen weit und breit. Bei Schnee hält der Bus auf der anderen Seite. Eiskalte Füße. Habe mit Schnee im April weiß Gott nicht gerechnet.

Fünfte Haltestelle aussteigen. Wegen ungünstiger Wetterverhältnisse kann die fünfte Station nicht angefahren werden. Ich fahre also eine zu weit. Hinterher zurückstapfen. Hotel suchen. Ganz einfach und leicht zu finden, direkt vier Minuten von der Haltestelle entfernt. Plus acht Minuten zurück. Mit meinem kleinen flohleichten Koffer. Durch Matsch und Schnee. Die Schuhe halten das nicht aus.

Im Hotel Blazer, Blusen, T-Shirt auf Bügel hängen. Dann gleich wieder los, wetterfeste Winterstiefel kaufen. Und wenn ich schon unterwegs bin, auch noch ein angorawollenes Unterhemd. Trotz warmen Pullovers. Das Hotelzimmer, im kargen Jugendherbergsstil und, wie immer, eiskalt. Alle Hotelzimmer sind eiskalt. Die Heizungen in Hotelzimmern werden immer ausgemacht, auch wenn das Zimmer reserviert ist. Vortragssäle sind immer überheizt, die Heizung ist immer aufgedreht, auch wenn ich die Veranstalter bereits vorher brieflich darum bitte, den Thermostaten zurückzudrehen. Gewissenskonflikt. Soll ich mich mit meinen bereits aufgeweichten Schuhen aufmachen oder die noch trockenen, aber noch leichteren, die ich abends trage, anziehen? Ich habe nasse Füße. Und eiskalte. Hoffentlich hole ich mir keine Erkältung. Ich entscheide mich für die trockenen. In der Hotelhalle stehen keine Schirme. Gehe also ohne. Ein Mini-Schirm gehört also doch zum Minimalreisegepäck.

Wo aber im April Winterstiefel kaufen? Finde ja mitten im Winter keine passenden! Allesamt unbequem, bockhart, fühle mich darin wie eingegipst. Hab's deshalb seit einigen Jahren aufgegeben. Trage nur noch federleichte, anschmiegsame Stiefelchen aus Gore-Tex. Zusammenfaltbar auf die Größe einer Puderdose.

Ich eile von Schuhgeschäft zu Schuhgeschäft. Ein mildes Lächeln quittiert meinen Wunsch. Die Verkäuferin weist höflich auf das Frühjahrsangebot hin. Irgendwo muß doch ein warmes Schuhwerk aufzutreiben sein! Inzwischen, meine trockenen Schuhe ebenfalls patschnaß und vom Schneewasser durchweicht, gebe ich meine Hoffnung allmählich auf. Da stolpere ich über einen Schuhständer, der mit Stiefeln behängt ist. Der Geschäftsinhaber wittert sein

Glück, all seine unsäglichen, wohl seit Jahren liegengebliebenen Modelle endlich loszuwerden. Eins schlimmer als das andere. In der Not frißt der Teufel Fliegen. Ich greife hinein, hole mir meine Größe, probiere, bezahle und lasse sie gleich an den Füßen. Dann arbeite ich mich breitfüßig, als wenn ich Schwimmflossen trüge, durch die Straßen. Noch schnell einen Schirm kaufen und in ein Taxi fliehen. Auf den Kauf eines Unterhemdes verzichte ich.

Hundemüde ins Bett sinken. Gedankenfetzen nachjagen. Haus in Frankreich. Was ist los? Stundenschlaf. Aufstehen.

Ramponierte Schneefrisur wieder aufmöbeln.

Vortragsunterlagen zusammenstellen. Etwas Eßbares auftreiben.

II. Mannsbilder

Von Distanzierten, Kühlen
und Fernen

Der Wortlose

Ein hochaufgeschossener, überschlanker, junger, pickel-
übersäter Mann erwartet mich in der Hotelhalle. Er hat die
Aufgabe, mich zum Vortragsort zu bringen und hinterher
wieder zurückzufahren. Ich steige in sein klappriges Auto-
mobil. Es zieht überall herein. Die Straßen sind völlig
vereist. Soviel Ungeschicklichkeit vereint in einer einzigen
Person! Er kann eigentlich überhaupt nicht Auto fahren.
Und sprechen auch nicht. Zuerst therapeutische Versuche,
ihm die Zunge zu lösen. Ohne Erfolg. Meine Bemühungen
bleiben in der kalten Luft hängen. Indes würgt er unge-
schickt an seinem Schalthebel herum und läßt den Motor
aufheulen. Die Fahrt scheint endlos. Es würde mich nicht
wundern, wenn das Auto plötzlich stehenbliebe, da kein
Benzin mehr im Tank ist. Ich stelle meine Versuche, mit
ihm ins Gespräch zu kommen, ein, schließe die Augen, um
diese Ungeschicklichkeit nicht mit ansehen zu müssen.
   Auch an diesem Abend ist der Vortragsraum wieder
überheizt. Mir trieft der Schweiß, trotz leichten T-Shirts,
den Rücken hinunter. Die ersten zehn Minuten funktioniert das Mikrofon einwandfrei. Danach ist's aus. Nur der
Hellraumprojektor hält bis zum Ende durch. Die Bücher
muß ich diesmal nicht signieren – es sind keine vorhanden.
   Der stumme Jüngling läßt den ganzen Vortrag über sich

ergehen. Der Inhalt scheint ihn keineswegs zu berühren. Er steht wie ein Straßenpfahl inmitten der sitzenden Zuhörerinnen. Kontaktlos. Distanziert. Als ob ihn das Ganze überhaupt nichts anginge. Selbst die Diskussion entlockt ihm keine Regung. Auch die Fragen nicht, wie wir Frauen es anstellen können, um Männer aus ihrer Distanziertheit herauszulocken.

Zum Schluß erhalte ich einen großen Blumenstrauß.

Auf der Rückfahrt fährt noch seine Freundin mit, die ebenfalls an der Veranstaltung teilnahm. Eine junge, hoffnungsvolle Frau! Sie versucht während der ganzen Fahrt, zu ihm irgendeinen Kontakt herzustellen. Gelegentlich kommt eine winzige Reaktion, die sie bereits mit höchstem Entzücken zur Kenntnis nimmt. Sie bemüht sich unermüdlich, ihm irgend etwas Liebes, Nettes zu sagen. Immer in der Hoffnung, eine Reaktion von ihm zu erhalten. Die junge Frau ist nicht etwa ungeduldig. Sie glüht vor Zuwendung, was ihn jedoch völlig unbeeindruckt läßt.

Als wir im Hotel ankommen, lade ich die beiden noch zu einem kleinen Drink ein. Er lehnt ab. Sie hingegen möchte sehr gerne. Der junge Mann macht eine Kopfbewegung Richtung Straße, was wohl heißen soll, daß er inzwischen einen Parkplatz suche und später käme. Sie willigt sofort ein.

Die junge Frau, eine Buchhändlerin, und ich unterhalten uns sehr angeregt. Sie beginnt zu erzählen. Seit zwei Jahren ist sie mit ihm zusammen. Er studiert Informatik. Er sei eigentlich sehr sensibel, aber er komme einfach nicht aus sich heraus. Auch könne er nicht über seine Gefühle sprechen, das erwecke den Eindruck, daß er überhaupt keine hätte. Dies sei ein großer Irrtum. Es gäbe oft Momente, da spüre sie, wie groß und tief sein Empfindungsvermögen

sei. Er hätte vor einem halben Jahr alleine eine mehrwö-
chige Amerikareise gemacht und ihr so zärtliche Briefe
geschrieben, daß sie nur gestaunt hätte, was doch alles in
ihm stecke. Auf seine Heimkehr hätte sie sich wahnsinnig
gefreut und gedacht, nach diesen schriftlichen Liebesbe-
kundungen werde alles anders. Als sie ihn auf dem Flughafen abgeholt hätte, sei er wie eh und je gewesen: unter-
kühlt, distanziert, als wenn er diese Briefe nie geschrieben
hätte. Darauf angesprochen, hätte er einfach nicht reagiert. Nun lese sie diese Briefe dauernd, und das helfe ihr,
wenn sie unter mangelnder Zuwendung und Zärtlichkeit
leide. Sie lacht etwas gequält.

»So hole ich mir eben die lieben Worte aus der Konserve.
Das geht auch!«

Inzwischen ist der junge Mann zurückgekommen. Nein,
trinken möchte er nichts. Auch nicht etwas Warmes. Unsere Unterhaltung, vorher recht unbeschwert und herzlich,
kühlt sofort ab. Die beiden verabschieden sich rasch.

An der Rezeption überreicht man mir mit dem Zimmer-
schlüssel ein Fax:

»Wuschel, mach Dir keine Sorgen! Wasserpfütze in
Frankreich harmlos. Ich vermisse Dich. Ruf bald an!
Möchte in Deinen Worten spazierengehen, herumplan-
schen! Tausend Küsse auf Lästermund und Samtpfoten.

Dein Felix:

der Größte.«

Ich rufe umgehend zurück. Felix hat alles im Griff.
Nochmalige Abklärungen beim Ex-Hausbesitzer: kein
Grund zur Besorgnis. Dann turteln wir. Kriechen einander
ins Ohr. Dazwischen verflucht er mich.

»Nicht genug mit Bücherschreiben! Nein! Madame muß
auch noch herumreisen, um sie vorzulesen!«

»Ich habe es mir auch anders vorgestellt«, jammere ich. Und dann tröstet er. Wie er das so gut kann. Er spricht vom Durchhalten. Vom Zusammenhalten. Von schweren Zeiten, die dazugehörten. Ihn nerven diese ständigen Trennungen und Scheiß-Abschiede ebenfalls. In wenigen Monaten hätten wir es überstanden. Und dann blieben wir eine geschlagene Woche im französischen Bett liegen, und er würde mir das Essen servieren. Na bitte. Was will frau mehr.

Ich schlafe mit dem Gefühl ein, vom wunderbarsten Mann der Welt geliebt zu werden, und träume von ihm.

Bereits um vier Uhr ist's aus mit Träumen. Die Heizung beginnt zu ticken und höret nimmer auf. Ich gehe zur Toilette. Hätte ich nur die Spülung nicht gezogen! Das Wasser rauscht fortan ungebremst geräuschvoll in den Schüsselschlund. Da hilft auch kein Ohropax. Ich rufe die Rezeption. Nachtdienst führt keine Schraubenschlüssel. Ich ziehe in ein anderes Zimmer. Im Nachthemd mit Mantel darüber den ganzen Kram zusammensuchen und mit tropfendem Blumenstrauß, den ich im Lavobo eingestellt hatte. Kann mich im frischen und kalten Morgenbett nicht heimisch fühlen, als wenn sich die Seele noch in den eben verlassenen, warmen Federn verkrochen hätte. Keine Spur von Wohlig-in-den-Schlaf-Zurücksinken. Sauungemütlich. Neugeborenengefühl. Aus dem warmen Federbauch ins grelle Licht hinausgestoßen. Und kalt obendrein. Schlechte Bedingungen, um nochmals behaglich im Schlaf zu versinken. Aber beste Voraussetzungen, um gezielt über etwas nachzudenken. In dieser Ungeborgenheit ziehen sich die Sinne wie die Fühler einer Schnecke zurück und verkriechen sich ins Innerste. Es funktioniert nur noch eines: Denken. Da schadet diese Ungastlichkeit nichts. Im Gegenteil, sie schärft die Sicht.

Ich mache genau das, was ich in frühester Kindheit gelernt habe, um in einer griechischen Familientragödie zu überleben. Schließlich bin ich zwischen Disteln und Dornen aufgewachsen. Hab' aus Unkraut Kränze geflochten und zwischen zwei Stühlen sitzen gelernt.

Es gibt Menschen, die lernen vor allem sehr viel mehr in schwierigen Verhältnissen. Wenn es ums Überlegen geht, entwickeln sie Fähigkeiten, von denen andere nicht einmal zu träumen wagen. Bei anderen dagegen werden durch ungünstige Lebensbedingungen sämtliche Impulse, Schwierigkeiten zu überwinden, lahmgelegt.

Deshalb funktioniert die Ursache-Wirkung-Erklärung nicht immer. Wer eine »gute« Kindheit hinter sich brachte, sollte beste Voraussetzungen haben, um das Leben künftig erfolgreich zu meistern. Bei einer »schlechten« erwartet man Entsprechendes. Eine »gute Kindheit« wird mit einem förderlichen Lernfeld gleichgesetzt. Eine »schlechte« dagegen mit einem hinderlichen.

Die »gute« Kindheit kann sich sowohl als förderlich wie auch als hinderliches Lernfeld auswirken. Zweifellos kann in einem wohlwollenden Klima viel gelernt werden. Ist aber die Bequemlichkeit konstitutionell zu groß, sind die Neugierde am Leben und der Lerneifer gering und müssen keinerlei Sanktionen befürchtet werden, wird sich dieses Umfeld eher als lernhinderlich auswirken.

Mit der »schweren« Kindheit verhält es sich genauso. Unter erschwerten Umständen kann es wichtig werden, Fähigkeiten zu trainieren, um zu überleben. Die Hürden sind hoch, viel an Energie und Fertigkeit muß überlebensstrategisch ausgebildet werden. Daraus entwickelt sich eine beachtliche Lebensvirtuosität. Oder aber es wird überhaupt kein Versuch unternommen, ungünstige Situationen meistern zu wollen. Ein solcher Mensch resigniert, und seine Grundausstattung bleibt unentwickelt.

So gesehen, gibt es für ein Kind weder schlechte noch gute Bedingungen. Es gibt lediglich förderliche oder hinderliche Lernfelder. Jeder elterliche Versuch, das Kind zu verwöhnen, ihm mühevolles Lernen zu ersparen, es vor eigenen, vielleicht schmerzvollen Erfahrungen zu bewahren, ist eine Beschränkung der Lernmöglichkeiten. In welcher Weise ein Kind seine Lernmöglichkeiten umzusetzen und für sich zu nutzen vermag, hängt weitgehend von seiner Konstitution ab. Die konstitutionelle Veranlagung spielt eine nicht zu unterschätzende und wichtige Rolle. Wir sind eben mit unterschiedlichen Anlagen ausgestattet! Den Ursachen nachzufragen, die für konstitutionelle Unterschiede verantwortlich sind, führt zum Ausgangspunkt individueller Lebenssicht. Die zellular-materiell-orientierten Menschen ziehen es wahrscheinlich vor, sich an die Vererbungslehre zu halten. Andere, die eher dazu neigen, dem menschlichen Wesen ein Vor- und Nachleben zuzugestehen, sehen in den Anlagen etwas, das wir bereits mitbringen. Wie auch immer, die konstitutionellen Verhältnisse wirken zusammen mit den Umweltfaktoren auf die Schulung bestimmter Fähigkeiten ein.

Weitere wichtige Lernmöglichkeiten erhalten wir später durch das Lernfeld Partnerschaft. Eine »schlechte« Ehe kann ein hervorragendes Lernfeld mit exquisiten und pikanten Lektionen darstellen. In einer »guten« ist die Gefahr groß, daß relativ wenig Munition die eigene Entwicklung ankurbelt und in Schwung bringt. Das Leben in einer problematischen Partnerschaft ist durchaus zu vergleichen mit dem Schwimmen in vom Sturm aufgepeitschten Wellen. Je stürmischer das Meer, um so besser lernen wir die

Fähigkeiten auszubilden, uns mühelos über Wasser zu halten. Es geht ja darum, möglichst ein breites Spektrum an Verhaltensweisen und einen großen Handlungsspielraum zu erschließen, um virtuos sein Leben zu gestalten.

Wer das Glück hat, in schwierigen partnerschaftlichen Verhältnissen zu leben, sollte diesen Vorteil unbedingt nutzen! Auf eine ernstzunehmende Ausnahme ist zu achten. Wenn ein Hurrikan über den Ozean tobt, ist auch eine Meisterschwimmerin überfordert und wird untergehen. Tornado-Partnerschaften sind nicht förderlich, sondern äußerst gefährlich. Sie müssen beendet werden, je schneller, um so besser. Dies erfordert eine absolut konsequente Haltung und die klare Entscheidung, die Verantwortung für sein Leben in die eigene Hand nehmen zu wollen. Für viele Frauen ist es zweifellos sehr viel näherliegender, den Partner verändern zu wollen, als sein eigenes inneres Programm umzuschreiben. Wie viele Frauen versuchen, ihre distanzierten, gefühlsfernen Partner zu gefühlsnahen Persönlichkeiten umzuerziehen. Ein Unterfangen, das ja immer in der Wüste endet. Und die vielen Mißerfolge müßten dazu führen, sämtliche Nacherziehungsprogramme unverzüglich einzustellen. Spätestens nach der zehnten Bauchlandung müßten wir zu Verstand kommen und daraus lernen, daß der andere immer ein anderer ist und bleibt. Und – falls mir etwas in der Paar-Konstellation nicht paßt, habe ich nur eine einzige Möglichkeit: mich selbst zu verändern. Bei diesem Unternehmen aber stehen mir sämtliche Türen offen! Wer ein bereits bestehendes Haus umbauen will, muß sich zuerst die Baupläne beschaffen und den Grundriß studieren. Wer sich selbst verändern will, muß wissen, wo die inneren Grundmauern stehen, in welchem Zustand sie sind und aus welchem Material sie erbaut sind. Ebenso sollten wir wissen, wie der Boden beschaffen ist!

Die Orakelinschrift zu Delphi »Erkenne Dich selbst« ist die grundlegendste und wohl auch die unangenehmste Forderung.

Den Scheinwerfer auf sich selbst zu lenken, in die hintersten Abgründe hinunterzuleuchten, die dunkelsten Ecken auszukundschaften, gibt Einblick in das unbekannte Wesen, das der Mensch ist. Das Dunkle in sich zu erforschen führt in die wichtigste Gesetzmäßigkeit der menschlichen Seele: daß alles zweifach angelegt ist, in Zwillingspaaren, in der Ergänzung. Es gibt kein Licht ohne Dunkelheit. Wo viel Licht ist, ist auch der Schattenwurf entsprechend.

Menschliches zu ergründen läßt staunend erschauern. Schaudernd ist der Blick in die Tiefe. Staunend aber blicken wir in jenen Bereich, der die Tore weit öffnet, um einen beinahe unermeßlichen Reichtum an Möglichkeiten zu entdecken. Da ertönen die Worte und eröffnen mit donnerndem Paukenschlag die Lebenssymphonie: »Erkenne Dich selbst.« — »Dann erkennst Du Gott.«

Der zweite Teil dieser Aussage, wohl später von Mystikern hinzugefügt, wird ungern zitiert. Er schwingt ins Größenwahnsinnige. Aber nur vordergründig. Leben entstammt dem göttlichen Programm. Und wenn ich das Menschliche in mir studiere, dann erfahre ich etwas über die bauliche Substanz der Schöpfungsintelligenz, vom Urgrund, aus dem wir geschaffen sind.

Sich auf den Weg zu sich selbst aufzumachen bedeutet, den Heimweg zu suchen. Den Ort ausfindig zu machen, wo unsere Wurzeln sind, wo wir beheimatet und aufgehoben sind. Im Einen. Vollständigen. Ganzen.

Wenn wir also das Psychogramm des Partners unter die Lupe nehmen – was wir ja ohnehin tun! –, gibt es uns ziemlich genau Auskunft über unser eigenes.

Statt in endloser detektivischer Kleinarbeit des Partners Psyche auf Mängel und Entwicklungsschäden hin zu untersuchen und über Jahrzehnte zu versuchen, ihn zu verändern, könnten wir einmal, ein einziges Mal nur(!), eine psychographische Landkarte des Partners erstellen.

Daraus läßt sich leicht das dazu passende Gegenpsychogramm ermitteln, und wir erfahren sehr viel über uns selbst. Wenn wir die Psyche des Partners in dieser Weise erforschen, führt es uns dorthin zurück, wo wir tatsächlich etwas verändern können, nämlich bei uns selbst. Die Partneranalyse gibt uns Einblick in die eigene Seele. Wir kommen uns näher. Wir entschlüsseln unser Verhalten, decken eigene Entwicklungs- und Reifungslöcher auf, erkennen unsere Defizite.

Und dann können wir mit der Behebung unserer eigenen Mängel beginnen.

Felix ruft mich frühmorgens mitten in der Ungastlichkeit meiner Überlegungen an. Er habe soeben erfahren, daß das Wasser im Keller nicht etwa lieblich durch ein Röhrlein rieselt, sondern mitten durch die Decke eines Zimmers in den Keller heruntertropft. Er lasse alles stehen und liegen und eile unverzüglich nach Frankreich, um sich selbst darum zu kümmern.

Seine Mitteilung ist kurz und knapp. Und weg ist er.

Die Hiobsbotschaft schlägt wie ein Blitz in mein Gemüt ein. Dabei habe ich keinerlei Möglichkeiten, dem inneren Aufgewühltsein nach außen Ausdruck zu verleihen – was die Sache noch weit schlimmer macht. Psychologisch Geschulte sprechen etwas abfällig von hysterischem Ausagieren der Gefühle, unterstellen chronisches Verdrängen. Ich habe mir selbst – irgendwann in lauer Sommernacht – die Absolution erteilt, mich von verdrängerischer Schuld freigesprochen. Es gibt eben Menschen, denen geht es psychisch besser, wenn sie nicht nur über Töne nachdenken, sondern hörbar singen. Nun, in meinem speziellen Falle habe ich keine Bühne zur Verfügung, meine Verzweiflungsarie zu trällern. Obwohl ich sofort versuche, Felix zurückzurufen, antwortet er nicht mehr.

Mein reservierter Fensterplatz befindet sich in einem Abteil, in dem sich bereits ein Paar eingerichtet hat. Mir direkt gegenüber ein etwa fünfundvierzigjähriger, großgewachsener, sehr schlanker Mann, daneben eine ungefähr gleichaltrige mittelmollige Frau. Der Mann blickt entweder zum Fenster hinaus oder liest in einem Buch. Für sie scheint er der Mittelpunkt ihres Lebens, ihres Interesses, ihrer Aufmerksamkeit zu sein. Wenn er zum Fenster hinaussieht, schaut sie ebenfalls hinaus, macht ihn auf dieses oder jenes aufmerksam. Liest er, wartet sie, bis er wieder damit aufhört. Dazwischen fragt sie ihn nach seinem Wohlbefinden, ob er einen Keks, einen Apfel, eine Banane essen oder etwas trinken möchte. Er antwortet nicht, sondern macht eine abwehrende Kopfbewegung, knurrt oder murrt, kaum hörbar, in sich hinein. Und sie weiß offenbar, was er sagen will. Sie aber läßt nicht von ihm ab, gibt nicht auf, immer neu auf ihn einzugehen, ihm irgend etwas anzubieten. Er wehrt alles ab, bis später auf das Angebot, ihm ein Brötchen zuzubereiten. Dies läßt er ebenfalls mißmutig über sich ergehen; doch immerhin, er ißt es. Sie hat alles bei sich, was es braucht. Das Kräuterkäslein, das er besonders zu mögen scheint, da er es widerspruchslos zu sich nimmt. Sie strahlt. Ganz Frau und Krankenschwester.

Einmal spricht er ihren Namen aus: Hannelore.

»Nein, Hannelore. Nein«, sagt er laut und deutlich, als sie ihm erneut ein Kräuterkäsebrötchen streichen möchte. Schwester Hannelore hat verstanden und packt zusammen, nicht ohne ihn nochmals zu fragen, ob er auch wirklich satt sei. Diese Frage beantwortet er nicht mehr, sondern schaut zum Fenster hinaus.

Sie ihrerseits stopft hastig einige Bissen in sich hinein und schaut dann, wo er hinschaut: »Hast du den Wald gesehen?« Er hat.

Ich bin inzwischen auch hungrig und möchte zum Speisewagen. Beim Aufstehen stoße ich gegen seine elend langen, spitzen, übereinandergeschlagenen Beine, die weit zu mir herüberragen. Er wirft mir einen eisig verärgerten Blick zu. Schwester Hannelore schaut mich ebenfalls an, aber freundlich, mit um Verständnis heischenden Augen. Als ob sie sich entschuldigen wollte. Für ihn. Als ob sie sagen wollte, er kann nicht anders, bitte entschuldigen Sie; er meint es nicht böse; im Grunde genommen ist er ganz weich und verletzbar; er hat einen guten Kern. Er hatte eben eine fürchterliche Jugend.

Als ich vom Speisewagen zurückkehre, stolpere ich noch einmal über seine langen Beine. Er ächzt. Sie blickt abermals mild lächelnd zu mir.

Ich lächle zurück.

Sie lächelt ihn an.

Er blickt aus dem Fenster.

»Holger«, flüstert sie ihm ins Genick.

Er zieht den Kopf ein.

Ich verbringe noch drei Stunden mit diesem Paar. Ich bin sehr froh darum. Die Problematik dieses Paares zieht mich derart in Bann, daß es mir beinahe gelingt, das Haus in Frankreich zu vergessen. Meine ganze Aufmerksamkeit richtet sich auf diese spezielle Paarkonstellation, und Hannelores Aufmerksamkeit wiederum kreist ungebrochen um Holgers Wohlbefinden. Sie bemüht sich unablässig um ihn, während er sich von ihr abwendet, was ihre Fürsorge keineswegs bremst. Im Gegenteil. Sie läßt nicht locker. Ich beobachte.

Zwischendurch schließe ich die Augen. Und in meinem Kopf gesellen sich sofort noch andere Paare dazu: die Buchhändlerin von gestern abend mit ihrem Informatiker, die vielen Frauen in meinen Frauengruppen, die in ihre Partnerschaft alles investieren und nie das bekommen, was sie sich sehnlichst wünschen: emotionale Intimität, seelische Beantwortung. Alles Krankenschwestern mit ihren distanzierten Männern.

Ich habe zwar keine repräsentativen Umfragen gemacht, aber aus langjähriger Erfahrung an der Front schließe ich, daß es in unserer Kultur sehr viel mehr Männer als Frauen mit distanziertem Psychogramm gibt.

Hingegen scheint das ergänzende Psychogramm des emotional Nähesuchenden überwiegend vom weiblichen Geschlecht gepachtet.

Die meisten Frauen kennen diesen Typ Mann. Und sie leiden unsäglich unter mangelnder Nähe, Herzlichkeit,

Wärme, Zärtlichkeit, seelischer Intimität. Gleichzeitig aber fühlen sie sich magnetisch zu diesen Männern hingezogen.

Frauen, die mit einem distanzierten Mann zusammenleben, wissen selbstverständlich lückenlos über die »mißglückte« Kindheit Bescheid. Sie sind in der Lage, sein Verhalten pausenlos in einen Zusammenhang mit den traumatischen Erlebnissen in seiner Vergangenheit zu setzen. Eigentlich ist es nur auf diese Weise möglich, an seinen Reaktionen und Verhaltensweisen nicht völlig zu verzweifeln. Sie mildern das ständig unbefriedigte Zusammensein mit Erklärungen ab. Mit der Zeit haben sie sich ein Entschlüsselungsprogramm eingerichtet, das automatisch funktioniert:

Wehrt er ihren Begrüßungskuß einmal nicht ab, dekodiert sie: »Ich freue mich, dich zu sehen.«

Sagt er gar: »Ach, du bist schon da«, entschlüsselt sie freudig: »Es ist wunderbar, daß du da bist!«

Totale kommunikative Funkstille heißt, er fühlt sich soweit wohl.

Frauen mit solchen Männern sind große Erfindungskünstlerinnen, die es schaffen, aus spärlichen Kommunikationskrümeln etwas herauszudestillieren, das irgendwie einer menschlichen Äußerung entsprechen könnte. Und sie sind durchaus in der Lage, sich aus rudimentären sprachlichen Restbeständen das Erhoffte imaginär zu ergänzen. Mit anderen Worten: Sie geben sich mit allem zufrieden, auch wenn es nichts ist.

Ein distanzierter Mann wird seiner Partnerin niemals ein nettes Wörtchen sagen, ganz zu schweigen von irgendwelchen romantisch-zärtlichen Äußerungen. Mit ihm über Gefühle zu sprechen ist so gut wie ausgeschlossen. Und im

Bett sind sie katastrophale Liebhaber. Hätten diese Frauen nicht ihre Freundinnen, die sie emotional nähren, wo sie ihr Bedürfnis nach seelischer Intimität befriedigen können, sich aufwärmen und auftanken, müßten sie das Handtuch werfen – um sich bei nächster Gelegenheit wieder mit einem Distanzierten einzulassen.

Ein typisch Distanzierter schrieb seiner Freundin von einer mehrwöchigen Studienreise eine Postkarte, um ihr seine Rückkehr mitzuteilen. Darauf stand: »Liebe Susanne, komme zwei Tage früher, also Mittwoch und nicht Freitag. Bitte abholen. Grüße Hans.« Aus dieser kargen Mitteilung dechiffrierte sie, daß er sich wahnsinnig nach ihr sehne und deshalb früher zurückkehre und daß er es nicht erwarten könne, bis sie ihn am Flughafen abhole.

Was hat nun zur Herausbildung einer *distanzierten Persönlichkeit* geführt? Und vor allem, welches ergänzende Psychogramm paßt nahtlos dazu?

Zusammenspiel von Anlage und Umfeld

Fritz Riemann beschreibt in seiner tiefenpsychologischen Studie über die Grundformen der Angst – die sich übrigens wie ein spannender Krimi liest – meisterhaft die verschiedenen Persönlichkeitsstrukturen. Riemann zeichnet Psychogramm und Hintergrundsgeschichte mit präzisem Federstrich, deshalb möchte ich ihn in meinen Ausführungen über die verschiedenen Persönlichkeiten immer dann zu Wort kommen lassen, wo seine Bilder in ihrer Deutlichkeit nicht zu übertreffen sind: »Konstitutionell entgegenkommend ist dafür einmal eine zartsensible Anlage, eine große seelische Empfindsamkeit, Labilität und Verwundbarkeit.

Als Selbstschutz legt man dann eine Distanz zwischen sich und die Umwelt, weil man zu große psychische Nähe wegen der radarähnlich fein reagierenden Sensibilität und gleichsam Durchlässigkeit als zu ›laut‹ empfindet. So ist für den Schizoiden (*distanzierte Persönlichkeit*, Anm. d. Autorin) die Distanz notwendig, damit er überhaupt der Welt und dem Leben gewachsen ist. Die Distanz schafft ihm die Sicherheit und den Schutz, nicht von anderen überfremdet, überrannt zu werden; er ist von der Anlage her gleichsam ein zu offenes System, zu ›hautlos‹, muß sich daher abgrenzen und teilweise verschließen, um nicht von der Fülle aller aufgenommenen Reize überschwemmt zu werden.

Die andere Möglichkeit ist die, daß eine besonders intensive motorisch-expansive, aggressiv-triebhafte Anlage vorliegt, eine geringe Bindungsneigung oder -fähigkeit, Anlagen, durch die man von früh an leichter als lästig oder störend empfunden wird. Dann macht man immer wieder die Erfahrung, daß man abgewiesen, zurechtgewiesen, in seiner Eigenart nicht bejaht und angenommen wird, und entwickelt daran das mißtrauische Sichzurücknehmen, das für diese Menschen so charakteristisch ist, zu einem typischen Wesenszug von ihnen wird.

Nicht eigentlich zur Konstitution im eben verwendeten engeren Sinne zu rechnen, aber doch im Körperlichen liegend, zugleich aber bereits deutlicher auf die Umwelt als auslösenden Faktor weisend, wären körperliche oder sonstige Wesensmerkmale zu nennen, durch die ein Kind von Anfang an die Erwartungen und Wunschvorstellungen seiner Eltern, vor allem der Mutter, enttäuscht. Das kann schon darin liegen, daß es nicht das erwünschte Geschlecht hat, aber auch an beliebigen anderen physischen Merkmalen, die es der Mutter schwermachen, ihm die Zuwendung und Zuneigung zu geben, die es hier braucht; auch unerwünschte Kinder sind hier zu erwähnen.« (Riemann, Grundformen der Angst, S. 34.)

Kinder, die ein distanziertes Psychogramm entwickeln, sind also hochsensibel. Sie haben feinste Antennen für alles, was sich unausgesprochen abspielt. Sie sind dünnhäutig und reagieren wie hyperfeine Seismographen auf Stimmungen. Zu dieser Ausgangslage kommen nun die Umweltfaktoren dazu. Während der ersten drei Monate erlebt das Kind die Umwelt ausschließlich über die Sinnenwelt. Im besten Falle ist die das Kind umgebende Welt verläßlich, vermittelt Geborgenheit und Aufgehobensein. Damit wird der Grundstein für ein Urvertrauen in die Welt gelegt. Erfährt aber das Kind in seinen ersten Wochen und Monaten die Welt als unsicher und unzuverlässig, wird es sich zurückziehen. Ebenso wird es sich abgeschreckt zurücknehmen, wenn es von Reizen überflutet und überschwemmt wird. Anstatt sich vertrauend der Welt zuzuwenden, sich auf die Menschen einzulassen, wird es ein ganz frühes und tiefes Mißtrauen erwerben. So wird es bereits im Erlernen des ersten Grundschrittes behindert.

Statt sich der Welt zuzuwenden, verschließt es sich und wird auf sich selbst zurückgeworfen. Ist das Beziehungsumfeld nicht in der Lage, dieser hohen konstitutionellen Sensibilität Rechnung zu tragen, das Kind ausreichend abzuschirmen und zu schützen, schirmt es sich selbst gegen die Außeneinwirkungen ab, indem es sich zurückzieht. Zwischen die Welt und das Erleben des Individuums schiebt sich ein Schutzfilter. Der Distanzierte gerät in eine Isolation. Durch den mangelnden Kontakt zu anderen weiß er über das Leben anderer Menschen, wie sie fühlen, was sie erleben, kaum etwas. Es ist ihm deshalb auch nicht möglich, sich in die Situation eines anderen einzufühlen oder gar mitzufühlen. Diese Erfahrungslücken lassen ihn im Umgang mit anderen zunehmend unsicherer werden. Diese Menschen wirken auf andere kühl, fern und distanziert. Sie stehen wie unbewegliche Wachtürme in der Landschaft, die Umwelt wird lediglich durch kleine Gucklöcher wahrgenommen und erlebt. Distanzierte kreisen stets um sich selbst, ihre Eigenbezüglichkeit als Mittelpunkt, drehen sich um ihre eigene Achse wendeltreppauf, wendeltreppab. Das führt dazu, daß sie ihre Anliegen und Bedürfnisse schneller wahrnehmen als andere und sie unverzüglich umsetzen. Die *distanzierte Persönlichkeit* ist von ihren eigenen Gefühlen isoliert und abgeschnitten.

Sich dem Du vertrauensvoll zuzuwenden, sich zu öffnen, ist nun aber eine Grundvoraussetzung, um sich in der Welt sicher zu bewegen und sich heimisch und aufgehoben zu fühlen. Schließlich erlebt das Kind seine eigene Identität durch die Beantwortung des anderen, so wie es zurückgespiegelt wird.

Es gehört zum menschlichen Grundimpuls, auf die Welt, die anderen Menschen zuzugehen. Kann das Kind diesem natürlichen Impuls nicht nachgehen, reagiert es mit Rückzug und Angst. Es wird sich hüten, sich vertrauensvoll auf die Welt einzulassen. Sein Verhältnis zu anderen wird von Vorsicht und Mißtrauen geprägt sein. So können wir Kinder erleben, die mit dem vorsichtig-wachsamen, analysierenden Blick eines Erwachsenen aus ihrem Kinderwagen in die Welt blicken.

Es wird fortan versuchen, sein Mißtrauen in die Welt zu bewältigen, indem es die Welt mittels seiner Sinne, des Beobachtens und des Erkennens begreifen lernt. So ist ihm der Kontakt mit der Gefühlswelt nicht geglückt. Es entwickelt sich als frühreif und ist intellektuell seinem Alter weit voraus. Seine seelische Landschaft bleibt verkümmert, während die erkennenden, intellektuellen Fähigkeiten seinem Alter weit voraus entwickelt sind.

Und dieses Ungleichgewicht wird sich auch nicht ändern, wenn es erwachsen ist. Wie ich bereits erwähnt habe, finden wir sehr viel mehr Männer als Frauen mit distanziertem Psychogramm. Zweifellos trägt die Rolle der Väter wesentlich dazu bei, die dem Jungen als Vorbild dienen sollte.

Noch immer werden Mütter als alleinige Verantwortliche in der Kindererziehung angesehen – und, falls etwas danebengeht, beschuldigt. Wie kommen wir eigentlich dazu, den Zeugungsmoment als die einzige Team-»arbeit« im Kinderhaben zu bewerten und all das, was hinterher kommt, den Müttern aufzubürden! Ich muß gestehen, dies ist zur Zeit eines der größten Rätsel, an denen ich herumnage. Wir versuchen – im Zuge der Gleichstellung von Mann und Frau –, mit allen nur möglichen Mitteln den Kindsvater zu motivieren, an Wickeltisch, Haus und Herd Hand anzulegen. Die Erfolge sind äußerst spärlich und vor allem sehr fragwürdig. Ich habe kürzlich im Fernsehen in einer Talk-Show ein seltenes männliches Exemplar gesehen und gehört. Fünfzehn geschlagene Jahre Haushalt und Kindsbetreuung hatte dieser Mann hinter sich. Die Spuren dieser Zeit waren erschreckend! Ein schüchternes, gehemmtes, flatterndes Etwas, kaum Mann oder Mensch noch. Er war nicht in der Lage, einen einzigen, auch nur einigermaßen zusammenhängenden Satz aus sich herauszuhaspeln. Das weitaus Schlimmste dabei war aber, daß er sich selbst durchaus wohl, selbstbewußt und selbstsicher fühlte, wie er berichtete. Die Worte höre ich wohl, allein mir fehlt der Glaube.

Ist der Mann grundsätzlich ungeeignet, sich an der pflegerischen Aufzucht des Nachwuchses zu beteiligen, ohne ernsthaft dabei Schaden zu erleiden? Ist und bleibt er der Jäger? Pirscht der Beute nach, jagt sie und schleppt sie dann nach Hause? Ist er überhaupt fähig, die Flinte mit dem Bügeleisen zu vertauschen, das Jagd- mit dem Küchenmesser?

Manche Versuche, das Männerprogramm umzuschreiben, IHM die ersten Grundschritte im partnerschaftlichen Pas de deux beizubringen, gleichen eher einem mißglückten Dressurakt als einem Entwicklungsprozeß. Als wenn ich meinen Schäferhund dazu anhalten wollte, künftig mit Messer und Gabel zu fressen.

Auch wenn ich von der traditionellen, konservativen Voraussetzung ausgehe, die Mutter sei in den ersten Monaten zunächst die entscheidende Bezugsperson für das Kind, bleibt immerhin irgendwo eine Restverantwortung am Vater hängen. Hat nun ein männlicher Mensch, aufgrund konstitutioneller Situation einerseits, andererseits aus entsprechend ungünstigen Umweltfaktoren, ein distanziertes Psychogramm entwickelt, wird es durchaus dem entsprechen, was in der heutigen Gesellschaft als männlich gilt — jedenfalls, wenn er erfolgreich ist. Je kühler, um so besser. Klar im Kopf, virtuos im Denken und im Gefühlsbereich analphabetisch. Der heranwachsende Junge ist umgeben von distanzierten, gefühlsfernen, männlichen Vorbildern. Und die neuen Hausmodelle schrecken ihn wohl eher ab.

So werden sie einst als erwachsene Männer, nach dem Vorbild ihrer Väter, nicht nur ihrer eigenen Gefühlswelt als Fremde gegenüberstehen, sondern auch den Gefühlsäußerungen anderer. Sie wirken unpersönlich und kalt oder gar abweisend. Die Angst vor der Gefühlswelt, vor allem, was nicht mit dem Verstand begriffen, nicht analysiert werden kann, wird mit Bildungswissen und intellektuellen Pirouetten kaschiert. Der Mann mit distanziertem Psychogramm ist ein Meister des Zynismus! Droht ihm ein Gefühl unter die Haut zu kriechen, schmettert er es souverän mit einer zynischen, sarkastischen Bemerkung ab. Man kann sich vorstellen, was Frauen blüht, wenn sie sich in einen solchen Mann verlieben und sich im Übereifer erster Verliebtheit öffnen und ihm ihre Gefühle offenbaren.

Was diesem Mann intrapsychisch nicht glückte, nämlich einen Kontakt zwischen Gefühls- und Verstandeswelt herzustellen, wird in der Außenwelt bildhaft inszeniert. Er wirkt gespalten, von sich getrennt. Selbstverständlich würde er das nie als Mangel zu erkennen geben. Im Gegenteil, er wird es als besondere Stärke herausstellen und sich über jene lustig machen, die wagen, offen über Gefühle zu sprechen.

Alles Gefühlshafte ist ihm unheimlich, macht ihm angst, und er wird sich vor Nähe schützen. Nähe bedroht den Distanzierten, sowohl körperliche als auch seelische. Er braucht zusätzlich eine größere Sicherheitszone um sich herum als andere. So gibt es Gegenstände, die gehören für den Distanzierten in seinen Hoheitsbereich. Wehe, man bedient sich ihrer. Dies kann z. B. seine Haarbürste sein, sein Duschgel, seine Zeitung, sein Feuerzeug, ganz zu schweigen von seinem Wagen. Verwendet man diese Dinge unbeschwert, fühlen sich ihre Besitzer beinahe leiblich angegriffen und können zu ihrer Verteidigung gar handgreiflich werden.

Um dieses Männerbild zu verändern, genügt es nicht,

wenn Mütter sich ihren heranwachsenden Söhnen gegenüber verändern. Hier braucht es neue Vorbilder! Gefühlsnahe Väter, die dem Jungen vorleben, daß ein Mann durchaus die Welt erforschen kann, Materie und Geist bezwingt, zugleich aber Gefühle besitzt, sie zeigt und lebt.

Das weibliche Ergänzungspsychogramm

Die perfekte Ergänzung zum Distanzierten liefert die *nähesuchende Persönlichkeit*. Diese Psychogramme ziehen sich gegenseitig magnetisch an. Der eine hat, was dem anderen fehlt.

Für den Distanzierten ist die Nähesuchende die Idealbesetzung. Mit einer solchen Partnerin ist seine Welt intakt. Seine Kopflastigkeit wird durch ihren überwertig gelebten Gefühlsbereich wunderbar ergänzt. Die Nähesuchende komplettiert dem Distanzierten seine Einseitigkeit, seine Halbheit. Und sie fühlt sich wiederum von ihm wunderbar ergänzt, ist fasziniert von seinen Eigendrehungen, seiner scheinbaren Autonomie. Zugleich spürt sie hinter all seinen dicken Schutzmauern seine große Sensibilität. Sie fühlt sich geradezu berufen, ihn aus seinem Turmdasein, seiner Einsamkeit zu erlösen. Sie setzt unermüdlich alles daran, die Distanz, die ihn von der Welt trennt, zu durchbrechen.

Riemann beschreibt folgende Anlagen für die Entwicklung eines nähesuchenden Psychogramms als begünstigend: »Konstitutionell entgegenkommend kann eine betont gemüthaft-gefühlswarme Anlage sein, Liebesbereitschaft und Liebesfähigkeit sowie eine große Einfühlungsgabe. Oft sind diese Züge verbunden mit einer gewissen haftenden Schwerblütigkeit und Anhänglichkeit im Gefühl, die es dem Depressiven (*nähesuchende Persönlichkeit*, Anm. der Autorin) überhaupt schwermachen, sich von etwas zu lösen, was ihm gefühlsmäßig etwas bedeutet und in das er viel investiert hat. Eine Gefühlsstruktur also, die zur Treue, Beständigkeit und zur liebenden Einfühlung neigen läßt, wie man es bei Menschen mit leichten melancholischen Einschlägen häufig findet. (...) Zugleich tritt bei diesen Menschen – ebenfalls anlagemäßig – meist das aggressive Durchsetzungsvermögen zurück; sie haben zu wenig ›Ellenbogen‹, sind von Natur friedfertig, gutartig und wenig kämpferisch. (...) Wahrscheinlich kann auch eine angeborene Neigung zum Phlegma und zur Bequemlichkeit zu den anlagemäßig begünstigenden Faktoren gerechnet werden...« (Riemann, Grundformen der Angst, S.74.)

Interessant ist nun zu sehen, daß die distanzierte und die nähesuchende Persönlichkeit etwas Wesentliches verbindet: ihre hohe Sensibilität. Dies ist quasi der Ausgangspunkt. Die Wege, die sie beschreiten, sind entgegengesetzt. Da wo der Distanzierte motorisch-expansives Verhalten zeigt, wird sich die nähesuchende Persönlichkeit abwartend zurücklehnen. Wo der Distanzierte angriffslustig kämpft, bleibt der Nähesuchende gewährend und friedfertig.

Bereits die konstitutionellen Unterschiede zeigen, wie die eine Persönlichkeitsstruktur die andere sinnvoll ergänzt und zu einem gutfunktionierenden Ganzen werden läßt. Die ergänzenden Funktionen, die sich in diesen beiden Persönlichkeitsstrukturen deutlich zeigen, sind aber nicht nur konstitutionell bedingt, sondern auch durch den prägenden Einfluß der Umweltfaktoren. Hier sind vor allem zwei gegensätzliche Faktoren maßgebend beteiligt, nämlich die Verwöhnung und die Ablehnung.

Zunächst zur Verwöhnung. Das Kind wird von der Bezugsperson mit Zuwendung und Zärtlichkeiten überschüttet. Jede Regung, jede Bewegung des Kindes wird registriert. Jede Unlustäußerung, die als vitaler Selbstausdruck verstanden werden sollte, wird sofort im Keim erstickt, und es wird alles unternommen, um das Kind zum glücklichen und zufriedenen Schweigen zu bringen. Als ob ein Kind nicht auch ein Recht darauf hat, intensive Affekte lauthals zu zeigen! Oft nehmen diese Befriedigungsbemühungen geradezu groteske Züge an. Das Kind lebt in ständiger Überwachung und in pausenloser Nähe mit seiner Bezugsperson verwoben und verstrickt. Es ist leicht vorstellbar, wie sich die weiteren Entwicklungsschritte vollziehen. Dem Kind wird nichts zugemutet, sondern alles, was mit irgendeiner Anstrengung oder einer Leistung zu tun hat, wird ihm abgenommen. Es wird von der Unbill des Lebens abgeschirmt und abgeschottet. Somit hat es auch keine Gelegenheit, sich auf seine Fähigkeiten einzulassen, sie auszuprobieren, geschweige denn, sie zu trainieren. Es kann nicht lernen, eigenen Impulsen zu folgen und sie umzusetzen. Mehr noch. Es verlernt, Wünsche und Bedürfnisse zu haben.

Hingegen lernt es, daß es stets eine Außenstation gibt, die für es entscheidet, weiß, was richtig und gut für es ist. Das alles bindet das Kind in fataler Weise an die Bezugsperson und führt auf direktem Weg in jene Sackgasse, die viele Frauen sehr gut kennen: Die eigenen Bedürfnisse sind einem selbst fremd und zeigen sich lediglich in unausgesprochenen Erwartungen. So geraten Frauen in passive Erwartungshaltungen hinein, besonders dem Partner gegenüber: »Wenn er mich liebt, würde er doch merken, was ich möchte.« Springt dieser darauf nicht an, was beim Distanzierten meist der Fall ist, spiralt sich die Erwartung der Nähesuchenden in Forderung. Alles unausgesprochen, versteht sich, in Form von stummem Beleidigtsein, gekränktem, passivem Dulden bis zur totalen Verweigerung zu sprechen.

Die Verhinderung, als Kind Eigendrehungen zu machen, eigene Impulse umzusetzen, führt dazu, daß das Eigene, das Selbst nicht genügend ausgebildet werden konnte. Mit Sicherheit werden diese Frauen unter mangelndem Selbstbewußtsein leiden. Sie haben den Kontakt zu sich selbst verloren und sind geradezu dazu verdammt, sich stets von anderen bestimmen zu lassen.

Über die Ich-Schwäche der nähesuchenden Persönlichkeit schreibt Riemann:

»Der weitgehende Ausfall an Wünschen, Wollen und Impulsen, bringt weiterhin eine allgemeine Ungeübtheit im Umgang mit der Welt mit sich, durch die man sekundär wieder mehr auf andere angewiesen bleibt. Häufig schildern solche Mütter dem Kind noch die Welt draußen als böse und gefährlich, so daß es in seiner Weiterentwicklung das Gefühl bekommt, Wärme, Geborgenheit, Verständnis und Sicherheit gibt es nur daheim bei der Mutter. Das schwächt seine Impulse zusätzlich, sich der Welt zuzuwenden, glaubt es doch, daheim das Bestmögliche zu haben. Solche Mütter lassen nach Möglichkeit niemanden an das Kind heran und hüten es eifersüchtig; Freunde und Freundinnen werden abgewertet, oder die Mutter reagiert traurig und gekränkt auf Freundschaften, wie auf eine Untreue ihr gegenüber, da sie in jedem anderen einen potentiellen Rivalen sieht, der ihr das Kind nehmen könnte. So wird das

Kind ›weich vergewaltigt‹, oft bis weit über die Pubertät hinaus; seine Eigenimpulse werden erstickt in der einhüllenden Watte mütterlich besorgter Liebe. Nichts Rauhes, Hartes und Kaltes kann an das Kind herankommen, an dem es sich bewähren könnte. Es bleibt darauf angewiesen, daß die Welt draußen weiterhin so verwöhnend ist, und versagt, wenn es mit ihr zusammenprallt. Dann erlebt es die eigene Untüchtigkeit und Schwäche, vor der es wieder in die alte Geborgenheit flüchtet. Durch seine Ich-Schwäche erscheint ihm die Lebensbewältigung als eine so ungeheure Aufgabe, daß es davor zurückschreckt und resigniert.« (Riemann, Grundformen der Angst, S.77/78.)

Der Teufelskreis geht noch weiter. Wenn wir bedenken, daß die Fähigkeit, Eigendrehungen zu machen, zur Grundausstattung gehört, um das Leben zu meistern, dann müssen solche Kinder in eine unlösbare innere Konfliktsituation geraten. Es ist eigentlich gar nicht anders möglich, als Haßgefühle gegen die Mutter oder gegen andere Bezugspersonen zu entwickeln, die diese wichtigen Vitalimpulse abwürgen. Wie aber kann ein Kind sich gegen jemanden auflehnen, ja sogar Haß empfinden, der sich für sein Wohl derart aufopfert? »Ich will doch nur dein Bestes!« Das Kind spürt, daß von ihm für diese Fürsorge Dankbarkeit erwartet wird. Es lernt früh, daß es mit jedem Wunsch, etwas Eigenes zu unternehmen, die Mutter kränkt und es Schuldgefühle bekommt. Mit der Zeit schmilzt der Wunsch nach Eigendrehung mit Schuldgefühlen zusammen, zurück bleibt ein nicht genau lokalisierbares Gefühlsgemisch von Scham und Schuld. Gibt das Kind seine Wünsche, Eigenimpulse umzusetzen, auf, wird es sich gegen sich selbst richten. Entscheidet es sich hingegen für seine eigenen Wünsche, richtet es sich gegen die

Mutter oder die Bezugspersonen. Wie immer es sich verhält, es ist falsch. Wie schwierig sich die Ablösung für einen jungen Menschen unter solchen Umständen gestaltet, wird deutlich. Schuldgefühle werden zum ständigen Begleiter, die sich später nicht leicht abschütteln lassen.

Viele Frauen befinden sich in einer solchen unlösbaren Situation, Schuldgefühle sind ihr tägliches Brot. Sie können sich ein Leben ohne Schuldgefühle überhaupt nicht vorstellen. Jeder eigene Impuls wird als etwas erlebt, das nicht sein darf. Drängt er sich dennoch in den Vordergrund, wie z.B. während der Wechseljahre, wo das Bedürfnis steigt, das Eigene zu verwirklichen, mehr Zeit für sich in Anspruch zu nehmen, hängen die Schuldgefühle wie schwarze Wolken über ihnen. Haben diese Frauen selbst Kinder, sind sie auch diesen gegenüber von ständigen Schuldgefühlen gepeinigt. Das alte Muster, wie ein Trabant um die Erde zu kreisen, wird fortgesetzt. Früher stand die erste Bezugsperson, meist die Mutter, im Mittelpunkt. Später ist es der Partner. Und selbstverständlich die eigenen Kinder. Nicht selten empfinden solche Frauen ihren Müttern gegenüber Gefühle der Ablehnung bis hin zu körperlichem Ekel, was die Schuldgefühle nochmals verstärkt. Versteht man aber die dahinterstehende Problematik, so wird klar, daß sich da ein völlig gesunder und intakter Selbsterhaltungstrieb durchzusetzen versucht, der vor dem Zugriff auf die eigene Individualität schützt. Da in dieser Persönlichkeitskonstellation das friedfertige Element überwiegt, die andere, kämpferische Seite zu wenig entwickelt wurde, wird die Passivität siegen: Statt sich für die eigenen Anliegen einzusetzen, versinkt die Frau in Schuldgefühlen. Statt aktiv dafür zu sorgen, sich Zugriffe anderer vom Leibe zu halten, erinnert lediglich ein unsichtbares Ekelgefühl an den zurückweisenden Impuls. Das erklärt auch, warum die nähesuchende Persönlichkeit keine Möglichkeit hat, Aggression, Wut, Empörung und Feindseligkeit in direkter Form zum Ausdruck zu bringen. Um eine gegensätzliche Position vertreten zu können, muß das Eigene gefühlt werden. Und gerade das kann sie ja nicht. So bleiben solche Gefühle meist unbewußt und suchen sich ein Ventil durch die Hintertüre: im steten Jammern und Klagen, andere Entwerten, hintenherum negative Gerüchte Verbreiten und Intrigen Spinnen.

Eine andere biographische Linie führt uns zu einer weiteren Problematik. Nicht die Verwöhnung, sondern die Ablehnung hat hier den Grundstein für die spätere Entwicklung gelegt. Das Kind erlebt, nicht liebenswert zu sein. Es erlebt keine positive Resonanz auf sein Dasein. Es wird nicht liebend beantwortet.

Ich habe in meiner Tätigkeit als Psychotherapeutin zahlreiche Frauenbiographien untersucht und bin auf interessante Muster gestoßen. Viele Frauen erlebten ihre Mütter als liebevoll, die sich auf die Bedürfnisse des Kindes einließen, hingegen erhielten sie von ihren Vätern wenig oder gar kein Interesse, geschweige denn ein liebevolles Auf-sie-Eingehen. Die Folgen waren verheerend. Die mütterliche Zuwendung reicht nicht aus, um ihnen ein gutes Selbstbewußtsein zu vermitteln. Die fatale Anwesenheit des Vaters, der zwar leibhaftig vorhanden ist, die Tochter aber seelisch nicht beantwortet, also keine Notiz von ihr nimmt, hinterläßt tiefe Wunden. Töchter führen Vaters Desinteresse stets darauf zurück, nicht liebenswert genug zu sein oder gar mit einem schrecklichen Mangel behaftet zu sein. Kein Mädchen auf der Welt käme auf die Idee, Vaters seelische Impotenz, sein Unvermögen, auf ein Kind emotional einzugehen, als dessen Problem zu erklären. Es kann nicht denken: »Mit diesem Mann scheint etwas nicht in Ordnung zu sein, sonst würde er mich, da ich ein wunderbares und liebenswertes Mädchen bin, doch beachten und sich an mir freuen.« Nein. So denkt ein Mädchen nicht, selbst als erwachsene Frau liegen diese Überlegungen nicht als Selbstverständlichkeit auf dem Frühstückstisch. Die Strategien, wie Mädchen versuchen, die Aufmerksamkeit ihrer Väter auf sich zu ziehen, und vor allem, was für verheerende Folgen das früh erlernte Strickmuster in ihrem späteren Leben haben wird, habe ich in meinem Buch »Vatermänner« aufgezeigt.

Als letzte Variante, die die Entwicklung eines nähesuchenden Psychogramms begünstigt, möchte ich noch auf jene Ambivalenz hinweisen, die ebenso ihre Wirkung zeigt: wenn eine Mutter das Kind nicht gewollt hat, wofür es schließlich genügend Gründe gibt. Welche Frau freut sich schon herzhaft auf den sozialen Abstieg, der in vielen Fällen zwangsläufig mit der Geburt eines (weiteren) Kindes verbunden ist? Welche Alleinerziehende ist über ihren Status überglücklich und meistert sämtliche Aufgaben mit der linken Hand? Welche Frau, die anläßlich einer Vergewaltigung geschwängert wurde, kann kaum den Moment erwarten, bis sie endlich das Kind des Schwängerers in ihren Armen hält? Die Mutter wird, ob sie das nun bewußt will oder nicht will, dem Kind ablehnende und feindselige Gefühle entgegenbringen. Gleichzeitig verlangt sie von sich, eine gute Mutter zu sein, und sie wird alles unternehmen, ungute Gefühle wegzudrängen. Aufkeimende Schuldgefühle werden dafür sorgen, daß eine solche Mutter dazu neigt, das Kind zu verwöhnen. Die Mutter verstrickt sich in Gefühle der Ablehnung, Feindseligkeit oder

gar des Hasses und hat daher ein Wiedergutmachungsbe-
streben. Mutter und Kind geraten in eine Sackgasse. Das
Kind fühlt, daß etwas nicht stimmt. Es sollte für die Zuwendung dankbar sein, die es nicht erhält. Wir können
Kindern nichts vormachen! Es wird einerseits die Bemü-
hung der Mutter erleben, andererseits aber den Mangel an
echter Zuneigung und Liebe spüren. Und damit gerät es in
eine innere Situation, in der es sich als Zumutung erfährt,
sein Dasein als Schuld und Last für die Mutter empfindet.

Vor diesem Hintergrund wird verständlich, daß ein
Partner mit einem distanzierten Psychogramm für die nähesuchende Persönlichkeit besonders anziehend sein muß.
Er scheint all das zu leben, was sie nie wagen würde:
Autonomie, Unabhängigkeit, Eigendrehung. Ebenso wird
das Bedürfnis der nähesuchenden Persönlichkeit verständlich, sich vom anderen vollumfänglich seelisch beantwortet zu fühlen, was sie mit Sich-geliebt-Fühlen gleichsetzt
und ihr Sicherheit gibt. Sie hat panische Angst vor Ablehnung, Zurückweisung und Trennung und wird alles daransetzen, nicht in derartige Situationen hineinzugeraten.

Die Nähesuchende, die mit einem distanzierten Partner
lebt, kommt aus dem Leiden nicht heraus. Während die
erste Zeit des Verliebtseins vom Gefühl des endlich »Ganzseins« bestimmt wird und paradiesische Gefühle beschert,
folgt dieser Wonnezeit ein Dauerleiden.

Nähesuchende mit distanzierten Partnern leiden vor
allem an zwei Dingen. Da der distanzierte Partner Angst
vor Nähe hat, wird er alles daransetzen, die nähesuchende
Partnerin auf Distanz zu halten. Diese Abgrenzung erlebt
die Frau als schmerzliche Zurückweisung, und sie gerät
dadurch in stetige Berührung mit ihrer Angst vor Trennung. Je mehr sie Nähe sucht, um so heftiger wird sie

zurückgewiesen. Ebenso leidet die nähesuchende Partnerin unter mangelnder Zärtlichkeit, seelischer Verbundenheit und Vertrautheit. Ihr großes Bedürfnis nach innerer Intimität bleibt auf der Strecke. Zugleich kämpfen solche Frauen gegen ein Gefühl an, versagt zu haben. Obwohl sie sich um den anderen bemühen, seine Bedürfnisse in den Mittelpunkt ihres Lebens stellen und sich zurücknehmen, gelingt es ihnen nicht, geliebt zu werden.

Es gäbe keinen Grund für diese Frauen, auch nur eine einzige Stunde bei einem solchen Manne auszuharren, hoffend, sehnend, wünschend. Wäre da nicht ihr ergänzendes Gegenpsychogramm, das längst mit dem seinen zu einem Ganzen zusammengeschmolzen ist.

Zudem leiden sie am sogenannten Eselssyndrom. Es sorgt dafür, sie bei der Stange zu halten: An einem langen Stiel, der auf dem Rücken des Esels festgebunden ist, baumelt eine Karotte. Der Esel läuft und läuft in der Hoffnung, irgendwann die Karotte zu erreichen. So schnell der Esel auch zu laufen vermag, die Distanz zwischen der Karotte und seinem Maul bleibt immer gleich. Frauen mit nähesuchendem Psychogramm leiden im hohen Maße am Eselssyndrom, das sie meist in der Beziehung zum ebenfalls distanzierten Vater erworben haben. Beim Vater gut gelernt: emotional nie beantwortet zu werden und dennoch stets hoffend; lebenslang vor der verschlossenen Vatertüre auf ein Wunder warten. Und wie bereits als kleines Mädchen gelernt: den Fehler bei sich selbst zu suchen.

Nähesuchende Frauen versuchen, ihrem distanzierten Partner über die Sexualität näherzukommen, eine Hintertür zu seiner Seele zu finden. Die ersten körperlichen Zusammentreffen können für die Nähesuchende noch zur wahren Offenbarung werden. Endlich kann sie ihm nah sein, kann mit ihm verschmelzen, eins werden mit dem geliebten Mann. Die Hochstimmung hält jedoch nicht lange an und wird langfristig nicht über den eigentlichen Mangel an seelischer Nähe hinwegtäuschen. Trotz körperlicher Nähe findet keine seelische Begegnung statt. Die Frauen sind förmlich am Verhungern. Nach dem Geschlechtsakt bleibt ein Gefühl von totaler Verlorenheit, Trauer, Einsamkeit bis zu verzweifelten Weinkrämpfen — was den Partner mit Sicherheit die Flucht ergreifen läßt.

Für den distanzierten Mann hat Sexualität eine Funktion — mehr nicht. Wie Essen und Trinken, Darmentleerung und sich vom Druck auf der Blase Befreien. Er kann deshalb seine sexuellen Bedürfnisse mühelos von der Partnerin abkoppeln. Da er sich weder mit seiner Lebensgefährtin noch mit einer anderen Geschlechtspartnerin gefühlsmäßig verbunden fühlt, ist Untreue für ihn ein Wort, das er kaum verstehen kann.

Der distanzierte Mann kann sich nicht in den anderen einfühlen, auch nicht in der Sexualität. Er greift deshalb — wenn überhaupt — unsensibel am Körper der Partnerin herum. Jault die Frau unter seinem groben Zugriff auf, begreift er die Welt nicht mehr und argumentiert trocken: »Ich hab' doch gar nicht fest gedrückt.« Mit anderen Worten: Ein Liebesspiel findet nicht statt. Er kommt schnell zur Sache und dies absolut wort- und seufzerlos. Hinterher geht er ebensoschnell zur Tagesordnung über, duscht, zieht sich an, geht weg, sieht fern oder schläft ein.

Nicht selten muß er sich mit Pornoheften oder Videos stimulieren.

Das, was die nähesuchende Frau mit diesem Mann möchte, nämlich möglichst viel seelische Nähe, findet nie statt. Jeder Versuch, ihm innerlich näherzukommen, führt dazu, daß er sich noch mehr verschließt und sich zurückzieht.

Falls sich diese Frau emanzipiert und nicht mehr in der Rolle der Untätigen warten will, wird es nicht besser, und sie kann ihr blaues Wunder erleben. Ergreift sie in der Sexualität die Initiative, muß sie damit rechnen, schroff abgewiesen zu werden. Eine besonders Wagemutige erzählte, daß sie dabei beinahe eine Ohrfeige kassiert hätte.

Wenn Vater verreist, wird's gemütlich

Während es sich die Kinder mitsamt der Mutter zu Hause gemütlich machen, wird der Distanzierte dafür sorgen, daß es auf der Straße ungemütlich wird. Beim Autofahren bekommt man einen Eindruck von seinem großen Aggressionspotential. Der distanzierte Mann kann durchaus im Alltag als harmlos gelten. Setzt er sich hinters Steuer, geraten Mitfahrer leicht ins Schwitzen. Er fährt forsch, zu schnell, angriffslustig. Er erträgt auch auf der Straße keine Nähe. Respektieren andere Autofahrer dieses Bedürfnis ungenügend, lehrt er sie das Fürchten. Er weicht grundsätzlich nie aus, sondern greift an. Ist er zudem im Recht, nimmt er einen Zusammenstoß lieber in Kauf, als daß er dem anderen Platz machen würde. Auch verbal hält er sich nicht zurück. Beschimpfungstiraden begleiten seine Fahrten.

Für den Distanzierten hat das Abreagieren von Aggression eine psychohygienische Funktion. Er entlädt sich unbekümmert und unkontrolliert von Spannungen – und vor allem ohne Schuldgefühle.

Auch als Väter sind Distanzierte nicht unproblematisch. Ein Vater mit distanzierter Persönlichkeitsstruktur spielt nicht mit seinen Kindern. Er berührt sie nicht. Und es würde ihm nie einfallen, sich an der Säuglingspflege zu beteiligen. Sollte er dank insistierenden Drängens der Ehefrau dennoch Hand anlegen, wird er es mit derart viel Ungeschick veranstalten, daß sie ihm den Säugling schnell abnimmt und ihn lieber selbst versorgt.

Die emotionalen Bedürfnisse eines Kindes lenkt er auf andere Objekte, z. B. indem er dem Kind ein Haustier schenkt. Er hält es nicht aus, wenn ein Kind aus psychischen Gründen weint. Bei kleinen Kindern flieht er. Größeren verpaßt er eine Ohrfeige, zum Beispiel mit der brutalen Begründung: »Damit du wenigstens weißt, weshalb du überhaupt plärrst.« Da sich distanzierte Väter auch nicht in die Welt des Kindes einfühlen können, haben sie für seine Ängst und Nöte kein Verständnis. Distanzierte Väter neigen dazu, Gefühlsäußerungen ihrer Kinder lächerlich zu machen, mit zynischen Bemerkungen zu kommentieren, was tiefste Verletzungen und Kränkungen hinterläßt. Väter, die distanzierte Wesensmerkmale aufweisen, werden Geschenkwünsche ihrer Kinder kaum beherzigen. Ein sechsjähriges Mädchen wünschte sich inbrünstig ein kleines Aquarium mit Goldfischen zum Geburtstag. Es bekam vom Vater eine sehr teure Armbanduhr. Als ihre Freude ausblieb, reagierte er mit großem Unverständnis und machte sich bei jeder Gelegenheit über sie lustig, da sie sich wohl lieber einen stinkenden Goldfisch um ihr Handgelenk lege als eine goldene Armbanduhr.

In Familien mit einem distanzierten »Familienoberhaupt« dreht sich alles um ihn. Das ganze Familienleben wird nach ihm und seinen Bedürfnissen ausgerichtet, so daß er sich nicht von Kindern belästigt fühlt, die etwas von ihm wollen, durch Lärm, der ihn stören könnte. Die dazu passenden nähesuchenden Ehepartnerinnen tun alles, um den Familienablauf um den Mittelpunkt Mann herumzudrapieren. Auch unmögliche Forderungen und Wünsche werden mit großen seelischen Verrenkungen erfüllt.

Für kleine Mädchen sind diese Väter katastrophal. Sie erhalten keine Resonanz und lernen: Männer sind emotional abwesend. Von ihren Müttern lernen sie, wie frau sich total in den Dienst seiner Bedürfnisbefriedigung stellt, ohne eigene Ansprüche zu stellen.

Auch für kleine Buben ist ein solcher Vater alles andere als förderlich. Hat er zuerst mit der Mutter eine gefühlsbezogene Beziehung gelernt, so lernt er nun vom Vater: Männer haben keine Gefühle. Schließlich ist für den Jungen der Vater Vorbild und Identifikationsfigur. Und er wird von ihm Mannsein lernen. Von der Mutter aber lernt er, wie auch immer Mann sich benimmt: Frau liegt ihm zu Füßen.

Unausgeprochene Freundschaften

In freundschaftlichen Beziehungen ist er pflegeleicht. Da er ohnehin keine innigen Beziehungen unterhält, werden von ihm keinerlei Bemühungen unternommen, eine Freundschaft zu pflegen. Im Gegenzug erwartet er diesbezüglich auch nichts. Mit einem solchen Menschen ist es möglich, eine Freundschaft über Jahre oder gar Jahrzehnte zu unterhalten, ohne ihr irgendeinen pflegerischen Unterhalt zukommen zu lassen. Die Beziehung steht in keiner Weise auf einem emotional sichtbaren Boden, sonden wird sachbezogen geführt. Gemeinsame Interessen, Hobbys bilden die Brücke, auf der sich die Begegnung abspielt.

Ein erschütterndes Zeugnis davon, wie eine distanzierte Persönlichkeit Freundschaft erlebt, findet sich in John C. G. Röhls Buch über die Jugend Kaiser Wilhelms II. Röhls Ausführungen sind eine wahre Fundgrube, um ein erzieherisches Umfeld zu studieren, das, von körperlichen und seelischen Torturen bestimmt, die Ausbildung einer ausgeprägten distanzierten Persönlichkeit begünstigt. Die ehrgeizige Mutter Wilhelms, Kronprinzessin Viktoria, empfindet die bei der Entbindung erfolgte Behinderung ihres Kindes als persönliche Kränkung. Mit unbeschreiblichen folterähnlichen Methoden versucht sie, auf die Persönlichkeitsentwicklung Wilhelms einzuwirken. Er wächst ohne jegliche emotionale Zuwendung auf, einem Hauslehrer und Erzieher ausgeliefert, der erbarmungslos Asketentum und unbedingten Herrschaftsanspruch in sich vereint.

Über die erste Freundschaft zwischen Wilhelm und Siegfried erfahren wir: »Wilhelm bestand darauf, daß seine Schulmütze neben der von Siegfried hing. Es begann damit, daß er ›seine Mütze an den ersten Nagel (hängte), der gerade frei war, ich meine etwas weiter herunter. (...) Darauf nahm er seine Mütze ab, hängte sie neben meine und sagte, *unsere Mützen sollten zusammen hängen.*‹« (C. G. Röhl, Wilhelm II., C. H. Beck, 1993.)

Diese Äußerung zeigt, wie eine distanzierte Persönlichkeit mit ihrer Gefühlswelt umgeht. Gefühle wahrzunehmen, sie zuzulassen ist für diese Person viel zu gefährlich. Also entschärft sie alles, was sie innerlich berühren oder bewegen könnte. Sie projiziert ihre Gefühlregungen nach außen auf harmlose Objekte und macht sie dadurch für sich überschaubar.

Monsieur X

Als Chef oder Mitarbeiter verhalten sie sich sachbezogen. Äußerungen privater Art kommen nicht über ihre Lippen. Das hat auch Vorteile! Der Distanzierte beteiligt sich nicht an Klatsch und Intrigen, gießt weder gegen seinen Kollegen Öl ins Feuer, noch plaudert er Dinge aus. Er ist verschwiegen. Am liebsten arbeitet er für sich allein, ohne Kontakt zu andern und ohne sich um Beziehungen kümmern zu müssen. Er hat eine starke Neigung zu theoretisch-abstrakten Gebieten, zur exakten Naturwissenschaft: Astronom, Physiker, Chemiker, Mathematiker, Ingenieur und Informatiker. Als Ärzte fühlen sie sich stärker zum Forschen hingezogen, als sich direkt dem Patienten zuzuwenden, oder sie betreiben eine Apparate-Medizin, die es ihnen erlaubt, nicht in direkten Kontakt mit den Menschen zu geraten. Die Toten liegen ihm näher als die Lebendigen, und so finden wir den Arzt mit distanzierter Persönlichkeitsstruktur auch häufig in der Pathologie.

Als Psychiater und Psychotherapeuten beschäftigen sie sich lieber wissenschaftlich mit psychologischen Testverfahren oder philosophieren lebensfern in Abstraktionen als mit der Seele des Menschen. Die Theorie über die Neurosenlehre interessiert sie weit mehr, als sich auf die unter neurotischen Störungen Leidenden einzulassen. Besonders im psychotherapeutischen Bereich, wo die Beziehung zwischen Therapeut und Patient eine entscheidende Rolle spielt, ist der Distanzierte für viele psychisch Leidende eine absolute Fehlbesetzung. Leider bleibt nicht der Therapeut auf der Strecke, sondern der Patient. Dieser leidet nicht nur an seinen in die Therapie mitgebrachten Problemen, sondern zusätzlich auch noch daran, daß er sich nicht verstanden fühlt. Ebenso wird sich der Patient durch den kritischen Blick des Therapeuten, der das Markenzeichen einer distanzierten Persönlichkeit ist, stets begutachtet und bewertet fühlen. Wenige Patienten haben so viel Selbstbewußtsein, die Qualität der therapeutischen Beziehung in Frage zu stellen, die Therapie abzubrechen und sich einen anderen Therapeuten zu suchen, sondern sie stellen sich selbst in Frage und zweifeln an sich. Und dies oft über Jahre.

Wenn distanzierte Persönlichkeiten überhaupt an politischen Fragen interessiert sind, vertreten sie uncharismatisch, aber mit schneidender Logik unpopuläre und extreme Standpunkte. Ihr Scharfblick macht sie zu unerbittlichen Kritikern, die gnadenlos Schwachstellen herausfischen. Frauen fühlen sich durch solche Männer sehr schnell verunsichert. Selbst wenn ihr Intellekt dem seinen weit überlegen ist, fühlt sie sich ihm hoffnungslos unterlegen, ihr Wissen schmilzt wie Schnee in der Sonne, und sie zupft verlegen Bluse und Haare zurecht.

Als Künstler bringen distanzierte Persönlichkeiten ihre komplizierten Innenerlebnisse verschlüsselt, abstrakt-ungegenständlich zum Ausdruck.

Gerade im beruflichen Bereich zeigt sich sehr eindrücklich, wie stark die Verstandesebene ausgebildet und gelebt wird, während der Reifegrad des Gefühlsmäßigen zurückgeblieben ist. Er funktioniert in seiner intellektuellen Etage absolut störungsfrei, keinerlei Gefühle, die seine Gedankentätigkeit stören. Seelische Erschütterungen kennt er nicht. Ein Pilot mit distanziertem Psychogramm wird die Instrumente des Jumbo-Jet bedienen, die Maschine gewissenhaft durch die Luft steuern und sauber zur Landung ansetzen, auch wenn er kurz vor dem Anflug noch erfahren hat, daß ihn seine Frau mit dem besten Freund betrügt und ihn verlassen will. Distanzierte arbeiten im Beruf zielorientiert, fühlen sich in einsamer, menschenleerer Tätigkeit sehr wohl, führen ein Eremitendasein und vertiefen sich in Spezialwissen, sind Klardenker und hervorragende Strategen.

Kurswechsel

Nähesuchende Frauen, die mit einem distanzierten Mann zusammenleben, werden entweder versuchen, sich mit den Mängeln und Defiziten in der Beziehung unausgesprochen zu arrangieren, oder sie stellen ein Nacherziehungsprogramm für ihn zusammen. Beide Varianten funktionieren auf Dauer nicht. Entweder spiralt sich die Frau zunehmend in die Opferrolle hinein, passiv leidend, aber unermüdlich darauf bedacht, ihm Schuldgefühle einzujagen – was ebenfalls nicht zum Erfolg führt. Oder sie wird zur verbitterten Erzieherin eines Schwererziehbaren. In beiden Fällen bleibt sie Verliererin, während der Partner – wenn überhaupt – kaum davon Notiz nimmt, was ihre Lage noch verzweifelter macht. Und vor allem entgeht ihr das Wichtigste: von ihm zu lernen. Die Beziehung mit einem distanzierten Mann ist alles andere als ein Hochgenuß. Die eigenen Entwicklungslöcher werden wie durch ein Vergrößerungsglas zurückgespiegelt. Er lebt vor, was die Nähesuchende nicht kann – oder noch nicht kann. Sie könnte von ihm lernen, Eigendrehungen zu machen; lernen, in sich hineinzuhorchen, um eigenen Wünschen und Impulsen nachzuspüren; lernen, sich treu zu bleiben; lernen, Autonomie zu leben. Sie könnte von ihm lernen, wie ein Mensch, der nicht unentwegt andere zum Lebensmittelpunkt wählt und um sie herumkreist, sich selbst zum Zentrum macht. Dieses schützt und verteidigt, und wenn es sein muß, auch kämpferisch und angriffslustig gegen Störungen angeht. Und alles ohne irgendwelche Anwandlungen von Schuldgefühlen.

Bei Schwester Hannelore und Holger würde das so aussehen: Sie entläßt ihn aus seiner ständigen Überwachung. Sie hört auf, sich um ihn zu sorgen, ob er Hunger hat, ob er bequem sitzt, ob er den Schnee sieht. Sie würde darauf achten, ob sie hungrig ist, und würde sich ein leckeres Brötchen zurechtmachen. Falls Holger etwas essen möchte, würde er sich schon melden. Vielleicht hätte sie auch Lust, in den Speisewagen zu gehen. Ohne ihn. Eigendrehung! Sie würde sich an der herrlichen Landschaft erfreuen. Und wenn sie darüber sprechen möchte, hätte sie mit anderen Mitreisenden genügend Möglichkeiten, ihre Eindrücke auszutauschen. Ich öffne die Augen und sehe, wie Hannelore gebannten Blickes ihren Mann im Visier hält. Wie schade! Es kommt zu keinem Gespräch zwischen ihr und mir. Was hätten wir uns alles in diesen drei Stunden erzählen können! Zweifellos hätte sie viel Interessantes aus ihrem Leben zu berichten gehabt. Und da sie sehr mitfühlend ist, hätte sie sicher an meiner fürchterlichen Haus-Geschichte herzlich Anteil genommen. Holger hätte sich durch unser Gespräch nicht stören lassen. Wahrscheinlich wäre er sogar um diese Entlastung ganz froh gewesen. Wir hätten alle drei profitiert.

Nähesuchende mit distanzierten Partnern können sich nicht vorstellen, daß es auch für den Partner erholsam sein könnte, wenn sie eigenen Interessen nachgingen. Wie viele Frauen aber verkneifen sich all das, was ihnen Spaß macht! Sie leben Beziehungen zu ihren Freundinnen nur dann, wenn der Mann nicht da ist, warten, bis er auf Geschäftsreise geht. In der Schweiz erwacht die Unternehmungsfreude vieler Frauen erst, während der Ehemann den jährlich dreiwöchigen Militärdienst absolviert.

Hannelores und Holgers Reise geht dem Ende entgegen. Hannelore rüstet zum Aufbruch, sammelt alles zusammen, holt Holgers warmes Mäntelchen aus der Gepäckablage und zieht es ihm an. Er bleibt uninteressiert und fern ihrer nähesuchenden Bemühungen.

Sie steigen aus.

Und mit einem Schlag lande ich wieder in meiner Besorgnis um mein Haus. Da tropft es seit Tagen mitten durch das Haus. Was, wenn bereits Balken verfault sind und die Wände zusammenfallen? Ich darf nicht weiterdenken. Ich bin hier an meine blödsinnigen Termine festgenagelt. Da gibt es kein Zurück. Ich muß es tropfen lassen, hoffen, alles wende sich zum Guten. Als ich ankomme, nehme ich eine Taxe. Ich will so schnell wie möglich ins Hotel, um zu telefonieren. Telefonieren! Schön wär's. Wir haben noch keinen Anschluß. Also muß ich warten, bis mich Felix gnädigst anruft. Gott sei Dank habe ich ihm einen perfekten Reiseplan mit sämtlichen Hotels zusammengestellt, in denen ich übernachte. Hoffentlich hat er diesen Spickzettel in der Hektik seiner überstürzten Abreise nicht vergessen.

Von Ordnungshütern und Erbsenzählern

Der Literaturvereinspräsident

Das Hotel strotzt vor Kargheit. Das Zimmer Besenkammergröße. Ein Bett. Ein Stuhl. Ein Schrank. Um neunzehn Uhr sollte ich von der Frau des Literaturvereinspräsidenten abgeholt werden. Sie hat sich um eine halbe Stunde verspätet. Sie stürmt atemlos, operettenreif, von wallendem Tuch umflattert in die »Hotelhalle«, unter dem Arm ein großes, in Geschenkpapier eingewickeltes Bild. Sie überreicht mir hastig das eigens für mich angefertige Geschenk, das sie in letzter Minute fertiggestellt hat. Sie habe zufällig etwas Neues erfunden, die Lock-Roule-High-End-Technik: Lockenwickler in dünne Wursträdchen aufgeschnitten, übereinandergeklebt und mit verschiedenen Nagellackfarben angestrichen. Sie erlebe gerade einen ungeheuerlich kreativen Schub. Die Lockenwicklerbilder eröffneten ihr neue ungeahnte Lebensperspektiven. Sie habe schon mehr als dreißig verschiedene Sujets angefertigt und würde sich auf eine Ausstellung mit einer richtigen Vernissage vorbereiten. Ich bekäme auch eine Einladung, ja, vielleicht könnte ich sogar kommen, um die Laudatio zu halten.

Die Verspätung sei nicht ihre Schuld. Im letzten Moment komme immer alles zusammen. Alles hänge an ihr. Aufgaben. Verpflichtungen. Sohn zum Sportplatz. Auto zur

Werkstatt. Massage. Nochmals schnell in die Stadt; zur Kosmetikerin und Schneiderin, zum Friseur. Ich versuche sie zu beruhigen, wir würden es sicher noch schaffen. Sie erholt sich rasch und chauffiert mich mit dem Mercedes ihres Mannes zum Vortragsort.

Unterwegs erzählt sie freudig, sie sei es gewesen, die ihren Mann zu dieser Veranstaltung veranlaßt habe. Sie hätte es sich zum Geburtstag gewünscht. Frauenreferentin als Geburtstagsgeschenk. Anstelle eines Pudels, wie letztes Jahr. Anstelle einer Reise, wie vorletztes Jahr. Anstelle eines Boutique-Gutscheins. Anstelle. Stellvertretend. Auf der Stelle treten.

Die Frau des Literaturvereinspräsidenten rauscht zügig mit dem Wagen ihres Mannes durch die Nacht. Sie ist stolz auf ihr Geburtstagsgeschenk, das da neben ihr sitzt. Stolz, daß es ihr gelungen ist, ihren Mann zu dieser Vortrags-Veranstaltung zu überreden. Für nächstes Jahr hätte sie mich bereits wieder vorgewünscht. Sagt sie. Nicht ohne Stolz. Während sie am Auto ihres Mannes schaltet und waltet. Sie hofft, daß sie bei ihrem Mann ein offenes Ohr finde. Es sei ihr eben wichtig.

»Was läuft hier in Sachen Frauenförderung?« möchte ich wissen.

»So gut wie nichts.«

Der Literaturvereinspräsident empfängt mich mit einem tonlosen: »Ah, da seid ihr ja!« Es ist fünf vor acht. Seine Frau holt nochmals aus. Der Sohn. Die Bank. Das Auto und die Werkstatt. Dann stellt sie mich ihren Freundinnen und den Freundinnen der Freundinnen der Freundinnen vor, die allesamt kamen. Der völlig überheizte Saal ist zu klein. Es werden Seitenwände geöffnet.

Ich frage nach dem Mikrofon. Der Literaturvereinspräsident erklärt mit knapper Reserviertheit: »Wir haben noch an keiner Lesung jemals ein Mikrofon benötigt.«

Es kommen immer mehr Frauen. Es muß eine weitere Seitenwand geöffnet werden. Ich frage den Literaturvereinspräsidenten, wie er sich das ohne Mikrofon vorstelle, ich hätte ihn doch schriftlich darauf hingewiesen. Er scheint ziemlich genervt über diese Frage zu sein, zeigt aber nichts von seinem Ärger, sondern erklärt höflich und verhalten: Bei guten Literaturveranstaltungen, mit hohem Niveau, da kämen diese Frauen nicht. Da sei Mann zufrieden, wenn zwanzig Personen dasäßen.

Es strömen immer mehr Frauen herbei. Stühle müssen herangeschafft werden. Ein Vorraum wird mit einbezogen. Wie soll ich da ohne Mikrofon sprechen?

Die Frau des Literaturvereinspräsidenten glüht vor Freude, daß ihr Geburtstagsgeschenk soviel Anklang findet.

»Ich hab's gewußt. Ich hab's gewußt.« Und reibt sich die wunderschönen, mit großen Ringen gezierten Hände.

Es kommen immer noch mehr Frauen, und sie freut sich sichtbar immer noch stärker.

Mir wird bang. Ohne Mikrofon.

Nachdem ich mich auf der wie üblich unbeheizten Toilette schnell umgezogen habe, gehe ich nochmals zum Veranstalter und sage ihm, ich könne unmöglich ohne Mikrofon sprechen, er müsse noch eines auftreiben.

»Typisch Frau!« zischt es schmallippig, freundlich lächelnd. Ich soll doch gefälligst selbst überlegen! Wo er um Himmels willen auf die Schnelle um diese Zeit noch ein Mikrofon auftreiben könne.

Ich lege nach.

Das sei sein Problem. Ich hätte es ihm doch geschrieben.

ER: »Ich hab' Ihnen schon einmal gesagt, daß bei unseren Lesungen nie mehr als zwanzig Personen anwesend sind.«

Ich: »Und ich weiß, daß zu meinen Vorträgen immer mehr als zwanzig Personen kommen. Deshalb habe ich Ihnen doch geschrieben, daß ich ein Mikrofon benötige.«

ER: »Zu unseren Lesungen brauchen wir nie ein Mikrofon! Basta.«

1 : 0 für IHN. Ich sitze am kürzeren Hebel.

Weshalb kann ich nicht einfach meine Sachen zusammenpacken und gehen? Weshalb kann ich nicht sagen, ohne Mikrofon läuft bei mir nichts? Weshalb bleibe ich trotz allem noch umgänglich, suche nach Lösungen? Statt den Bettel hinzuwerfen. Eine Taxe zu bestellen. Mich ins Hotel bringen zu lassen. Mich gemütlich in die Badewanne zu legen. Mir noch etwas Köstliches aus der Hotelküche ins Zimmer servieren zu lassen. Mich hinterher ins Bett zu werfen und, auf weiche Kissen gestützt, mich durchs Fernsehen unterhalten zu lassen. Weshalb kann ich das nicht?

Der Literaturvereinspräsident eröffnet die Veranstaltung. Er steht unberührt aufgeräumt mit schmalgeknüpfter Krawatte im silbergrauen Anzug. Er spricht laut. Und mit mahnend-pädagogischem Oberlehrerunterton wendet er sich an die Frauen; es würde ihnen zweifellos gut bekommen, wenn sie an literarischen Lesungen ebenfalls derart zahlreich erschienen!

Dann übergibt er mir das Wort: »Sehen Sie, es geht sehr gut ohne.«

Arschloch, denke ich. Du hast lediglich drei Minuten reden müssen. Ich aber werde zwei Stunden sprechen.

Ich stehe vor den Frauen. Aber ich sage nicht: Hallo Schwestern. Dieses unsägliche Literaturvereinspräsidenten-Arschloch hat versäumt, mir ein Mikrofon zu besorgen. In seiner unsäglichen Literaturvereinspräsidenten-Hirn-Software hat er lediglich zwanzig Personen programmiert. Und dieser unsägliche Mann fand die Tasten nicht, um den Text umzuschreiben.

Nein. Das sage ich nicht. Sondern ich entschuldige mich. Für IHN. Von wegen Mißverständnis und so.

»Lauter«, schreit es von hinten links.

»Ich will's versuchen«, lächle ich artig.

Die Frau des Literaturvereinspräsidenten sitzt strahlend in der ersten Reihe. ER hat sich dezent aus dem Saal geschlichen. Er käme wieder zum Schluß, um den Vortrag abzuschließen. Ich bemühe mich, laut und deutlich zu sprechen. Fließend und laut. Spontan und deutlich.

»Lauter, lauter!« rufen mir die Frauen zu.

»Ja, ja! Ich weiß. Ich spreche, so laut ich kann.«

»Lauter!«

Was soll ich machen? Ich kann nicht lauter.

Die Literaturvereinspräsidenten-Gattin freut sich, daß sie mich in der ersten Reihe gut hört.

Die Frauen nehmen ihre Stühle und rücken näher zu mir. Die hintersten hören noch immer nichts.

Ich schreie. Nach dreißig Minuten bin ich heiser. Nach zwei Stunden krächze ich. An diesem Abend fehlt mir wahrscheinlich meine eigene unumstößliche Überzeugung, daß alles einen Sinn hat. Und im Hinterkopf höre ich das schreckliche französische Wasser plätschern, das mein geliebtes Haus unterhöhlen wird.

Zum Schluß erscheint der Vereinspräsident, holt zum Schlußwort aus, schreit abermals laut die nächsten Daten der Literaturveranstaltungen in den Abend hinein und ermahnt die Anwesenden nochmals, nicht nur Interesse für solche Veranstaltungen zu zeigen, sonden sich ebenso aktiv für anspruchsvoll Kulturelles zu engagieren.

Dann überreicht er mir einen sehr großen Blumenstrauß. Einige Frauen würden noch gerne mit mir etwas trinken und sind enttäuscht, daß ich es vorziehe, ins Hotel zu gehen. Ich bringe keinen lauten Ton mehr aus der Kehle. Ich werde von Sabine, einem etwa sechzigjährigen Vorstandsmitglied des Literaturvereins, ins Hotel gefahren. Sie wird mich liebenswürdigerweise auch am nächsten Morgen zum Flughafen bringen.

Fröstelnd, stimmlos, mit einem großen Blumenstrauß komme ich im Hotel an.

Ich habe keine Vase.

Nach einer endlosen, schlafarmen und sorgenreichen Nacht werde ich vom Klingeln des Telefons erlöst. Wie auch immer die Nachricht sein wird, diese elende Warterei macht mich krank.

»Um Gottes willen, was ist mit deiner Stimme los?«

»Nichts. Erzähle du schnell!«

»Nein, zuerst will ich wissen, was mit deiner Stimme passiert ist.«

»Nein, du zuerst.«

Felix läßt nicht locker, und ich muß nachgeben. Er wird wütend. Ich solle sofort meine Tournee abbrechen und zu ihm nach Frankreich fliegen. Er buche mir gleich einen Flug. Er hole mich in Paris ab.

»Ich kann nicht, ich kann nicht«, stammle ich.

»Können tätest du schon. Aber du willst nicht!«

»Also gut. Ich will nicht. Du weißt doch. Überdimensioniertes Pflichtgefühl. Nicht Neinsagen können. Es überall allen recht machen wollen und so weiter.«

»Und du willst anderen Frauen Mut machen, mutiger zu werden!«

»Eben. Ich weiß, wovon ich spreche.«

Nachdem er mich derart auf die Folter gespannt hat, erfahre ich allmählich, was geschehen ist. Es ist schlimmer, als in den kühnsten Träumen befürchtet. Die letzte besonders sinnvolle Handlung des ehemaligen Hausbesitzers bestand darin, alle Wasserhähne zu öffnen, falls jäh Kälte einbrechen sollte. Ein defektes Ventil am Hauptwasserhahn sorgte dafür, daß das Wasser ständig lief. Das wäre weiter nicht schlimm gewesen, wären sämtliche Wasserabläufe in Ordnung gewesen. Und bis auf einen funktionierten sie alle samt und sonders. Einer aber, ein einziger nur, der vom Ex-Hausbesitzer höchstpersönlich freizeitlich angebracht wurde und der nicht ordnungsgemäß zusammengeschraubt war und dem darüber hinaus noch ein Dichtungsring fehlte, war für den Schaden verantwortlich. Verantwortlich! Ein leeres Wort. Der Ex-Hausbesitzer bedauerte zwar. Durch die mit dem Hauskauf übernommene Versicherung wähnte ich mich gegen elementare Unbill versichert. Wie sich später herausstellte: Wasserschäden nicht eingeschlossen. Über Wochen sickerte das Wasser von der Decke, höhlte die Gipsdecke aus, weichte den Wandschrank auf, bahnte sich einen Weg durch die Holzboiserien, verästelte sich in den Holzboden und bohrte sich durch die Kellerdecke, wo das Wasser, beinahe spielerisch heiter tröpfelnd, flankiert von zwei großen, bis zum Rand mit Heizöl gefüllten Tanks, an den nackten, elektrischen Drähten entlangkullerte und sich schließlich auf dem Naturboden in einer großen Pfütze zusammenfand. Der Schaden sei zwar groß, aber wir würden das schon wieder hinkriegen, tröstet Felix.

Beim Frühstück stürmt der Literaturvereinspräsident herein. Seine Frau habe vergessen, mir am Abend das Honorar auszuzahlen. Seine Frau hatte es zwar nicht vergessen, wie sie mir während der Autofahrt erregt berichtete. Noch unmittelbar und unverhofft Besorgungen. Der Sohn. Die Werkstatt. Der Friseur. Die Schneiderin usw. Sie wolle mir das Geld nachschicken. Selbstverständlich gebe ich diese Information nicht weiter. Bereits bei unserer telefonischen Vortragsabmachung hatte mir der Literaturvereinspräsident mitgeteilt, daß die Vereinskasse beinahe leer sei und sie mir deshalb nur sehr bescheidene Honorare bezahlen könnten. Wie immer paßte ich mich an. Nun sitzt er vor mir mit seinem Quittungsbuch, blättert ungeniert darin, und ich sehe – ohne zu wollen –, daß er anderen Referenten das Doppelte bezahlt hat. Das Honorar deckt knapp die Stiefelunkosten.

Obwohl das Wetter besser geworden ist, schnalle ich mir die Stiefel um. Bevor ich jedoch das Hotelzimmer verlasse, entledige ich mich ihrer, da die Sonne zu scheinen beginnt und mir viel zu warm ist. Wohin aber damit? Im Minikoffer kann ich sie nicht einmal unterbringen, wenn er völlig leer wäre. Im Hotelzimmer stehenlassen? Vielleicht schneit es morgen wieder. Dann müßte ich abermals neue kaufen. Ich packe sie in den mitgeführten Plastiksack, der beinahe zu klein ist, so daß es die Griffe weit auseinanderspreizt. Dazu das Lockenwickler-Bild. Wohin mit dem großen Blumenstrauß? Im Lavabo liegenlassen? Mitnehmen? Ins Flugzeug quetschen? An der Rezeption abgeben? Zuerst lasse ich sie in der Badewanne abtropfen. Papier zusammenfuseln und irgendwie um die Naßpartie drapieren.

Als ich das Hotelzimmer verlasse, kann ich die Türe nicht mehr schließen. In der einen Hand meinen Minikoffer, mit der anderen kralle ich die auseinanderklaffenden Griffe, unterm rechten Arm eingeklemmt Bild und Schirm, unterm linken den Blumenstrauß. Liftknopf drücken. Plastiktüte zu Boden stellen. Zuviel Spiel unterm Arm. Blumenstrauß rutscht, versuche zu klemmen, quetsche Blüten zusammen. Dann fällt er. Der Lift ist da. Darin drei Menschen, stehen salzsäulig, warten stumm, während ich hektisch die Blumen einzufangen versuche, was mir endlich gelingt, beide Griffe des Plastiksackes zu ergreifen hingegen nicht. So gebe ich mich mit einem zufrieden, der andere steht ab.

Sabine erwartet mich bereits in der Hotelhalle und nimmt mir Blumen und Plastiksack ab. Dabei fällt der Strauß nochmals herunter.

Mit Sabine komme ich sofort ins Gespräch. Wir haben viel Zeit. Sie ist zweimal geschieden, hat drei erwachsene Kinder und lebt heute allein. Sie hätte gerne einen Partner. Am liebsten einen Schweizer, mit dem sie in der schönen Schweiz leben könnte. Sie hat bereits sehr viel Geld für Partnerinstitute ausgegeben. Mit dem Alter mogelt sie. Auch ein Siebzigjähriger will keine über sechzig. Sabine sieht sehr viel jünger aus. Gelliftet? Ja, mehrere Male. Sie joggt, schwimmt, stretcht, fittet und betreibt Yoga. Alles, um jung und beweglich zu bleiben. Aber das Alter darf sie dennoch nicht nennen. Die letzte Episode sitzt ihr noch in den Knochen. Sie lernte bei Freunden einen Mann kennen. Beidseitig funkte es. Die große Liebe wurde eingeläutet. Er war fünf Jahre jünger, sah aber zehn Jahre älter aus als sie. Als er ihr Alter erfuhr, entliebte er sich unverzüglich und zog von dannen.

Die Chancen für Sabine stehen schlecht. Obwohl sich die Partnervermittlung große Mühe gibt und ebenso ihr Alter verheimlicht, hatte sie bisher kein Glück. Drei Schweizer sind ihr bis jetzt angeboten worden.

Der erste achtundsechzig, verwitwet vermögend, Oberst der Artillerie a. D., einseitig hörgeschädigt, mit fürchterlich geschmacklos eingerichtetem Haus am See, Mercedes. Er hätte gerne eine Jüngere gehabt. Gelegentlich impotent.

Der zweite einundsiebzig, geschieden, nicht unvermögend, 45 Jahre Hauptmann der Artillerie, beidseitig hörgeschädigt. Meist impotent.

Der dritte fünfundsiebzig, verheiratet, seit zwanzig Jahren getrennt, sehr vermögend, weit gereist, Aktivdienst im Zweiten Weltkrieg, Offizier der Artillerie, beidseitig hörgeschädigt. Immer impotent.

Mit den Schweizern wird's wohl nichts werden!

Die Schweiz hat eine starke Armee. Bewaffnet bis an die Zähne. Jeder Schweizer besitzt in seinem Kleiderschrank ein Sturmgewehr. Peng. Peng. Wenn's losgeht. Mitten in der Nacht. Für alle Fälle. Peng. Wir bringen es auf 520 000 bewaffnete Männer. Deutschland auf 430 000. Schließlich sind wir nicht umsonst so reich geworden. So bankenreich. Das muß alles verdient und verteidigt werden. Die Schweiz ist ein potentes Land. Der Schweizerfranken steinhart. Da dürfen die Männer im Bett schon mal schlappmachen. Darauf kommt es doch nicht an. Peng. Peng. Das aufgepflanzte Sturmgewehr ist das Schmuckstück der Schweizermannen. Viel größer. Länger. Und härter. Und leistungsfähiger.

Peng. Peng.

Wir sind ein einig Volk von Eidgenossen.

In der Schweizer Artillerie wird scharf geschossen.

Auch wenn es die Trommelfelle zerdeppert. Peng.

Ich stehe am Flughafen. Hier sollte ich abgeholt werden. Also warte ich. Mit meinem Minikoffer, meinem auseinanderklaffenden Plastiksack mit Stiefeln und Bild und Schirm. Den Blumenstrauß habe ich Sabine übergeben. Dabei erfuhr ich, daß sie selbst vom Literaturvereinspräsidenten mit der Besorgung des Straußes beauftragt wurde. Sie sei dagegen gewesen. Er hätte darauf bestanden, denn alle weiblichen Autoren erhielten immer einen sehr großen Strauß. Auf der Fahrt zum Flugplatz hatte ich noch mit dem Gedanken gespielt, ihr vielleicht auch das Bild zu überlassen. Doch als ich erfuhr, daß sie ebenfalls dabei ist, ihre aufgebrochene Kreativität in die Anfertigung neuartiger Wandbehänge zu kanalisieren (Plastikeinkaufstüten in Streifen geschnitten und geflochten), verwarf ich diese Möglichkeit. Und nur dem Umstand ist es zu verdanken, daß sie mit der Herstellung eines für mich eigens entworfenen Werkes nicht rechtzeitig fertig geworden ist, sonst hätte ich auch noch einen Wandteppich transportieren müssen, eine zwei Meter lange Gepäckrolle, handlich, wie sie glaubwürdig versichert. Ich warte, warte und weiß nicht auf wen. Ich gehe ein wenig herum, damit mich der oder die auch sehen kann, bin aber in meiner Bewegungsfreiheit durch die diversen Gepäckstücke ziemlich gehandicapt.

Nach einer halben Stunde nehme ich eine Taxe. Das vom Veranstalter für mich reservierte Zimmer ist in ein kleines Kellerloch eingebaut; kalt, düster, winzig, mufflig. Dusche und Toilette in einen unbeheizten Zwischengang eingeklemmt. Zögernd beginne ich auszupacken.

Dann setze ich mich aufs Bett.

Ich will heim.

Ich hab' die Nase voll.

Im Verlag anrufen? Kein Telefon im Zimmer. Hinter der Haustüre in einer stockfinsteren Ecke befindet sich eine Zelle. Passendes Kleingeld organisieren.

»Sofort umziehen!« heißt es.

Auf die Idee wäre ich nicht gekommen.

Wie ein anderes Hotel finden?

Die »Hotelrezeption«, die aus einer Bartheke besteht, öffnet erst abends. Der Hausmeister, der mir das Zimmer zuwies, ist mir behilflich, ein anderes Hotelzimmer zu suchen. Auch will er dafür sorgen, daß allfällige Telefonate von Felix weitergeleitet werden.

Ich ziehe aus der »Bräustube« ins »City«. Ein Viertelstündchen Fußmarsch mit Schneestiefeln im Plastiksack, Lockenwicklerbild, Schirm und Minikoffer durch die Fußgängerzone. Inzwischen nachmittägliches Schönwetter. Im Hotel lege ich mich ins Bett. Bin hundemüde. Kaum eingeschlafen, klingelt das Telefon.

Zum Teufel, wo ich stecke!

Die Bibliothekarin ist stocksauer.

Sie sei zwar etwas zu spät am Flughafen gewesen, aber das sei doch kein Grund, einfach abzuhauen.

Und im Hotel habe sie mich gesucht, das mir offensichtlich nicht gepaßt hätte.

Um halb acht abends werde ich abgeholt. An diesem Abend klappt es mit Mikrofon und Overhead-Projektor. Mit Signieren habe ich nicht viel zu tun, da kaum Bücher vorhanden sind. Ich bekomme wieder einen großen Blumenstrauß.

Nach dem Vortrag ruft Felix an.

Inzwischen hat er den Leitungsschaden beheben lassen.

Wenigstens tropft kein Wasser mehr durchs Haus. Aber die Kosten werden beträchtlich sein. Zunächst müssen wir eh abwarten und alles gut austrocknen lassen. Beiläufig erzählt mir Felix: »Übrigens, ich bin auf meiner Blitz-Fahrt nach Frankreich noch meinen Führerschein für vier Wochen losgeworden.«

»Ach, wie praktisch!«

»Keine Vorwürfe!«

»Hab' ich doch nicht.«

»Ich hör's am Tonfall.«

»Ach.«

»Ja, so wie du atmest.«

Und eh ich mich versehe, landen wir in der wohlbekannten Streitwiese.

Der Gute-Nacht-Streit hat mir gerade noch gefehlt. Eigentlich müßte ich meine Tournee abbrechen. Wegen Betriebsschaden. Wäre ich eine Maschine, wäre die Sache klar. Hätte ich das Psychogramm eines Distanzierten, wäre die Sache auch klar. So aber, mit meinem unwiderstehlichen Drang, es allen immer recht machen zu wollen, bleibe ich diesbezüglich chancenlos. Die Sache mit dem Haus sitzt mir im Genick. Also doch auf direktem Weg in den Ruin. Wie alle prophezeiten. Wenn das Haus durch den schrecklichen Wasserschaden zusammenfällt, nur noch eine Steinruine übrigbliebe? Nun, wir könnten wenigstens die Sommerferien auf eigenem Grund und Boden verbringen. Es gibt Menschen, die erwerben sich in Alaska eine Eisscholle und lassen sich einmal im Jahr auf einem Schlitten fotografieren. Da hätten wir es noch besser! Wir könnten eventuell ein Zelt darauf stellen – oder, noch komfortabler, gar einen Wohnwagen. Vielleicht könnte ich meinen Ex-Mann darum bitten, mir seinen alten auszuleihen. Oder günstig zu verkaufen. Dann könnten wir noch andere Campingfreunde einladen und eine kleine deutschsprachige Wohnwagenkolonie bilden, jeder mit einem kleinen Gartenzaun um die wenigen Quadratmeter gezogen, mit taschentuchgroßen Blumenbeeten, einem fünfunddreißig Zentimeter hohen glanzlackierten Gartentörchen, daneben ein niedlicher Gartenzwerg mit roter Zipfelmütze und tankstellenweißer Gießkanne. Kontrastprogramm. Warum nicht! So ist doch das Leben. Man wünscht sich das eine und erhält das andere. Wir Frauen wünschen uns nichts anderes als ein glückstrotzendes Leben mit einem zärtlichen liebevollen Mann, und je mehr wir es wollen, um so weiter entfernen wir uns vom Paradies und landen in einer jämmerlichen Beziehungspfütze. Ich wollte ein Schloß in Frankreich, mit einem großzügigen französischen Park, und lande im Elendsviertel menschlicher Urlaubsverkleinerungen. Ein unangenehmes Gefühl beschleicht mich. Stehe ich doch grundsätzlich auf der Schattenseite des Lebens? Und in meinem hoffnungslosen Hang, mich am Erfreulichen und Schönen zu orientieren, habe ich die nackte Realität blauäugig übersehen? Gottsträflich optimistisch. Positiv. Positiv blöd, wie einige mir wohlgesonnene Freunde und Bekannte seit Jahren warnend soufflieren. Nun haben sie also doch recht. Die ewigen Skeptiker, Meckerer und Stänkerer. Die Freudlosen und Pessimisten. Die Miesmacher vom Dienst.

Und in dieser Stimmung in einem Hotelzimmer die Nacht verbringen! Keine Möglichkeit, sich selbst zu entrinnen. Die Gedanken führen ein Eigenleben, machen, was sie wollen. Schwirren wie Fliegen über das seelische Leck, lassen sich lautlos darauf nieder. Ein ekelhaft wehes Kitzeln, jeder eindeutige Schmerz wäre eine Erlösung. So aber. Ich muß handeln! Entweder mich in einen allumfassenden Weltschmerz hineinspiralen, Asche aufs Haupt streuen und richtig depressiv werden oder als Siegerin aus der unsäglichen Misere hevorgehen. Ich entscheide mich für das letztere. Ich will in meinem Hirn die Wohnwagenkolonie abziehen lassen. Den Park von Gartenzwergen säubern. Ich will mein altes Haus wieder aufblühen lassen. Schön. Unversehrt. Die Bilder verschmelzen ineinander, sie kämpfen, verdrängen sich gegenseitig. Die Pessimisten sitzen in ihren schlotternden Trainingsanzügen breitarschig auf dem Campingplatz und versuchen beharrlich, ihre Stellung zu halten.

Und dann gelingt mir ein Trick. Ein altbewährter. Ich biete den Pessimisten in meinem Hirn ein neues Thema an, werfe ihnen einen neuen stinkenden Knochen vor. Locke sie mit einem für sie interessanten Braten auf eine andere Bühne. Für die nächsten Stunden bin ich beschäftigt. Gott sei Dank.

Der ordnend-kontrollierte Mann und das weibliche Ergänzungspsychogramm

Es klappt. Kaum daß ich an die Ordnend-Kontrollierten denke, bin ich meine alten Probleme los. Gut. Ich habe dafür neue. Aber sie haben einen großen Vorteil: Ich kann mich herzhaft über sie aufregen. So wie damals. Oder beinahe.

Früher biß ich mir an diesem Typ Mann beinahe die Zähne aus. Wer kennt sie nicht, jene Männer, die nicht nur sich selbst, sondern auch alles andere unter eiserner Kontrolle halten! Meist ist dieser Mann beruflich sehr erfolgreich und erklimmt höchste Sprossen auf der Karriereleiter. In seiner privaten Beziehung hat er hingegen weniger Glück, was sein Lebensgefühl kaum zu beeinträchtigen vermag. Das Unglück hält er ebenso unter Kontrolle, d. h. er leidet nicht daran. Seine Partnerin dafür um so stärker.

Frauen, die mit einem Mann dieses Psychogramms zusammenleben, sind ebenfalls − wie ihre schwesterlichen Krankenhelferinnen, die sich unermüdlich um die Erlösung des Distanzierten kümmern − nicht zu beneiden. Jedenfalls vordergründig. Auch hier gibt es für die Frau viel zu lernen. Denn der Partner hat natürlich das, was ihr fehlt: Kontrolle, Disziplin, Ordnung, klare Richtlinien, nach denen man handelt und lebt. Die seelische Landschaft eines Mannes mit ordnend-kontrollierten Persönlichkeitsmerkmalen ist übersät mit Vorschriften, Regeln und Verbotstafeln. Der Pfad ist schmal, auf dem er wandelt. Jeder Schritt daneben gleicht einer Katastrophe. Ist es da verwunderlich, daß sich vor allem Frauen mit grenzensprengendem Psychogramm von diesem Typ Mann magisch angezogen fühlen? Fürs erste jedenfalls. Hinterher schlägt auch diese Begeisterung meist in nicht enden wollende Pein um. Auch auf den ordnenden, kontrollierten Mann hat die Frau mit grenzensprengendem Psychogramm eine magnetische Anziehungskraft. Besitzt sie doch all das, was er nicht hat: eine gewisse Leichtigkeit des Seins.

Der Literaturvereinspräsident mit seiner schillernden Gemahlin illustriert diese Paarkonstellation. Er, jeder Zoll sowohl äußerlich als auch innerlich einer festen Ordnung und unumstößlichen Traditionen verpflichtet. Alles, was einmal programmiert ist, bleibt unkorrigierbar. Lesungen für zwanzig Personen. Eine kleine innere Werteskala, was

120

die Honorierung betrifft. Frauenthemen sind halb soviel wert wie literarische. Aus Prinzip große – auch wenn für die Weiterreise höchst ungünstige – Blumensträuße. Die Ehegattin als ergänzendes Gegenstück. Mit ausgefallenem Geburtstagswunsch. Unpünktlichkeit, ohne dafür die Verantwortung zu übernehmen. Tausend unfaßbare Gründe dafür: das Auto, der Sohn, der Friseur. In Finanzen unzimperlich. Eine Meisterin in der Verschleierungstaktik.

Es gibt viele solcher Paare! Für Außenstehende oft nicht verständlich, weshalb ein disziplinierter Karrieremann mit einer solchen Gattin zusammenlebt. Eben. Gerade deshalb. Die Überordnung des einen wird durch das Chaos des anderen gelockert und aufgebrochen. Die Grenzensprengende erlöst den in Verboten Gefesselten. Sie ist für ihn wie ein Licht in der Dunkelheit. Sie erweckt die erstarrten Lebensformen zum Leben.

Der ordnende, kontrollierte Mann wirkt für die Frau mit grenzensprengendem Psychogramm wie ein Fels in der Brandung. Er gibt ihr Halt, verhindert durch sein Eingebundensein in Vorschriften und klaren Lebensrichtlinien, daß sie orientierungslos herumirrt, ausufert und sich verliert. So könnten die beiden viel voneinander lernen.

In der Regel verläuft die Beziehungsentwicklung in einer anderen Richtung.

Der Mann versucht, seine Partnerin zu jenen Eigenschaften anzuhalten, die er im Übermaß hat: Ordnung, Sparsamkeit, Disziplin, Kontrolle usw.

Und die Frau möchte aus ihm einen phantasievollen, seinen spontanen Einfällen nachgehenden Mann bildhauern.

Der Mensch möchte aber in seinem »Sosein« geliebt und wertgeschätzt werden. Das ist ein seelisches Gesetz. Deshalb wird jeder Versuch, den Partner zu verändern, von ihm als Lieblosigkeit oder gar Zurückweisung erlebt: So wie ich bin, bin ich nicht liebenswert. Jeder derart Angegriffene wird sich verteidigen, wird dafür sorgen, seine Eigenheiten noch stärker zum Ausdruck zu bringen. So wird jeder Versuch, den anderen zu verändern, dahin wirken, daß sich die angegriffenen Eigenschaften stärker ausbilden, um sich zu behaupten. Es gibt durchaus Verhaltensweisen, die sich im Laufe des Älterwerdens zurückbilden, vor allem jene, deren Intensität vom biologischen Vermögen abhängt. Andere wiederum verstärken sich. Die Chance, daß Sparsamkeit in Geiz gipfelt, Kontrolle zum bitteren Gefängnis erstarrt, ist gegeben. Während die grenzensprengende Persönlichkeit aus der Form fließt und Unlogik und Willkür ungeniert wuchern.

Jeder Versuch, den anderen nach seinen Vorstellungen und Wünschen umzumodeln, endet im Aus für die Liebe.

Ist es denn nicht das, was wir gerade als das Überwältigende erleben, wenn wir uns verlieben? Ein totales Gefühl der Hinwendung zum anderen, das uns zwingt, einfach ja zu sagen. Vom Wort »Ja« ergriffen zu werden reißt den Himmel auf, öffnet das Herz. Alle Vorsicht schwindet. Jeder Einwand wird zurückgedrängt. Der andere wird in seinem Wesen vollumfänglich bejaht – wir können gar nicht anders, als diesem Impuls zu folgen.

Ein wahrhaft gigantischer pädagogischer Wurf der Schöpfungsintelligenz!

Die Liebe überfällt uns einfach irgendwann, zwingt uns in die Knie. Und alles, was wir in unseren Köpfen an klugen Lebensplänen ausgeheckt haben, wird jäh über den Haufen geworfen. Die Franzosen sagen »tomber amoureux«, in die Liebe fallen oder durch die Liebe fallen, hinfallen. So ist es doch. Wir fallen einfach um, fallen aus unseren hochgesteckten Hirnperspektiven.

Und die Lektion, die wir erteilt bekommen, ist: Steh auf und beiß dir die Zähne aus. Lerne an diesem Objekt. Nicht, indem du mit Hammer und Meißel am anderen herumkorrigierst. Nicht, um den Partner, die Partnerin nach deinen Vorstellungen zu verändern. Sondern damit du von ihm all das lernst, was du nicht kannst.

Wir begegnen im anderen unseren Reifungslöchern. Also holen wir nach, was wir früher einmal verpaßt haben.

Der Literaturvereinspräsident würde die Flexibilität seiner Gattin adaptieren und sich bei der zu organisierenden Veranstaltung flexibel auf die eventuellen neuen Gegebenheiten einstellen und diese in die Planung mit einbeziehen. So würde er darüber nachdenken, ob das Thema eventuell eine größere Interessengruppe anspricht, und einen entsprechend großen Saal suchen. Er wäre nicht blind für eine Situation, sondern würde sich für die Besorgung eines Mikrofons einsetzen. Auch würde er nur jene Autorinnen mit mannshohen Blumensträußen beglücken, die mit einem großen Auto unterwegs sind. Seine Gattin hingegen könnte Pünktlichkeit von ihm lernen, würde die ihr übertragenen Aufgaben zuverlässig ausführen und die Verantwortung dafür übernehmen. Auch würde sie das Autorenhonorar nicht für den Friseur ausgeben und dümmliche Geschichten erfinden müssen. Zweifellos würde sie auch mit allfällig aufbrechender Kreativität sehr sorgfältig umgehen und vielleicht über Jahre diesen aufkeimenden Impulsen nachspüren, um einen entsprechenden Ausdruck dafür zu finden.

Vom Lebendigen zur Erstarrung

Der Ausbildung eines ordnenden, kontrollierten Psychogramms liegen, wie ich bereits bei der distanzierten und nähesuchenden Persönlichkeit aufgezeigt habe, einerseits konstitutionelle Anlagen, andererseits begünstigende Umweltfaktoren zugrunde.

Auf der konstitutionellen Seite spielt bei der Herausbildung einer ordnend-kontrollierten Persönlichkeit eine lebhafte und motorisch-expansive Anlage eine wichtige Rolle. Ebenso ein zupackendes, aggressives, zielgerichtetes Handeln, gepaart mit Eigenwilligkeit und einem großen Hang zur Eigenständigkeit. Ein Kind mit diesen Anlagen wird in unserer Kultur öfters anecken und die Eltern durch seine Lebendigkeit nerven. Es ist alles andere als ein pflegeleichtes und braves Kind, an dem alle Freude haben und auf dem der wohlgefällige Blick der Erwachsenen ruht. Im Gegenteil. Es wird oft zurechtgewiesen, seinen Impulsen Grenzen gesetzt und dem angepaßt, was aus der Sicht der Erwachsenen richtig ist. Dies kann man überall dort erleben, wo eine Menschenansammlung über längere Zeit warten muß. Auf dem Flughafen, im Wartezimmer eines Arztes, in der Warteschlange vor der Kasse. Es gibt Kinder, die stehen lammfromm bei den Eltern. Andere halten das nicht aus und werden versuchen, aus der für sie beinahe unerträglichen Situation das Beste zu machen.

Wir wissen nicht nur aus der Entwicklungspsychologie, sondern können dies auch als Eltern mitverfolgen, daß das Kind im Alter von zwei bis vier Jahren eine Phase durchläuft, in der es beginnt, seinen Handlungs- und Bewegungsspielraum auszuweiten. Es erwirbt motorische Fähigkeiten, ist also in der Lage, seine Neugier an der Welt umzusetzen. Es erforscht sein Umfeld, erobert zusätzliches Territorium. Auch sprachlich gewinnt es zunehmend an weiteren Ausdrucksmöglichkeiten. Es ist die Zeit, wo es erstmals »Ich« sagt und sich als etwas Eigen-Ständiges, mit eigenem Wollen zu erfahren beginnt. Es spürt zunehmend eigene Impulse und Wünsche, die es versucht umzusetzen, und erlebt seinen eigenen Willen, den es gegen den Willen der Erwachsenen durchsetzen möchte. Damit wird es unweigerlich mit sozialen Spielregeln menschlichen Zusammenseins konfrontiert. Sind diese nun starr und unumstößlich und jede Übertretung ist eine Katastrophe und es folgt unweigerlich Strafe und Liebesentzug, so wird sich das Kind in seinem Handeln als »böse« erleben. Will es die Zuneigung seiner Bezugspersonen nicht verlieren, muß es frühzeitig lernen, die eigenen Impulse zu bremsen oder gar zu unterdrücken. Werden aufkeimende Impulse bereits in ihrem Entstehen abgeblockt, d. h. Impuls und Unterdrückung geschehen gleichzeitig, kann dies zu einer völligen Blockierung führen. Ein solches Kind hat keine Lust zum Spielen, es verhält sich ruhig, brav und überaus »artig«. Es ist erstarrt. Und die Eltern sind stolz auf ihr pflegeleichtes Kind. Es lernt, daß es ein richtiges und ein falsches Handeln gibt, wobei das Richtige immer nur auf eine ganz bestimmte Weise getan werden kann.

Hier wird zweifellos der Hintergrund zum späteren Perfektionismus sichtbar.

So werden aus durchaus sinnvollen Spielregeln eine Unmenge unsinniger Vorschriften und Verbote.

Dem Leben wird das Lebendige entzogen, und es erstarrt. Es gibt Familiensysteme, da ist das Leben strikt bis in die letzten Details geregelt. Bedürfnisse und Wünsche des menschlichen Seins darben im Gefängnis unerbittlicher Gesetze, stur, unveränderlich.

Onkel Hermanns Hygienetrieb unterlag strengen Regeln. Jedem Familienmitglied wurde ein Dusch- und Badetag zugeteilt. Dienstag war für allfällige Besucher reserviert. Als ihm seine Nichte während einer hochsommerlichen Fahrradtour übers Wochenende einen Besuch abstattete, war es ihr untersagt, das Badezimmer zu benutzen. So mußte sie zwei Tage in ihrem eingetrockneten Schweiß ausharren, bis sie sich unter der Dusche erfrischen durfte.

In solchen Familien werden zwischenmenschliche Beziehungen über Rituale kanalisiert und geregelt. Regelmäßige Verwandtschaftspflege. Familienfeste. Geburtstage: Gratulationsmöglichkeiten zwischen elf und zwölf Uhr. Am Nachmittag um vier Uhr ißt die Familie immer den gleichen Geburtstagskuchen. Es werden immer die gleichen Sätze gesprochen. Die Hauptdarsteller halten hof. Und die Statisten applaudieren an der richtigen Stelle. Es ist immer das gleiche Stück. Nur kleine Kinder stören den Betrieb. Sie werden entfernt und erst wieder zur Aufführung zugelassen, wenn sie die Vorschriften und Regeln gelernt haben.

Die Umweltfaktoren, welche die Herausbildung eines ordnend-kontrollierten Psychogramms begünstigen, liegen in der zu starren Festlegung von Verboten, Vorschriften und einer unumstößlichen Ordnung.

Ebenfalls begünstigend kann sich das blanke Gegenteil auswirken. Bei Kindern, die in einem totalen Chaos aufwachsen, ohne auch nur einigermaßen verbindliche Regeln, kann es zur Überlebensstrategie gehören, sich selbst eine feste Ordnung anzueignen, um nicht in der Orientierungslosigkeit unterzugehen.

Es ist nun hochinteressant zu untersuchen, wie sich die lebensgeschichtlichen Faktoren der ordnenden, kontrollierten Persönlichkeit mit derjenigen des grenzensprengenden Gegenpsychogramms ergänzen.

Zur konstitutionellen Situation der grenzensprengenden Persönlichkeit gehört zweifellos ebenfalls eine angeborene Lebhaftigkeit, wie wir das auch bei der ordnend-kontrollierten kennen. Zudem gehört zur konstitutionellen Ausrüstung der grenzensprengenden Persönlichkeit ein starkes Bedürfnis nach Kontakt, der seine allzeit bereite emotionale Ansprechbarkeit in Bewegung hält. Das Mitteilungsbedürfnis ist sehr groß. Innere Vorgänge werden nach außen zur Darstellung gebracht, um andere an Gefühlen und Empfindungen teilhaben zu lassen. Im Gegenzug braucht sie Resonanz, Bestätigung und Beantwortung anderer wie die Pflanze Licht und Sauerstoff. Solche Menschen strahlen Lebensfreude aus, schöpfen aus dem vollen, setzen sich leicht über vermeintliche Schwierigkeiten hinweg, sind begeisterungsfähig, aufgeschlossen und stets bereit, sich auf etwas Neues einzulassen.

Hier wird bereits die zum ordnend-kontrollierten Psychogramm ergänzende Tendenz sichtbar. Beiden liegt eine konstitutionell springlebendige Vitalität zugrunde. Während bei der ordnend-kontrollierten Persönlichkeit die Energie durch tausend Verbote gedrosselt wurde, blüht sie beim grenzensprengenden Psychogramm ungehindert, zum Teil gar weit über das Ziel hinaus. Das Zusammenspiel dieser Dynamik zeigt, welche wichtige Funktion die grenzensprengende Persönlichkeit für den Ordnend-Kontrollierten hat. Alles, was er sich verbietet, lebt der andere ungeniert aus, sprengt die Türen der tausend Verbote auf.

Zur Herausbildung eines grenzensprengenden Psychogramms ist die Lebensphase ca. zwischen dem vierten und sechsten Lebensjahr von Bedeutung. Das Kind befindet sich entwicklungsmäßig an einer entscheidenden Stelle. Die Psychoanalyse bezeichnet diese Phase als die phallisch-genitale. Allmählich wächst das Kind aus dem Kleinkindalter heraus. Die magische Welt, die Wunsch- und Märchenwelt beginnt etwas in den Hintergrund zu rücken zugunsten dessen, was wir als Realität bezeichnen. Es wird mit Grenzen konfrontiert, mit Spielregeln, die es einzuhalten gilt. Der Mensch lernt vor allem durch Nachahmung. Was Erwachsensein heißt, lernt ein Kind durch erwachsene Vorbilder. Das ist die Phase, wo das Kind beginnt, sich mit seinem gleichgeschlechtlichen Elternteil zu identifizieren, ihn nachzuahmen, um so die zukünftige Rolle einzuüben. Gleichzeitig erlebt das Kind den gegengeschlechtlichen Elternteil als besonders anziehend, da geschlechtskomplementär. Das Kind sucht Orientierung, sucht nach geeigneten Vorbildern. Eltern zum Beispiel, denen selbst erwachsenes, verantwortliches Verhalten fehlt, können ihren Kindern schwerlich nachahmenswerte Vorbilder sein.

Unzufriedene Eltern, die die Verantwortung für ihr Leben nicht übernehmen und stets die Schuld für eigenes Versagen bei anderen suchen und ein Bild der Hilflosigkeit abgeben, werden von ihren Kindern kaum als Leitfiguren aufgenommen, um in ihnen Orientierung zu finden. Ebenso wird ein unzuverlässiges, der Willkür unterworfenes Milieu dem Kind keine hilfreiche Orientierungsmöglichkeit bieten.

Hysterie: die weibliche Antwort auf männliche Unterdrückung

Nach meiner persönlichen Einschätzung und Erfahrung in der Frauenarbeit bildet sich vor allem beim weiblichen Menschen, sehr viel häufiger als beim männlichen, neben dem nähesuchenden, das grenzensprengende Psychogramm heraus, oft auch als Mischstruktur von beidem.

Ich bin davon überzeugt, daß nicht die biologischen Unterschiede dafür verantwortlich sind. Geschlechtliche Attribute sind zwar vorgegebene Tatsachen, aber die geschlechtsspezifische Rolle und Verhaltensweisen sind das Produkt eines historischen Entwicklungsprozesses. Schon lange Zeit vor Entstehung der westlichen Zivilisation wurde der Frau durch den Mann eine untergeordnete Rolle zugewiesen. Die Gründe, die dazu beigetragen haben, sind unterschiedlich, die Auswirkungen hingegen eindeutig und wirken bis zum heutigen Tage. Früher konnten Frauen weder am wirtschaftlichen noch am politischen Leben teilnehmen, heute partizipieren wir in äußerst bescheidenem Ausmaß: Obwohl Frauen zwei Drittel der Weltarbeit leisten, erhalten sie dafür lediglich zehn Prozent der Entlohnung. Ein Prozent des gesamten Weltvermögens liegt in weiblichen Händen. Obwohl sich Frauen politisch engagieren und sich dafür einsetzen mitzuentscheiden, haben wir es in der Schweiz auf 17 Prozent Frauen im Parlament gebracht, Deutschland auf 26 und Österreich auf 21 Prozent. Mit anderen Worten, die Dominanz des Mannes herrscht überall vor. Die Debatten, Argumentationen und Erklärungsversuche über den Ursprung männlicher Dominanz haben immerhin dazu beigetragen, diese Tatsache als ein Zusammenspiel mehrerer Komponenten verstehen zu lernen. Welche Perspektive wir auch immer einnehmen, das Spiel folgt einer männlichen Inszenierung, findet auf einer von Männern errichteten Bühne statt, mit einem männlichen Bühnenbild und einem männlichen Regisseur, der letztlich auch die Rollen verteilt.

Ich möchte hier vor allem auf eine Betrachtungsweise aufmerksam machen, die besonders von Schreibtisch-Feministinnen belächelt und etwas voreilig als traditionalistische Argumentation abgetan wird. Wer sich aber auf die Psyche der Frau, ihre unbewußten Ängste einläßt, wird den biologischen Unterschied mit einbeziehen müssen.

Wir leben in einer Welt, in der humane, gewaltfreie Verhaltensweisen angestrebt werden und die im günstigen Falle durchaus zum Tragen kommen. Dennoch siegt im ungünstigsten Falle immer die Gewalt. Diesem Umstand ist es zuzuschreiben, daß es einen gewaltigen Unterschied gibt, ob wir in einem männlichen oder weiblichen Körper wohnen. Das weibliche Körperhaus bietet viele Angriffs- und Einstiegsmöglichkeiten. Wir haben keinerlei Vorrichtungen, unser Haus abzuriegeln. Unsere Türen stehen immer offen. Und jeder, der will und über mehr körperliche Kraft verfügt als wir, kann eindringen, ohne daß er allzu große Sanktionen zu befürchten hat. Ein körperlicher Hausfriedensbruch wird durch die Rechtsprechung halbherzig verfolgt, gelegentlich als Kavaliersdelikt abgetan, als eine zwar bedauerliche, aber unabänderliche Angelegenheit toleriert. In kriegerischen Auseinandersetzungen werden Vergewaltigungen zwar beklagt, aber nicht ernsthaft als schwere Kriegsverbrechen geahndet. Solange wir noch Diskussionen führen, uns dafür einsetzen und darum kämpfen müssen, daß die Frau, der in der Ehe von ihrem Ehemann sexuelle Gewalt angetan wird, gesetzlich ge-

schützt wird, festigen und verstärken wir die Selbstverständlichkeit der Gewalt-Herr-schaft. Der weibliche Körper ist der Gewalt ausgesetzt: ein schönes Land ohne Ver-
teidigungsmöglichkeiten.

Das männliche Körperhaus hingegen ist verschlossen,
lediglich mit einer Zugbrücke versehen, die allein vom
Entscheid des Bewohners dieses Hauses in Bewegung gesetzt werden kann. Will er Kontakt, läßt er die Brücke
herunter (richtet sie auf), will er hingegen seine Ruhe, gibt
es nichts, was ihn zwingen könnte, jemanden in sein Haus
einzulassen. Mehr noch. Er ist gar nicht in der Lage, diese
Vorrichtung als körperliche Waffe einzusetzen, mit der er
die Frau angreift, in sie eindringt und verletzt.

Dieser biologische Ausgangspunkt schwächt unsere Position in dieser männlichen Weltordnung von vornherein.
Er begünstigt Wohlverhalten, Anpassung und Unterdrük-
kung. Eigentlich sitzt uns eine ständige Angst im Nacken,
die uns daran hindert, die offene Auseinandersetzung zu
suchen. In einem Haus zu wohnen, wo die Türen nicht
abschließbar sind, zwingt uns Wohlverhalten auf. Wir versuchen mit dem Nachbarn möglichst gut auszukommen,
ihn unter keinen Umständen unnötig zu reizen. Auch werden wir stillschweigend die eine oder andere Unart von ihm
widerstandslos hinnehmen, um ja nicht in eine Auseinandersetzung zu geraten. Aus dieser Ausgangslage benötigt es
eben mehr Mut, mutig zu sein! In einem weiblichen Körper
zu wohnen bringt Nachteile. Über diese Fakten kann sich
wohl niemand hinwegmogeln.

Dieses Ungleichgewicht ist nicht deshalb zustande gekommen, weil Frauen weniger tüchtig oder intelligent sind
als Männer, sondern ganz einfach aus ihrer unterschiedlichen biologischen Position heraus. Um die Situation der

Frau besser zu verstehen, lohnt es sich zurückzublicken. Sehen wir, wie treffend Riemann historisch den Aspekt der Hysterie beschreibt: »Das Leben der Frau in unserer westlichen Kultur war früher fast ausschließlich auf den Bereich der Ehefrau, Hausfrau und Mutter beschränkt. Ihr Lebenssinn und die Rolle, die die Gesellschaft von ihr erwartete, lag in der Familie (...), im Gegensatz zum Manne, dem viel reichere Möglichkeiten für seine Selbstverwirklichung offenstanden. Dadurch bekam die Partnerbeziehung für die Frau einen anderen Stellenwert als für den Mann. Zugleich war die soziale Rolle des Mannes in vieler Hinsicht eine bevorzugte; das Männliche wurde allgemein höher bewertet, die Leistung der Frau minder eingeschätzt und bezahlt, die Frau juristisch und wirtschaftlich in Abhängigkeit gehalten. So überall benachteiligt, in ihren Entfaltungsmöglichkeiten auf Heim und Familie beschränkt, dazu gedrängt, mehr die Wunschbilder und Erwartungen der Männer und der Gesellschaft zu erfüllen als ihr eigenes Wesen, kollektiven Vorurteilen unterlegen, die ihr lange Zeit sogar die Seele absprachen und später keine eigene Sexualität zugestanden, war die Lage der Frau im Patriarchat keine beneidenswerte. Da wurde die Hysterie sozusagen die einzige Waffe der Frau, ihre Wünsche und Ansprüche gegen die übermächtige Männerwelt durchzusetzen und sich zugleich an ihr zu rächen. Man möchte fast sagen: Sie ›erfand‹ die Hysterie als das Verhalten, gegen das ›kein Kraut‹ gewachsen war, demgegenüber der Mann sich als hilflos empfand und resignierte. Hysterisches Verhalten ist so irrational, unlogisch, undurchschaubar und nicht zu fassen, daß der Mann mit seinen Mitteln der Ratio und Logik ihm gegenüber machtlos war: Was war an den Reaktionen der Frauen Absicht, was Krankheit; was war

Nicht-Wollen, was Nicht-Können; die dramatischen Szenen, die körperlichen Symptome, die Verzweiflungsausbrüche bis zu Selbstmordandrohungen, legten dem Mann Rätsel über Rätsel vor, an denen er oft genug scheiterte, wollte er nicht die ›Widerspenstige‹ mit der Peitsche Nietzsches ›zähmen‹, damit aber eine Partnerschaft endgültig zerstören. Die zur ›ehelichen Pflicht‹ herabgewürdigte Sexualität der Frau war häufig die Ursache ihrer ›Frigidität‹, mit der man wiederum ihr den schwarzen Peter zuschob. Hinter dieser Hybris des Mannes, hinter seinem Macht- und Besitzanspruch aber lag, vorsichtig gehütet und verborgen, seine tiefe Angst vor dem Weibe, vor der ›anderen Seite‹ des Lebens, die um so gefährlicher und bedrohlicher erlebt wird, je einseitiger man das Männliche vertritt und überbewertet. Mit der Genialität des Unbewußten fand die Frau das Gegengewicht gegen die männliche ›Überlegenheit‹ in der Hysterie, die zugleich Selbstverteidigung und Rache war. Es ist kein Zufall, daß im allmählich ausklingenden Patriarchat die sogenannte klassische Hysterie seltener geworden ist; eine als gleichwertig anerkannte und in ihren Entfaltungsmöglichkeiten nicht unterdrückte Frau braucht sie nicht mehr.« (Riemann, Grundformen der Angst, S. 181/182.)

Die Formen der Hysterie, oder der grenzensprengenden Verhaltensweisen, wie ich sie lieber nennen möchte, haben sich zweifellos verändert. Wir fallen zwar nicht mehr in Ohnmacht oder bleiben gelähmt im Bett liegen, aber es kann leicht geschehen, daß wir unseren gut funktionierenden Verstand beim Argumentieren vor einem Männergremium verlieren, die Hirnzellen gelähmt, zu keinem klaren Gedanken mehr fähig sind und sich der Kopf anfühlt wie ein von Füchsen aufgescheuchter Hühnerhof.

Statt in völliger Lähmung zu versinken, chauffieren wir uns eigenhändig in die Frauenklinik und kraxeln freiwillig auf den unsäglichen Gynäkologenstuhl.

Diese Geschichte tragen wir in unseren Zellen. Und wir können sie nicht von heute auf morgen abschütteln. Wen wundert's, wenn sich Frau noch immer in bezug auf den Mann definiert, keine eigene Identität besitzt, sondern wie ein Trabant um das Zentrum Sonne herumkreist!

Gerade der gesellschaftliche Aspekt macht die Entstehungsgeschichte, die zur Herausbildung eines grenzensprengenden Psychogramms führt, deutlich. Sie zeigt die Sackgasse, in die Frauen allein durch die Diagnose »Hysterie« hineingerieten. Hysteria, das griechische Wort für Gebärmutter, als verbale patriachalische Waffe, gegen die die Frau sich nicht verteidigen konnte. Als hysterische Frau bezeichnet zu werden ist auch heute noch vernichtend. Sich vehement dagegen zu wehren ist absolut zwecklos, der berechtigte Empörungsimpuls wird ihr sofort als hysterisches Verhalten ausgelegt und richtet sich somit wieder gegen sie. Die ist ja »nur« hysterisch, bedeutet, sie spinnt, sie ist nicht zurechnungsfähig, nicht ernst zu nehmen. Und wir erahnen, daß das Bild, nach dem eine Frau auch in der heutigen Zeit sein sollte, noch immer von Eigenschaften geprägt wird wie Fügsamkeit, Anpassungs- und Unterdrückungsbereitschaft.

Die weibliche grenzensprengende Persönlichkeit kämpft unbewußt gegen Rollenzwänge, gegen alle ihre Freiheit unterdrückenden Vorschriften, Regeln und Einrichtungen. Sie sprengt die sie einengenden Fesseln mit einer derartigen Wucht weg, daß die grenzensetzende Realität ebenso hinweggefegt wird. Und das hat für die Frau verhehrende Folgen. Sie gerät in eine völlige Orientierungslosigkeit. »Sie hat durchgedreht.« In einer solchen Verfassung ist alles, was eine Frau äußert, falsch. Der Mann kann der scheinbaren Unlogik nicht folgen und versteht die inneren Zusammenhänge nicht. Meist läßt er sie einfach ins Leere laufen. Und die Frau dreht sich wie ein Hamster im Rad. Und da sie niemand ernst nimmt, ihr zuhört, ist keine abbremsende Reibungsfläche vorhanden, kein Widerstand da, der die Bewegung durch neue Impulse in eine Richtung lenkt, wo sich die Frau wieder orientieren könnte.

Das Patriarchat ist noch lange nicht durch eine humane Form des Miteinanders, der Gleichberechtigung und Gleichstellung von Mann und Frau abgelöst. Die Herren der Schöpfung wahren ihre Pfründe. Sie halten an ihren Vorrechten fest und verteidigen sie: Die Frau sei dem Manne untertan. IHM stets zu Diensten. Ob sie IHM die häusliche Infrastruktur karriereunterstützend aufrechterhält, IHN als intelligente Sekretärin in seiner Mittelmäßigkeit stützt und den Kaderposten ermöglicht und sichert oder sein Auge zur stetigen Minne und sexuellem Appetit stimuliert, besonders wenn die eigene Jugendlichkeit allmählich schwindet – das weibliche Wesen ist universal verwendbar.

Der weibliche Lebenslauf in unserer Gesellschaft ist ein einzigartiger Hürdenlauf. Jede Lebensphase schraubt die Latte noch etwas höher. Und es gibt leider noch wenig Frauen, die uns als Vorbilder neue Perspektiven eröffnen und gazellenhaft, flohleicht über Hindernisse hüpfen und hinterher auch noch Applaus ernten. Hingegen müssen wir immer wieder mit ansehen, wie starken, mutigen Frauen eins übergebraten wird oder wie tüchtige Frauen auf der Stelle treten.

Auch meine Mutter war eine tüchtige Frau. Hochintelligent. Und meisterte erfolgreich ein sehr schweres Leben. Aber sie war mir nie Vorbild. Ich wollte immer anders werden als sie. Obwohl sie ihre ganze Kraft und ihre Intelligenz einsetzte, fleißig und unermüdlich arbeitete, kam sie auf keinen grünen Zweig. Sie leistete das Optimale und kassierte dafür das Geringste. Sie rangierte auf unterstem sozialem Status, an letzter Stelle. Während unterdurchschnittlich begabte Männer es schaffen, sich irgendwo in einer beruflichen Position zu etablieren, hohes Ansehen für ihre Unfähigkeit genießen, gut verdienen, versicherungstechnisch nach allen Himmelsrichtungen abgesichert sind und im Alter anständig von ihrer Rente leben können.

Ich führe ein völlig anderes Leben als meine Mutter. Vordergründig erinnert nichts an sie. Aber der Schein trügt. Nachdem ich ihren Nachruf verfaßte, wurde ich nachdenklich: Es hätte mein eigener sein können. Ich sagte meinen Töchtern, sie könnten bei meinem Ableben der Einfachheit halber den Nachruf meiner Mutter übernehmen, lediglich die Daten seien zu ändern.

So schnell werden wir unsere Geschichte nicht los! Auch wenn wir niemals so wie unsere Mütter werden wollten, wirkt ihre unattraktive Rolle als Negativ-Vorbild.

Das grenzensprengende Psychogramm wird wohl noch lange nicht erlöst sein. Es ist noch immer die weibliche Antwort auf das zu enge Kostüm, auf das Korsett, das uns, unseren Müttern, Großmüttern und Urgroßmüttern verpaßt wurde.

Und die Herren der Schöpfung werden sich nicht freiwillig von ihren Privilegien trennen, genausowenig wie dies Politiker tun. Sie werden uns unsere Rechte nicht als Geburtstagsgeschenk zurückgeben. Wir müssen uns alles selbst zurückholen. Millimeterarbeit. Nicht indem wir in den Chor der ewig jammernden Opferlämmer anklagend einstimmen. Sondern indem wir die Zügel selbst in die Hand nehmen: Analyse unserer Geschichte! Umdenken! Solidarisieren! Handeln! Setzen wir zum großen Sprung an! Raus aus dem Opferstatus. Bündeln wir unsere Intelligenz und unsere Kraft zusammen! Wir sind in der Überzahl. Damit haben wir alles in der Hand! Wenn wir uns verändern, verändert sich die Welt – muß sie sich verändern.

Wie Prinzipienreiter über Beziehungshürden springen

Der Kontrollierte wird vor allem in jenen Bereichen Schwierigkeiten bekommen, die sich nicht durch Vorschriften ordnen lassen. Deshalb ist für ihn die Liebesbeziehung zu einem anderen Menschen besonders konfliktanfällig. Am liebsten würde er eine Beziehung vertraglich regeln, wie etwa ein Miet- oder Arbeitsverhältnis. Sein Liebesleben verläuft stur nach Fahrplan: zweimal wöchentlich, jeweils nach den Tagesthemen. Unzimperlich. Ohne Vorspiel. Siebenundzwanzig Anschläge in zehn Sekunden. Nach zweieinhalb Minuten ist die Sache erledigt. Auch experimentierfreudig ist er nicht. Im Leben wie im Lieben traditionell, Neues ausprobieren mag er nicht, damit ist zu viel Unsicherheit, Unberechenbarkeit und Risiko verbunden. Er steuert wie der Distanzierte ohne jegliches Vorspiel direkt aufs Ziel los. Für die Partnerin, die wahrscheinlich mit erheblichen Anteilen eines grenzensprengenden Psychogramms ausgerüstet ist und vor allem das sie umwerbende Spiel sucht, ist jedes körperliche Zusammensein mit einem solchen Mann eine maßlose Enttäuschung. Diese wird sie in ihrem eigenen Interesse zunächst überspielen, später zu bühnenreifen Tragödien inszenieren – was den ordnend-kontrollierten Mann weder zu beeindrucken vermag noch dazu motiviert, mit besonders phantasievollen Ovationen aufzuwarten. Im Gegenteil. Er beantwortet das Gefühlshafte der Partnerin mit zynischem Kommentar und macht sie lächerlich.

Beziehungsschwierigkeiten gibt es für ihn nicht. Er ordnet, regelt, verwaltet, managt, organisiert, verfügt. Eine unzufriedene Ehefrau, die sich mehr Zeit für Gespräche mit ihrem Partner wünscht, bleibt mit ihren Bedürfnissen im Regen stehen. Der ordnend-kontrollierte Mann quittiert allfällige Beziehungskalamitäten mit erhöhtem Einsatz im Beruf. Er transformiert das Unglück der Ehefrau in die berufliche Leistungsebene, was ihm wiederum für seine Karriere nützlich ist.

Für eine Frau mit grenzensprengendem Psychogramm ist die Beziehung zu einem ordnend-kontrollierten Mann eine Dauerkränkung. Fritz Riemann bringt es auf den Punkt: »Der hysterische Mensch liebt die Liebe. Er liebt sie wie alles, was ihn in seinem Selbstwertgefühl zu steigern vermag: den Rausch, die Ekstase, die Leidenschaft; er steigert sich in Höhepunkte des Erlebens. (...) Grenzüberschreitendes Erleben zieht ihn an; aber nicht wie beim Depressiven (*Nähesuchenden*, Anm. d. Autorin) als Ich-Aufgabe, sondern bei ihm in der Ich-Weitung, gleichsam in der Apotheose (Verherrlichung, Anm. d. Autorin) des Ichs. Suchte der Depressive in der die Ich-Grenze auflösenden Hingabe und in symbiotischer Verschmelzung, über sich hinaus zu transzendieren, so sucht der hysterische Mensch sich zu steigern in einer Erlebnisintensität, die ihn über sich selbst hinauswachsen läßt.« (Riemann, Grundformen der Angst, S. 163.)

Die Frau mit grenzensprengenden Wesenszügen und mit ihrem drängenden Wunsch nach Selbstbestätigung wird in der Partnerschaft mit einem kontrollierten Mann nicht auf ihre Rechnung kommen. Er wird ihr vieles andere geben können, was ebenfalls eine große Anziehung ausmacht, wie Beständigkeit, ordnende Sicherheit, Orientierung – aber keine Selbstbestätigung. Da aber für diesen Typ Frau Bewunderung und Applaus das wichtigste Lebenselixier ist, wird sie mit einem ordnend-kontrollierten Partner allmählich vertrocknen wie eine Pflanze, die kein Wasser mehr bekommt. Die trockene Nüchternheit des Partners läßt ihre Lebensfreude allmählich versickern. Und sie wird ihre Tragödie stets in neuen Darstellungen zum Ausdruck bringen, was den Partner im Laufe des Zusammenlebens immer weniger erreicht, höchstens dazu veranlaßt, seine Emotionen noch stärker unter Kontrolle zu halten, er sich also noch mehr zurücknimmt und sich gegen Erwartungen und Wünsche der Partnerin abschottet.

Von außen betrachtet sieht es so aus, als ob die grenzensprengende Persönlichkeit nicht ohne den Ordnend-Kontrollierten existieren könnte, der in ihr chaotisches Leben Halt und Orientierung hineinbringt. Der Schein trügt. Zweifellos ist es für die Frau mit grenzensprengender Persönlichkeitsstruktur sehr wichtig, vom Partner die ihr fehlenden Grenzen gesetzt zu bekommen. Gleichermaßen ist für den Mann mit ordnend-kontrolliertem Psychogramm die Ergänzung durch das grenzensprengende Element ebenso unentbehrlich. Da beim Mann mit ordnend-kontrolliertem Psychogramm die Gefühlswelt eingekerkert und unter Verschluß ist, benötigt er dringend jemanden, der (die) stellvertretend für ihn die verbotenen Impulse zum Ausdruck bringt, sie lebt und befreit. Die durch eiserne Vorschriften geregelte oder gar erstarrte Welt des Ordnend-Kontrollierten wird durch die grenzensprengende Persönlichkeit in Bewegung gebracht und aufgeknackt.

Die Anziehungskraft des Ordinären

Dem Erhabenen, als Gegenpol zum Ordinären, fühlt sich der ordnend-kontrollierte Mann in besonderer Weise verpflichtet. Mit tausend Verbotstafeln im Kopf blendet er all jene Lebensbereiche aus, die er als anstößig, anrüchig oder unmoralisch bewertet. Gerade im sprachlichen Ausdruck zeigt sich sein einwandfrei funktionierendes Kontrollsystem sehr eindrücklich. Keine unerwartet aufflammenden Emotionen, die jäh dazwischenfauchen. Er flucht weder unbekümmert drauflos, noch stochert er assoziativ in Erklärungen herum und krümelt passende Worte zusammen. Er spricht druckreif, gereinigt von Unebenheiten, je nach sozialem Status und Bildung: auf kommunalpolitischer Ebene und auf Vereinsniveau etwas zähflüssiger, mit zahlreichen Substantiven, ohne Verben zu konjugieren, oder in olympischen Kadersphären mit geschliffener Wendigkeit. Die inneren Verbotstafeln stoppen sämtliche Wortträger negativer Gefühlssubstanzen. Bei so viel Bemühen um Sauberkeit und Hygiene ist Dasein aseptisch, von unreinen Gefühlssubstanzen freigeschrubbt, und es herrscht ein Klima wie in einem Operationssaal. Die Gefühlswelt liegt narkotisiert, überwacht von gewissenhaften Anästhesisten. Ist es da verwunderlich, wenn sich ein sol-

cher Typ Mann auch im Sprachlichen unbewußt die ergänzende andere Welt in einer geeigneten Entsprechung
sucht?

Partnerinnen solcher Herren nehmen in der Regel kein
Blatt vor den Mund. Sie nennen die Dinge beim Namen,
drastisch, reden, wie ihnen der Schnabel gewachsen ist,
und breiten sich hemmungslos in irgendeinem hinterwäld-
lerischen Dialekt aus. Nicht selten schütteln Freunde, Bekannte und vor allem Verwandte den Kopf.

Da Frauen mit grenzensprengendem Psychogramm ein
unkompliziertes Verhältnis zu Gefühlen wie Wut, Empörung oder gar Zorn haben, sorgen sie auch im Aggressions-
bereich für Ausgleich. Werden sie von derartigen Empfindungen heimgesucht, geben sie diesen unverzüglich, wo
auch gerade immer, Ausdruck. Einen unpassenden Moment gibt es für sie nicht.

Ganz im Gegensatz zum ordnend-kontrollierten Mann.
Alles, was in Richtung Aggression zielt, wird erfolgreich
unterdrückt. Das heißt, er weiß oft nicht einmal, daß er
solche Gefühle hat. Noch bevor sie sein Gemüt in Aufruhr
versetzen, werden die Störenfriede schnellstens eingefro-
ren oder die allfällige Spannung über sarkastische Bemerkungen, intellektuelle Bandwurmerklärungen und sonstige Hirnakrobatik abgeführt. Aggressives Gefühlsmate-
rial ist für ihn viel zu gefährlich und könnte leicht außer
Kontrolle geraten.

Beim Autofahren jedoch kann man, wie auch beim Distanzierten, eine leise Ahnung davon bekommen, was sich
in ihm an gewaltiger Wutenergie zusammenballt. Da kann
es durchaus geschehen, daß sich das Zurückgedrängte via
jähem Durchdrücken des Gaspedals entlädt. Seine Aktionen sind zwar meist waghalsig, aber in der Regel hat er die

Situation fest im Griff. Auf der Straße gehört er zu den großen Pädagogen, die sich stets um den Fahrstil der anderen kümmern und die vielen Voll- und Halbidioten, die Senilen und die Doofen in ihrer Unfähigkeit kommentieren und stets damit beschäftigt ist, Nacherziehungslektionen zu erteilen.

Der ordnend-kontrollierte Mann neigt allerdings zum Jähzorn, zum »jähen Zorn«, wo er dem inneren Druck nicht mehr standhalten kann, es sämtliche Sicherungen herausjagt und ein gewaltiges Unwetter losbricht. Hinterher bedauert er diesen Vorfall, vergißt ihn so schnell wie möglich, was denjenigen, die unmittelbar davon betroffen sind, weniger gut gelingt. Und er wird sich selbst weiterhin als durchaus friedlichen, aggressionsfreien Menschen fehleinschätzen. Er hat in seinem Kopf eine klare Bewertung, an die er sich hält: Negative Gefühle zu haben, geschweige denn sie auch noch auszudrücken, ist primitiv und weit unter seiner Würde. So einfach ist das. Nun kann kein Mensch durchs Leben wandern, ohne mit solchen Gefühlen in Berührung zu kommen. Sie gehören einfach dazu. Mehr noch. Sie haben eine wichtige Funktion. Sie sorgen dafür, daß der Mensch aus seinem Gefühlsbereich immer wieder deutliche Zeichen erhält, die ihn darauf aufmerksam machen, wenn sich etwas für ihn Ungünstiges abzuzeichnen beginnt. Der Ausdruck davon ist ein Lösungsversuch.

Der Kontrollierte, der diese Impulse unter Verschluß hält, ist also dringend darauf angewiesen, daß er irgend jemanden findet, der ihm als Ventil dient, um das Zurückgestaute stellvertretend loszuwerden. Gefühle, die nicht wahrgenommen werden, lösen sich grundsätzlich nicht in Luft auf. Sie suchen sich einen Ausdrucksträger, um aus dem Verlies des Abgeschobenen erlöst zu werden. Eine geeignete Partnerin ist für ihn deshalb überlebenswichtig. Seismographisch nimmt sie seine für ihn unbekannten Gefühle auf, steht ihm als Breitleinwand zur Verfügung, damit er all das Verdrängte projizieren kann. Selbstverständlich ist das kein bewußter Vorgang, ist also auch nicht etwas, was der Kontrollierte absichtlich macht. In Beziehungskonstellationen Ordnend-Kontrollierter-Grenzensprengende wird die grenzensprengende Persönlichkeit die ungelebten Gefühle des Kontrollierten übernehmen und unermüdlich für einen Druckausgleich in seiner Seele sorgen. Und während sich der Kontrollierte in seinem Polsterstuhl zurücklehnt, um die unlogischen Gefühlsäußerungen der Partnerin zu sezieren, zu analysieren, und sich nicht selten darüber lustig macht, erleidet die grenzensprengende Persönlichkeit die dargestellten Gefühle, wird völlig orientierungslos und geht durch tausend Höllen. Stellvertretend für ihn. Die grenzensprengende Persönlichkeit wirkt geradezu psychohygienisch für den Ordnend-Kontrollierten. Statt dafür Anerkennung zu erhalten oder mit einem Orden für diese Gefühls-Schwerstarbeit ausgezeichnet zu werden, bekommt sie die wenig schmeichelhafte Bezeichung »hysterisches Weib«.

Auch im sexuellen Bereich erlöst die grenzensprengende Persönlichkeit den ordnend-kontrollierten Mann aus seinen Fesseln. Nach außen stellt es sich allerdings auch hier ganz anders dar: Ein properer Herr neigt sich zu der im Gefühlssumpf darbenden Frau hinunter, als besondere Spielart hinter der Maske des Helfenden, um die Gefallene auf einen anständigen Weg zu bringen. Seine Bedürftigkeit bleibt unsichtbar. Ist es doch er, der dringend ihrer Hilfe bedarf, um sich endlich durch die Reisekundige in die unteren Etagen zu wagen.

Diese Frauen spüren oft instinktiv, daß es am einfachsten ist, für Triebwünsche, die außerhalb seiner Werteskala liegen, rituelle Handlungen und Regeln einzuführen. Das Ritual hebt schlagartig die innere Verbotstafel auf, wird zur Vorschrift, die eingehalten werden muß, und gibt ihm somit die Erlaubnis. Speziell im Bereich der Sexualität finden wir oft solche erlaubten Übertretungen, ob in der Prostitution als streng geregelte Sado-Maso-Spielchen oder im Alltag.

Hans lebte seit einigen Jahren mit Renate zusammen. Renate, eine Mischung aus grenzensprengender und nähesuchender Persönlichkeit, fühlte sich vom ordnend-kontrollierten Hans wunderbar ergänzt. Zunächst jedenfalls. Sie hatte aus einer verschlüsselten Diskussion herausgefunden, daß Hans zwar an Analverkehr interessiert ist, dies jedoch niemals wagen würde auszuleben. Da sie ebenfalls neugierig war, spürte sie intuitiv, daß es Hans nur innerhalb eines Rituals wagen würde. Sie führte Weihnachten, Ostern und seinen Geburtstag im September als die besonderen sexuellen Experimentier-Tage ein, an denen alles, was für ihn sonst verboten war, erlaubt war. Als die Beziehung im Laufe der Jahre schlechter und auch die Intimitäten spärlicher wurden, hielt er sich stur an diese speziellen Rituale und bestand darauf. Sie trennte sich schließlich von ihm, nicht ohne ihm vorher eine dramatische Szene serviert zu haben.

Wie jedes Jahr, so auch in ihrem letzten, das sie gemeinsam verbrachten, fuhren sie im September nach Siena. Hans, zwar recht wohlhabend, aber äußerst sparsam, legte größten Wert darauf, stets im gleichen und billigsten Hotel zu logieren. Hans führte auf allen Reisen stets ein kleines

Notizbuch mit, um detailliert über sämtliche Ausgaben Buch zu führen, die allesamt säuberlich notiert wurden, je eine Spalte für sie und ihn sowie eine für gemeinsame Auslagen. Nach Abschluß der Reise rechnete er alles auf Heller und Pfennig aus. Allein diese Regelung war für Renate eine Beleidigung. Für eine Frau mit grenzensprengendem Psychogramm ist es bereits eine immense Kränkung, wenn der Geliebte nicht bereit ist, alles nur erdenklich mögliche zu unternehmen, um sie auf Händen zu tragen! Nichts sollte ihm zu teuer für sie sein! In allem braucht sie Bestätigung und das Gefühl, einmalig zu sein. Zudem war sie selbst in Gelddingen unkompliziert und äußerst großzügig.

Die Tage waren unerwartet kühl. Das billige Hotel ungeheizt, und Renate holte sich eine Erkältung. Sie besorgte sich Hustentropfen, die sie aus dem gemeinsamen Portemonnaie bezahlte. Hans hatte bereits sein Notizbuch gezückt, wollte den Preis der Hustentropfen erfahren, um ihn in ihrer Kolonne einzutragen, als sie einen Hustenanfall bekam. Renate hustete. Dann bellte sie. Und sie schrie laut und deutsch über die Köpfe der vielen Touristen hinweg, die sich auf der Piazza del campo versammelt hatten, daß sie nun restlos die Nase von ihm und seinem verfluchten Kassabuch voll hätte. Und wenn er nicht bereit ist, die aufgrund seines Hotelgeizes erfolgte Erkältung als gemeinsame Betriebsunkosten abzubuchen, dann sei sie auch nicht mehr bereit, ihm für seinen Geburtstagssonderfick zur Verfügung zu stehen. Hans war völlig schockiert. Das eine habe doch mit dem anderen nichts zu tun, argumentierte er. Es war ihm jedoch innerlich nicht möglich, die Kosten für die Hustentropfen als gemeinsame Spesen zu verbuchen – aus Prinzip.

Danach trennte sie sich von ihm – und er verstand die Welt nicht mehr.

Festhalten an falschen Entscheidungen

Ordnend-kontrollierte Persönlichkeiten sind in der Lage, ungeachtet des emotionalen Verhältnisses, Beziehungen weiterzuführen. Eine Ehe kann noch so schlecht sein, schon aus Prinzip läßt er sich nicht scheiden. Er reicht deshalb auch niemals die Scheidung ein, sondern hält an der einst getroffenen Verbindung fest – wie auch immer. Die aus Prinzip weitergeführte Ehe ist nicht nur für die Frau mit grenzensprengendem Psychogramm eine Kränkung, sondern zweifellos auch für Frauen mit anderen Wesensmerkmalen. Es sei denn, es geht einer Frau ausschließlich um den Aspekt der Sicherheit.

»Wer A sagt, muß auch B sagen«, so lautet sein Leitsatz. Wenn er schon die falsche Frau geheiratet hat, dann will er wenigstens am falschen Entschluß festhalten. Ein solcher Mann wird gewiß seine berufliche Karriere erfolgreich fortführen, flankiert von außerehelicher Zwischenverpflegung. Aushäusige Intimbeziehungen bescheren diesem Typ Mann kaum seelische Zerreißproben oder fordern ihn gar auf, sein Leben neu zu ordnen und zu organisieren. Er trennt die Welten wie in der Buchführung in Soll und Haben. Solange die Regelung der häuslichen Infrastruktur reibungslos funktioniert, gibt es für ihn keinen Grund, diese aufzuheben. Er nimmt weiterhin pünktlich zu Hause die Mahlzeiten ein und wechselt die Wäsche. Einmal die Woche eilt er zur Geliebten, jeweils donnerstags von einundzwanzig Uhr dreißig bis zwei Uhr fünfzehn. Ab drei

Uhr morgens liegt er wie frisch hingeworfener Pulverschnee aufgeräumt in seinem ehelichen Bett. Auf Geschäftsreisen nimmt er nicht die Ehefrau, sondern die Geliebte mit und hängt, je nach den finanziellen Möglichkeiten, noch eine Nacht dran. Von der Reise zurückgekehrt, gibt er die Geliebte wie ein Leihauto zurück. Beginnt die Geliebte Ansprüche an ihn zu stellen oder ihm gar Szenen zu machen, wird er sich ihrer schnellstens entledigen. Der kontrollierte Mann liebt Szenen nicht. Alles, was seiner Kontrolle entgleitet, ängstigt ihn. Er wird immer versuchen, die derartig Entgleiste, ob Ehefrau oder Geliebte, in ihre Grenzen zu zwingen, was bei einer grenzensprengenden Persönlichkeit zweifellos eine gegenteilige Wirkung provoziert. Sie fühlt sich in ihren Äußerungen und Gefühlen dadurch noch weniger verstanden und dreht deshalb noch stärker auf. Je mehr er bremst, um so weiter ufert sie aus.

Der kontrollierte Mann hat seiner grenzensprengenden Partnerin gegenüber allerdings einen großen Vorteil, den er für sich nutzt. Da er stets Herr seiner Gefühle bleibt, wirkt er auf andere sehr vernünftig und verantwortungsbewußt. Der Partnerin hingegen haftet das »Hysterische«, das »Übergeschnappte« an. Das wird sich für die Frau immer dann nachteilig auswirken, wenn dritte als Schiedsrichter die Beziehung beurteilen. Bei Trennung oder Scheidung zum Beispiel, wenn es darum geht, wer die Kinder bekommt. Der ordnend-kontrollierte Mann wirkt immer erwachsen, verantwortungsbewußt, klar und kontrolliert in seinen Argumentationen. Damit gewinnt er das Rennen. Die Frau hingegen, die sich, von Emotionen aufgeweicht, in unlogische Argumentationen verstrickt, in Beschuldigungen herumrudert, die sie unkontrolliert nach außen wirft, liefert im besten Fall das Bild eines unreifen, unvernünftigen Kindes – im schlechtesten aber einer nicht voll Zurechnungsfähigen. Und sie muß froh sein, wenn sie nicht noch unter Beihilfe eines Arztes, der selbst ein ordnend-kontrolliertes Psychogramm aufweist, in eine psychiatrische Klinik eingeliefert wird.

Diese Frau bleibt in der Beziehung mit einem ordnend-kontrollierten Mann somit immer auf der Strecke.

Buchhalterische Vaterliebe

Väter mit ordnend-kontrolliertem Psychogramm kennen in der Regel – im Gegensatz zum Distanzierten – das Geburtsdatum ihrer Kinder. Auch wissen sie, in welcher Klasse das Kind ist und vor allem, wie die Noten sind.

Daß dieser Typ Mann auch als Vater für seine Kinder nicht vor Einfühlungsvermögen strotzt, liegt auf der Hand. Eine Beziehung auf emotionaler Ebene findet mit einem solchen Vater nicht statt. Da ein Kind zunächst aber nur in dieser Ebene ansprechbar ist, findet so gut wie gar keine Begegnung statt.

Das ändert sich, wenn das Kind dem Säuglingsdasein entwächst und erziehbar wird. Sollte sich der Vater mit dem Kind beschäftigen, wird er sich eifrig um die gute Erziehung bemühen. Diese besteht vor allem darin, dem Kind Verbote beizubringen und darüber zu wachen, daß sie eingehalten werden. Er hält Zucht für Liebe. Und falls er Mehrfachvater ist, züchtigt er alle seine Kinder gleichermaßen und ist stolz darauf, alle seine Kinder gleich stark zu lieben.

Die Mutter, wahrscheinlich mit grenzensprengendem

148

Psychogramm, wird die Strenge des Vaters durch das Fehlen jeglicher verbindlicher Richtlinien ausgleichen. Was dazu führt, daß er die Schrauben noch etwas mehr anzieht.

Bei solchen Vätern findet man oft ein ausgeklügeltes Belohnungssystem für Wohlverhalten oder seinen Werten angepaßten entsprechenden Leistungen. In der Regel wird mit Geld belohnt. Das hat große Vorteile, denn damit ist exakt Buch zu führen. So werden z. B. gute Noten honoriert, für absolvierte Prüfungen, Schul- oder Studienabschlüsse werden Prämien ausgesetzt.

Das akademisch geschulte Familienoberhaupt von Familie Altreich hatte klare Richtlinien, an die es sich, gehauen oder gestochen, hielt. Als Vater von vier sehr unterschiedlichen Kindern, zwei Söhnen und zwei Töchtern, war er froh, eine unumstößliche Richtschnur in sich zu tragen.

Der akademische Studienabschluß der ältesten Tochter rangierte auf höchster Ebene und wurde mit DM 8000,– honoriert.

Die Volksschullehrer-Ausbildung des nachfolgenden Sohnes bewertete er als halbakademisch, sie wurde entsprechend mit DM 4000,– niederer eingestuft.

Die Berufslehre des jüngeren Sohnes hingegen gab gerade noch DM 3000,–.

Und die Ausbildung zur Kinderkrankenschwester lag nochmals etwas tiefer, nämlich bei DM 2000,–.

Als die jüngste Tochter die anspruchsvolle Ausbildung zur Kinderkrankenschwester erfolgreich abschloß und den entsprechenden Scheck erhielt, gab sie ihn gekränkt zurück. Sie wollte sich ihren mit viel Aufwand errungenen Abschluß nicht durch seine Entwertung vermasseln lassen.

Der gerechte Vater aber verstand nichts. Sondern war ebenfalls sehr gekränkt, und zwar zutiefst. Einfühlung läßt grüßen.

Ein anderer Vater schenkte seiner ältesten Tochter, als sie von zu Hause auszog, ein teures Daunenfederbett mit Kissen. Selbstverständlich erhielten die zwei nachfolgenden ausziehenden Kinder dasselbe, obwohl sie davon keinen Gebrauch machen konnten. Die eine trampte mit einem Rucksack nach Indien, wo sie zwei Jahre verweilte. Der Sohn machte sich als Entwicklungshelfer auf die Socken und war ständig unterwegs. Die umfangreichen Daunenfederbetten werden bei Freunden untergebracht, gelegentlich, bei deren Wohnungswechsel, müssen neue Unterbringungsmöglichkeiten gefunden werden.

Falls bei Scheidung die väterlichen Unterhaltsbeiträge für studierende Kinder ausgerechnet werden müssen, erhält man eine Ahnung von seiner schier unüberwindbaren Knausrigkeit. Da werden die Tramfahrten zur Uni gezählt, ausgerechnet, ob Monats- oder Jahresabonnement erforderlich, da werden die Mahlzeiten, die kostengünstiger in eigener Küche gebrutzelt werden können, genau ermittelt und sämtliche Lebensaktivitäten eines jungen Menschen bis ins letzte Detail errechnet: DM 1398,75. An diesem Betrag hält er fest, niemals käme er auf die Idee, etwa aufzurunden.

Endet die Unterhaltspflicht mit dem zwanzigsten oder einundzwanzigsten Lebensjahr, so nehmen es diese Väter auch hier sehr genau. Ein wohlhabender Geschäftsmann zahlte seinem Sohn bei der Volljährigkeit nicht mehr einen vollen Monat, sondern rechnete genau auf den 23. September ab.

Väter mit ordnend-kontrolliertem Psychogramm führen

genauestens Buch über die ausgegebenen Ausbildungsko-
sten ihrer Kinder und regeln alles in weiser Voraussicht.

Bei ihrem Tod ist alles geklärt. In der Regel sind auch
bereits die Todesanzeige verfaßt, die Briefumschläge
schon mit Adressen beschriftet und das Lokal für den
Leichenschmaus ausgesucht sowie die Inschrift für den
Grabstein entworfen. Falls er sich selbst für eine herausra-
gende Persönlichkeit hält, stehen Briefe und andere Doku-
mente, nach Datum säuberlich in Ordnern sortiert, zur
Veröffentlichung bereit. Kontrolle bis über den Tod hinaus. Im ganzen gesehen ist der ordnend-kontrollierte Mann
für die Frau mit grenzensprengendem Psychogramm ein
harter Brocken, gibt es doch stets einen Gewinner und
einen Verlierer. Meist gewinnt derjenige, der die gesell-
schaftlichen Normen und Werte repräsentiert. Das heißt,
daß in der Schweiz und auch in Deutschland immer der
Kontrollierte zu den Siegern gehört. In romanischen Län-
dern hingegen könnte auch mal eine grenzensprengende
Persönlichkeit gewinnen. In Italien ist eine laut jammernde
Mama eine verzweifelte, aber wertzuschätzende Mutter. In
Frankreich bleibt eine Frau, die ihre innere Not szenisch
darstellt, eine ernstzunehmende Person. Vielleicht wollte
ich deshalb nach Frankreich. Vielleicht wollte ich meine
eigene Geschichte abschütteln, vor ihr davonrennen, obwohl ich weiß, daß man sich überallhin mitnimmt.

Frauenbewegung – was Frauen bewegt

Und mit diesen Überlegungen bin ich in meiner eigenen
Geschichte gelandet. Gestrandet. Zwar ist es mir gelungen,
mir die Sorge um das zusammenkrachende Haus in Frank-

reich vom Leibe zu halten, aber dafür habe ich mir ein Stück Vergangenheit eingehandelt. Wenn ich nur Felix anrufen könnte! Das Hotelzimmer ist wie ein kleines Gefängnis. Und die Dunkelheit hängt schwer im Raum. Alte Lebensbilder ziehen schemenhaft herein, halten inne. Traumakrobatisch durchtasten. Stehenbleiben. Hinschauen:

Ein schmaler Pfad,
durch kurvenreiche Beziehungslandschaft
Beziehungskatastrophenland.
Analphabetisch
trippele ich
in steifen Stöckelschuhen
mannwärts.
Mit eingezogenem Bauch.
Verführerischem Lächeln und atemlos.
Hamsterrad. Endlosfrau,
wehschnell
durch die Zeit
zwischen die Stunden hinunterfallen.
Und durchdrehen.

Gut. Es war nicht einfach mit mir. Ich war chaotisch. Undiszipliniert. Unlogisch. Ausufernd. Ruderte in jedem Tümpel.

Ich wollte meinen zwei Kindern eine gute Mutter sein. Eine gute Mutter ist eine ordentliche Mutter. Da fängt der Tag um sieben Uhr in der Frühe an und endet abends gegen elf Uhr.

Dazwischen eilt sie wieselflink, behende und feengleich durch Raum und Zeit und erledigt allerorten alles.
Mir fehlen die Zauberschwingen.
Schwerfällig.

Flügelgestutztes Bruthennendasein.
Wochenbettdepression.
Wickeltischwelt,
verschissene Windeln
und sich wundern,
wie klein ein Leben ist.
Und alles zieht sich auf
die Größe einer Baby-Flasche zusammen.

Während ungemachte Betten mir entgegengähnen, erzähle ich den Kindern und mir selbst stundenlang Märchen, lese aus dicken Büchern vor. Jeden Tag wieder von
vorne. Hoffen, einmal so unbeschwert wie all die anderen
zu sein. So, wie all die anderen Frauen und Mütter um mich
herum. Jede zweite Woche Treppenhausreinigung. Schlaflose Nächte. Es würde mir niemals gelingen, die Treppe auf
schweizerischen Hochglanz zu polieren. Alle drei Wochen
Waschtag. Von Donnerstag 18 Uhr bis Freitag 14 Uhr. Mit
einem 12-Punkte-Reinigungsprogramm für die Wasch-
maschine, einem 8-Punkte-Programm für Waschmaschi-
nen- und Trockenraum. Weshalb muß eine Waschmaschi-
nentrommel, durch die Unmengen Wasser rauscht, hinterher nochmals gewaschen werden? Jawohl, sagte meine
Nachbarin zur Rechten. Das Wasser der vorhergehenden
Benutzerin soll abgewaschen werden. Blind fummeln mit
nassem Lappen, im hochglanzsauberen Trommelfeuer.
Hinterher polieren und nachpolieren. Metallblitze im Hirn.
Kein Wunder, denke ich, wenn Frauen durchdrehen.

In meiner verheirateten Hauszeit waren Depressionen
an der Tagesordnung – grundlos. Selbstverständlich.

Nach der Trennung fiel alles wie ein böser Traum von
mir ab. Keine Depressionen. Schluß mit innerem Über-
druck, keine Wutausbrüche, totale Orientierungslosigkeit

wich. Und erst nach vielen Jahren beginne ich den Mechanismus aufzudecken und zu begreifen.

Ich werfe mich in die Kissen und heule ein paar Runden vor mich hin. Alles erscheint mir plötzlich unsäglich traurig, dazu das durchnäßte Haus in Frankreich – und mausallein in einem Hotelzimmer.

Irgendwann schlafe ich ein.

Am nächsten Morgen geht's dann früh weiter. Zuerst ins Taxi. Dann dreimal umsteigen. Wegen Verspätung hastiger Wechsel. 300 Meter Bahnsteig, Treppe, Unterführung, beim 7. Loch wieder hoch, 1. Klasse ganz vorne, nochmals 200 Meter. Atemlos lasse ich mich in den erstbesten Sessel fallen. Alles um mich leer. Mausallein. Der zweite Fahrgast, ein gutgekleideter Herr, bleibt vor mir stehen, überprüft nochmals sein Billett und fordert mich höflich, aber bestimmt auf, den reservierten Platz zu räumen. Ordnung muß sein. Muß sein.

Später steigt ein Paar zu, eine etwa fünfunddreißigjährige Frau mit einem Siebzigjährigen. Sie ist blond, ziemlich hübsch und zurechtgemacht. Er groß, auffallende Erscheinung. Beim Gehen knickt er leicht nach vorne. Die beiden Koffer sind auf kleine Rollwagen gepackt. Sie setzen sich ins Abteil hinter mir. Ob ich will oder nicht, wohne ich über zwanzig Minuten diesem Akt zwischenmenschlicher Kommunikation bei:

»Gestern war ich noch beim Arzt. Er ist mit meinem Blutdruck sehr zufrieden.«

»Hm.«

»In meinem Alter ist das nicht selbstverständlich!«

»Hm.«

»Schau, wie schön hier der Nebel liegt!«

»Hm.«

»Die Österreicher haben viel Sorge mit dem Atomkraftwerk.«

»Hm.«

»Das ist alles dieser Tschernobyl-Dreck.«

»Hm.«

»Ich bin glücklich, daß ich das noch erleben darf und wir zusammen wegfahren.«

»Hm.«

»Gestern habe ich mir eine Leiter gekauft.«

»Hm.«

»Eine wunderschöne Leiter! Ich pass' schon auf, daß ich nicht runterfalle.«

»Hm.«

»Schau, dieser Bahnhof wurde in der Nachdampfära gebaut.«

»Hm.«

»Die Eisel-Werke haben die gebaut. Habe ich alles gut gekannt.«

»Hm.«

»Schau das an! Das hohe Haus. Alles von den Eisel-Werken!«

»Hm.«

»Das Wetter ist nicht sehr aufregend.«

»Hm.«

»Hier sind an allen Häusern die Rolläden noch unten.«

»Hm.«

»Schau, hier regnet's.«

»Hm.«

Gähnt laut: »Ich will einen Kaffee trinken.«

»Hm.«

»Dieses Land ist ein elektrisches Land.«

»Hm.«

»Schau dieses Stromnetz.«

»Hm.«

»Schau hier, die Autobahn. Schau.«

»Hm.«

»Dreispurig.«

»Hm.«

»Wenn ich mich nicht täusche, warst du in letzter Zeit in Frankreich.«

»Hm.«

»Die Franzosen sind nicht so blöd wie die Deutschen.«

»Hm.«

»Die trau'n sich mehr.«

»Hm.«

»Schau, meine neue Hose.«

»Hm.«

»Und eine neue Hose habe ich auch im Koffer.«

»Hm.«

»Beim nächsten Halt müssen wir aussteigen.«

»Hm.«

»Mein Koffer ist leichter als deiner.«

»Hm.«

Ich steige aus.

Mit Schirm unterm Arm. Plastiktüte mit Stiefeln und Handtasche über die Schulter gehängt. Lockenwicklerbild unter dem Arm. In der anderen Hand meinen kleinen Minikoffer.

In der nächsten Stadt hätte ich wieder am Bahnhof abgeholt werden sollen. Niemand ist da. Ich nehme eine Taxe und fahre zum Hotel, wo die Veranstalter für mich ein Zimmer reserviert haben. Industriezone. Die letzte Absteige. Ich stehe vor verschlossener Türe, da die Rezeption erst um siebzehn Uhr öffnet. Das Taxi ist weg. Weit und breit weder Restaurant noch Telefonkabine. Um das Unglück zu komplettieren, beginnt es in Romanen in solchen Momenten zu regnen. Hier aber regnet es nicht, nieselt nicht etwa melancholisch vom Himmel hernieder. Nein. Es gießt aus Kübeln. Zuerst stelle ich mich unter ein schiefes Vordach des Nebengebäudes, bis mich eine griesgrämige Frau anpfeift, was ich hier verloren hätte.

Aufgescheucht wie ein Huhn gehe ich los. In der einen Hand die Plastiktüte mit den auseinanderklaffenden Griffen, gleichzeitig das 50x70 Zentimeter große Bild unter den Arm geklemmt, in der anderen den Minikoffer, den Schirm versuche ich mit Achsel und Kinn festzuhalten. Da es stark windet, dreht es ihn ständig, also schließe ich ihn. Auf den Straßen bilden sich kleine Bäche. Sackhüpfen. Slalomgehen. Meine Stiefel in der unförmigen Plastiktüte hätten mir jetzt gute Dienste geleistet. Wie aber anziehen? Ich wate Richtung Stadt, von woher ich gekommen bin. In der erstbesten Kneipe mache ich halt. Ich stehe wie ein tropfender Langhaardackel in der Garderobe und setze mich patschnaß in den völlig leeren Saal, wo ich die nächsten zweieinhalb Stunden bis zur Öffnung des Hotels verbringe.

Das Zimmer. Unsäglich. Ein Loch. Eins der billigsten Sorte. Ich habe keine Zeit mehr, ein anderes zu suchen. Die Veranstaltung wird von einer autonomen Frauengruppe organisiert. Bereits am Telefon hatten sie mich auf ihre beschränkten Mittel aufmerksam gemacht. Sie wollten mich zuerst im Wohnzimmer auf der Couch einer Mitstreiterin übernachten lassen, was ich dankend ablehnte. Ich friere. Bin naß bis auf die Knochen. Und müde. Meine

Frisur ist hoffnungslos ruiniert und läßt sich nicht mehr retten.

Der Vortragsort sei ganz einfach zu finden. Wie immer ganz einfach. Dreimal links, dann zweimal rechts, dann wieder einmal links und noch dreimal rechts, beim Haus mit den dunkelroten Läden ganz scharf rechts, also nicht im rechten Winkel abbiegen und dann geradeaus, bis sich die Straße verzweige, dann führe ein kleiner Weg direkt am Haus mit dunkelgrünen, meist geschlossenen Läden vorbei, dann alles geradeaus bis vor ein fabrikähnliches Gebäude, wo ein Gerüst stünde. Das sei es dann. Es sei einfach. Ganz einfach. An diesem Abend sehe ich weder ein Haus mit dunkelroten, offenen noch eines mit dunkelgrünen, geschlossenen Läden. Ich suche. Frage. Und suche. Irgendwann lande ich in einer gottverlassenen Gegend, wo keine Menschenseele mehr auf der Straße anzutreffen ist. Ich eile wieder zurück. Das ganze von vorne. Und wieder fragen. Niemand kennt die Straße. Klar. Alle fremd hier. Gestern angekommen. Oder Durchreise. Wie ich. Ein junger Student mit Freundin ist unterwegs, zwar ebenfalls nicht ortskundig, da zu Besuch bei ihr. Die Freundin hängt verträumt an seinem Arm, will sich die Abendsymbiose nicht stören lassen. Erst nach geduldigem Zureden seinerseits gelingt es, durch den zähen Filter verliebter Bewußtseinstrübung zu dringen, ihr die Frage zu stellen, die ihr schließlich eine kleine Kinnbewegung entlockt, welche die Richtung weist. Ihr Blick hat sich in ihm niedergelassen; wonnetrunken, gottselig. Und ich auf dem Weg zu einer Frauenveranstaltung, um über die Sackgasse weiblicher Abhängigkeit und Anhänglichkeit zu sprechen.

Da werden noch einige Stürme über diese hoffende Stirn fegen, da wird der keuchende Hammerschlag Gottes herniederfahren, die Urfrauensehnsucht wie einen Granitstein zurechtmeißeln, bis die Kontur eines klaren Verstandes ans Tageslicht herausgehauen ist. Und sie begriffen hat, daß es keinen einzigen Mann auf der Welt gibt, der ihr das Glück serviert.

Endlich finde ich das fabrikähnliche Gebäude mit Gerüst. Auf dem Boden hingepinselte Pfeile führen mich hinunter in die Unterwelt, wo ich unterirdisch, fenster- und frischluftlos eine immens große feuchtkalte Halle mit vielen Frauen vorfinde. Die Veranstalterinnen begrüßen mich freudig: »Wir dachten schon, du kommst überhaupt nicht mehr.« Hier geht's unzimperlich zu.

Die Vorstandsfrauen der autonomen Frauengruppe, allesamt enorm engagiert, kassieren für ihre Arbeit Gottes Lohn und schwesterlichen Dank. Sie haben sich in diesem Kellerloch auch ein Büro eingerichtet. Jetzt bin ich beinahe froh, daß ich etwas verwittert und mitgenommen aussehe und mich nahtlos ins Drittwelt-Bühnenbild einfüge. In diesen Kreisen ist es immer ungünstig, zurechtgemacht auszusehen. Wie schnell könnte ich als elende Verräterin an der Sache Frau eingestuft werden, die sich um so lächerliche Dinge wie die der Äußerlichkeiten kümmert. Hier geht's um Inhalte. Frauen schultern statt hübscher Handtaschen geräumige Rucksäcke. Ihre Füße stecken in wetterfesten Schuhen. Sie sind mit Leib und Seele engagiert. Arbeiten unentgeltlich in Kellerlöchern. Und ich rümpfe die Nase wegen eines unkomfortablen Hotelzimmers!

In dieser Nacht kann ich wieder nicht schlafen. Heizung tickt. Wasserhahn tropft. Matratze stinkt nach Rauch und Gekotztem. Jeder Atemzug Beweis gelebter Frauensolidarität. Frauen, die zum Nulltarif im Kellerloch hausen, sich nicht kleinkriegen lassen, nebenher jobben, um die Druckkosten für die Veranstaltungsprogramme zu bezahlen, im selbstgenähten indischen Fähnchen leben, die Haare selbstgeschnitten und selbstgefärbt, selbstverständlich alleinerziehend mit zwei Kindern, neuer Freund abgesprungen, weil ihn die Kleinen nerven. Am nächsten Morgen stehe ich früh auf. Ich muß unbedingt zum Friseur. Der gestrige Regenguß hat meinen Haaren den Rest gegeben. Da ich es unpassend finde, eine der Veranstalterinnenfrauen nach der Adresse eines guten Friseurs zu fragen, suche ich mir im Telefonbuch einen heraus, der seine Filialen in allen großen Städten führt. Es würde wahrscheinlich etwas teurer werden, aber dafür hätte ich eine gewisse Qualitätsgarantie. Der Salon, Kontrastprogramm zum Frauenkeller, gestylt bis zum Klopapier, alles in den Farben schwarz, silbern und metallgrau. Kein Farbtüpfchen irgendwo, die Pflegeessenzen alle samt und sonders in silberne Flacons gefüllt. Der Figaro, ein junger, dynamischer, argentinischer, silbern gekleideter Mann, der außer ein paar Brocken deutsch, wie »Haare kaputte«, »Strahne farbere« und »schnitte« keinerlei andere Fremdsprachenkenntnisse besitzt, kümmert sich um mich. Ich versuche ihm mittels seines Wortschatzes beizubringen, was ich will. Es gelingt mir nicht. Er besteht darauf: Haare kaputte, Strahne farbere, schnitte. Da ich weder meine Haare schneiden lassen noch färben möchte, kämpfe ich zunächst. Er gibt nicht auf. Dann gebe ich mich geschlagen, fühle mich eh wie der letzte übergewichtige Bauerntrampel im hochgestylten Fitneßstudio. Es wird schon gutgehen, denke ich, schneiden kann nichts schaden und ein paar neue Strähnen ebenfalls nicht. Ich suche noch hastig ein Bild, um ihm die Farbe zu zeigen, gibt es doch ein ganz bestimmtes Blond, das ich nicht ausstehen kann. Und dann

160

lasse ich ihn machen. Aufkeimende Zweifel verscheuche ich, indem ich mich konzentriert in die Klatschzeitungen vertiefe. Ich werde zuerst in die Waschabteilung geführt, wo bereits andere versuchen, auf einer silbernen schmalen Bank das Gleichgewicht zu behalten. Die Bank ist zweifellos ein innenarchitektonisches Design-Meisterwerk, nur sitzen kann man darauf nicht. Wir tragen alle schwarze bodenlange Plastikpellerinen ohne Ärmel und sehen aus wie kleine Mülltonnen. Auch die Waschanlage ist durchgestylt. Die metallenen, silberfarbenen Waschbecken sind ebenfalls kleine Kunstwerke und weisen keine einzige Rundung auf. Der Kopf wird wie bei einer Guillotine auf eine scharfe Kante gelegt, allerdings rückwärts. Der Stuhl aus schwarzem Metall, mit dünner, handschuhbreiter Rückenlehne, ohne seitliche Armstütze, sorgt dafür, daß die kleinen Mülltonnen wie ausgespannte Brückenpfeiler zwischen Himmel und Hölle zu schweben scheinen. Ich bin von diesen Bildern ganz fasziniert. Nur als ich an die Reihe komme, vergeht mir das Lachen schnell. Der Nacken liegt auf der Metallkante, während der Leib vollgewichtig daran hängt. Da die Farbe über dem Metallbecken aufgetragen wird, balanciere ich mindestens dreißig lange Minuten in dieser Stellung, am Kopf aufgehängt, ohne mich seitlich abzustützen. Diese Waschanlage hat mein Leben verändert. Als ich die Prozedur überstanden habe, bin ich derart erleichtert, daß mir der Rest beinahe gleichgültig ist. Gut, beim Schneiden mahne ich ein-, zweimal zur Vorsicht, was den Friseur nicht sehr beeindruckt. Zum Trocknen der Haare wird weder Rundbürste noch sonst ein lockenförderliches Hilfsmittel eingesetzt, er fährt mit großer, ausladender Dirigenten-Geste, als ob er den Auftakt zur großen symphonischen Soiree zelebriere, mit blanker Hand in meine Haare, wo er knetet, walkt, schüttelt, rüttelt, zupft, rupft, zerrt, drückt und nestelt. Ich protestiere. Er versteht kein Wort. Eine junge rabenschwarz gekleidete Kollegin mit rabenschwarz geschminkten Lippen taucht auf, die auch ganz gut deutsch spricht. Sie erklärt mir, daß es ihnen strikt untersagt sei, anders als mit den Händen zu arbeiten, das unterscheide sie eben von anderen, den gewöhnlichen Salons – während der junge Mann weitere virtuose Finger-übungen auf meinem Kopf macht. Inzwischen sind die Haare trocken und die Farbe sichtbar: Es ist genau dieses mir zutiefst verhaßte uringelbe Ohrenschmalzblond. Ich bin erschüttert, bezahle den stolzen Preis. Und gehe.

Szenenwechsel. Gegen Mittag im Frauenbuchladen. Ich sitze auf einer blaugestrichenen Kiste und signiere auf einem kanariengelben Küchentisch. Mittagessen im La-den. Rohkost. Gespräche. Fragen. Und noch ein Blumen-strauß. Wage nicht, ein Taxi zu bestellen. Auto keines vorhanden, da das einzige vorgestern schlappgemacht hat, wahrscheinlich für immer. Schleppe Minikoffer, Plastik-sack, Lockenwickler-Bild, Schirm und Blumenstrauß zu Fuß zum Bahnhof. Vielleicht sollte ich mir doch einen geräumigen Rucksack anschaffen, wo ich den ganzen Müll hineinstopfen kann. Dann zwei Stunden Holperkurs. Um-steigen. Direktbus zum Flughafen.

Den Blumenstrauß übergebe ich der Dame an der Infor-mation. Das Bild lasse ich diskret in der Damentoilette stehen. Ein junges Mädchen springt mir hinterher und überbringt es mir freundlich. So schnell werde ich wohl das Kunstwerk nicht loswerden. Die Maschine hat etwas Ver-spätung. Das Bild ist zu groß, um es in der Ablage zu verstauen, also stelle ich es vor mich hin. Dafür kann ich meine Beine nicht mehr bewegen.

Von Einfühlsamen und Anhänglichen

Hingabe bis zur Selbstaufgabe

Vom Flughafen geht es mit der Taxe zum Hotel. Ich befürchte, daß ich auch diesmal wieder in einer Bruchbude lande. Der Name des Hotels »Zum goldenen Hahn« vermag mir kein allzu großes Vertrauen einzuflößen. Als ich das Hotel erblicke, sackt mir das letzte Restchen an Zuversicht zusammen.

Der Taxichauffeur hält an. Ich umfasse seinen Arm, flehe ihn eindringlich an, nicht wegzufahren: »Bitte verlassen Sie mich nicht!« Er verspricht zu warten, damit ich zuerst die Qualität der Absteige überprüfen kann. Ich lasse alles, samt Handtasche, im Auto und nähere mich vorsichtig der Eingangstüre. Dort hängt ein Zettel, der allfällige Hotelgäste darüber informiert, wie sie in das Innere dieses Hauses gelangen könnten: Dreimal kurz und zweimal lang klingeln. Diese Sorte nebenamtlich geführter Pensionen kenne ich! Aufgeschreckt laufe ich zum Auto zurück, steige hastig ein und sage dem Taxifahrer, er solle rasch wegfahren und mich ins beste Hotel bringen. Da er am Flughafen stationiert ist, sei er hier nicht ortskundig, läßt er mich wissen, aber er bringe mich zu seinen Kollegen am Bahnhof, die würden mir weiterhelfen. Ich werde umgebettet.

Dann fahre ich mit dem neuen Taxifahrer los. Er ist sehr

freundlich und beschwichtigt mich, daß ich ganz beruhigt sein könne, er würde sich persönlich darum kümmern, daß ich in einem guten Hotel untergebracht werde. Beinahe symphonische Klänge! Oder ein schlechter Witz? Jemand, der mich nicht kennt, sorgt sich um mein Wohlbefinden! Ich, die über alles Pflegeleichte. Handlich im Gebrauch. In allen Lebenslagen. Frohnatur. Ob Ritt durch eheliche Beziehungswüste oder Ochsentour durch Deutschlands schlechteste Hotels, unbequemste Friseurstühle oder als zufällig hingespültes Strandgut in hermetisch abgedichteten Flugwartehallen, wo atmen überflüssig, da eh keine Luft vorhanden ist. Lediglich mit einer Schicht Zusatzfett als Pufferzone abgepolstert.

Auf der Fahrt erfahre ich vom Taxifahrer, er habe sonst Nachtdienst, da er die Kinder tagsüber hüte. Alleinerziehend. Die Ex-Frau Alkoholikerin. Jahrelang habe er die Hoffnung nicht aufgegeben und stets zu ihr gehalten. Aber eines Tages wollte sie nicht mehr. Mitten in seiner Erzählung hält er an. Wir sind angekommen, und ich traue meinen Augen nicht. Ich bin wieder vor dem »Goldenen Hahn« gelandet. Dies sei das beste Hotel hier. Ich bin kurz davor durchzudrehen. Er beruhigt mich, spricht zu mir wie zu einem Kind, das vor dem Zahnarzt Angst hat. Er bringt mich bis an die Türe, klingelt dreimal kurz und zweimal lang und wartet mit mir, bis eine etwas verschlafene Frau im ausgewaschenen Trainingsanzug öffnet. Man hatte mich bereits früher erwartet. Ich steige in den Lift. Das sehr schöne Zimmer haut mich beinahe um. Es stehen bereits Blumen auf dem Tisch mit einem kleinen Willkommensgruß der Veranstalter und dem Hinweis, daß ich noch für ein telefonisches Radiointerview zur Verfügung stehen sollte. Langsam beginne ich an meinem Wahrnehmungssystem zu zweifeln. Bevor ich Zeit habe, darüber nachzudenken, meldet sich der Sender. Live. Mir bleibt weder Zeit zu zweifeln noch eine Runde im Bett zu drehen. Obwohl ich mit meinen Haaren wenig zu tun habe – kann ich doch machen, was ich will, nichts hält; sie streben borstenartig himmelwärts –, muß ich mich dennoch beeilen. Ich werde netterweise abgeholt. Zu Fuß geht es dann ein paar Minuten durch die Stadt. Ich schreite recht unbeschwert und froh darüber, daß ich dieses Mal den Weg nicht suchen muß, neben meiner Begleiterin her, als sie mir eröffnet, sie müsse mir offen und ehrlich gestehen, daß sie mit meinen Büchern wenig anfangen könne. Aber sie hätten sich im Vorstand des Frauenforums dennoch durchgerungen und sich für mich entschieden, weil sie wieder einmal ein volles Haus haben wollten. Nach diesem offenen Wort schreite ich nicht mehr ganz so leicht und unbeschwingt neben ihr. Ich werde bei der Eingangstüre von einigen Frauen erstaunt empfangen: »Ich habe Sie mir ganz anders vorgestellt!« »Auf dem Foto sehen Sie ganz anders aus!« Kein Wunder, denke ich und lächle zurück.

Und dann stehe ich mit meinem Totalverschnitt und pißblonden Haarsträhnen vor dem Publikum und denke: Das ist der traurigste Moment meines Lebens.

Hinterher sitze ich mit einigen fabelhaften Frauen in einer Kneipe. Wir diskutieren. Ich esse genüßlich Spaghetti Carbonara – seit Tagen wieder etwas Warmes. Und dann denke ich, eigentlich gibt es doch nichts Schöneres, als herumzureisen und interessanten Menschen zu begegnen.

Am nächsten Morgen könnte ich ausschlafen. Felix ruft aber bereits um sieben an, er hat auf dem Reiseplan übersehen, daß ich erst gegen Mittag weiterreise. Da ich noch ganz verschlafen bin und mich zu wenig über seinen Anruf freue, hängt er ziemlich gekränkt wieder auf.

Ich kann nicht mehr einschlafen.

Der Veranstalter des nächsten Vortrags ist ein Buchhändler. Er bot mir an, mich direkt mit dem Auto im Hotel abzuholen, um mich zum nächsten Veranstaltungsort zu fahren. Bei der telefonischen Vorbesprechung wollte ich zunächst auf dieses gastliche Angebot nicht eingehen, da es für ihn mit Hin- und Rückfahrt mindestens fünf bis sechs Stunden Fahrt bedeutete. Er bestand darauf. Und jetzt bin ich gottfroh.

Es sind beinahe paradiesische Zustände.

Als er mich abholt, finde ich ihn auf Anhieb sehr nett, er stellt sich mir mit Vornamen vor: Klaus, und wir duzen uns gleich vertraulich. Auf der langen Fahrt kommen wir zwar schnell in ein tiefes Gespräch, nicht aber ans Ziel. Er fährt zögerlich, scheint mehr zu bremsen, als Gas zu geben. Es stört mich nicht, ich höre vor allem zu. Er lebt seit eineinhalb Jahren getrennt. Vier Kinder, drei, sechs und siebenjährige Zwillinge, die theoretisch bei der Mutter wohnen, faktisch aber doch von ihm betreut werden. Er hat sich bei seiner Mutter, die direkt über der Buchhandlung in einer Wohnung wohnt, einquartiert. So helfe ihm seine Mutter in der Kinderbetreuung, worüber er froh sei. Das Wohl der Kinder liege ihm sehr am Herzen, und er wolle alles für sie tun. Er habe sich lange geweigert, wollte sich von seiner Frau nicht trennen, die er noch immer liebe, und er könne sich ein Leben ohne sie überhaupt nicht vorstellen. Die Zwillinge habe die Frau mit in die Ehe gebracht, das mittlere Kind sei mit größter Wahrscheinlichkeit nicht von ihm. Er liebe sie dennoch alle vier, als ob es seine eigenen wären. Finanziell sei für ihn alles ein bißchen eng, seine Mutter lebe von einer kleinen Rente, die ebenfalls nicht reiche. Bis zur Trennung hätte er in seiner Ehe keine Probleme gehabt, erzählt er. Seine Frau habe in ihrem Beruf als Fotografin regelmäßig etwas dazuverdient, und als er noch die Zwillinge adoptiert hätte, seien sie eine richtig glückliche Familie gewesen, und alles sei in geregelten Bahnen verlaufen.

Dann ging seine Frau in Psychotherapie, verliebte sich in den Therapeuten und er sich in sie. Nachdem sich auch der Therapeut von seiner Frau getrennt hatte und ihr und seinen Kindern (5 und 6) die Wohnung überließ, zog er in die psychotherapeutische Praxis (1 Zimmer), wo nun auch seine Frau eingezogen ist. Für die Kinder ist kein Platz. Sie will sich aber zusammmen mit ihrem neuen Partner eine große Wohnung suchen und dann die Kinder zu sich nehmen. Da kämen dann noch größere finanzielle Belastungen auf ihn zu, meint er, beinahe zu sich selbst, und blickt auf das Rotlicht. Selbstverständlich will er sie finanziell unterstützen. Nach der Trennung begann die Frau eine Ausbildung in Körpertherapie, die er ebenfalls finanziert. Sie will Psychotherapeutin werden und mit dem neuen Partner zusammenarbeiten.

Klaus aber will auf sie warten. Wie auch immer. Er liebt sie. Er leidet sehr. Er gibt die Hoffnung nicht auf. Er ist bereit, alles auf sich zu nehmen, wenn sie bloß wieder zu ihm zurückkehrt. Der Buchhändler ist auch um mein Wohl sehr besorgt, erkundigt sich, ob ich unterwegs einen kleinen Imbiß zu mir nehmen möchte, oder eventuell erst später. Dann bringt er mich in ein zauberhaftes Hotel am Stadtrand, leicht erhöht mit Blick ins unendlich Grüne. Er hat für mich das Zimmer mit der schönsten Aussicht ausgesucht. Ein kleines Tütchen mit Pralinen erwartet mich zur Begrüßung, er habe gedacht, ein Blumenstrauß sei auf Reisen eher hinderlich. Er hat ebenfalls dafür gesorgt, daß ein paar Früchte im Zimmer sind. Der Buchhändler stellt sich ganz auf meine Wünsche und Bedürfnisse ein. Ob ich etwas Ruhe wolle. Ich will. Er verabschiedet sich, erkundigt sich, ob er für mich beim Roomservice ein kleines Abendessen bestellen solle oder ob ich vielleicht lieber nicht allein essen möchte, oder gar lieber nach der Veranstaltung. Dann würde er einen Tisch in einem Restaurant reservieren lassen.

Paradiesische Zustände. Und es gibt sie tatsächlich, diese zauberhaften Männer, die sich fürsorglich, einfühlsam, ja beinahe mütterlich um einen kümmern.

Den Rest des Nachmittags verbringe ich im Bett. Ich weiß nicht, ob ich die ganze Zeit geschlafen oder geträumt habe, jedenfalls lag ich im Paradies. Wie oft haben wir in Frauengruppen diskutiert, wehklagend die Hände über der Brust zusammengeschlagen und uns einen solchen Göttergleichen herbeigesehnt! »Solche Männer gibt es einfach nicht«, behaupteten die einen. Und die anderen meinten, es gäbe sie als höchst seltene Exemplare, deshalb schwer zu finden. Und wenn frau dann einen solchen gefunden hätte, stelle sich bald heraus, daß er entweder bei einer anderen unter Vertrag sei und dazu mit einer, die ihn schamlos ausnütze, getrennt oder geschieden lebe, für die Kinder zuständig, zeitlich total ausgelastet sei, und für die Ehemalige müsse er noch ein Schweinegeld hinblättern. Kurzformel: Solche Männer werden immer ausgenützt, lassen sich bis auf die Knochen demütigen, darben oft lebenslang als Galeerenhäftlinge im Beziehungsvollzug.

Der zärtlichste aller Liebhaber

Dieser Typ Mann ist nach meinen Recherchen tatsächlich nicht sehr oft anzutreffen, und entsprechend bleibt der Wunsch vieler Frauen nach einem liebevollen, mit Zartgefühl ausgerüsteten Mann offen. Der Nähesuchende ist das männliche Pendant zu Schwester Hannelore. Dieser Mann lebt voller Hingabe und selbstvergessen für die Bedürfnisse der Partnerin. Er erobert eine Frau nicht, sondern macht sich für sie unentbehrlich! – Immer zur Hand. Nichts ist ihm zuviel. Kleinere Gefälligkeiten im Haus. Verstopfte Toilette. Tropfender Wasserhahn. Touring-Schnelleinsatz. Morgens. In der Früh um sieben. Zur Winterszeit, wenn die verdammte Kiste einfach nicht anspringt. Pflegerische Einsätze für Hund und Katze sowie Erledigung von sämtlichen Kinkerlitzchen. Ebenso allzeit einsatzbereit bei größeren Aktionen aller Art, einen vergessenen Koffer quer durchs Land per Auto nachbringen. Er wittert intuitiv. Taucht just in jenem Moment auf, wo Hilfe not tut. Er ist wie eine Mutter, die andere umsorgt und sich dabei selbst in den Hintergrund stellt. Oder gar vergißt. Sein größter Trumpf ist seine Fähigkeit, sich fürsorglich und liebevoll um andere zu kümmern.

Das weibliche Gegenpsychogramm ist das der Distanzierten. Sie hat wie das männliche Pendant keinen Zugang zu ihrer Gefühlswelt, ihre weibliche Gefühlsseite liegt tiefgefroren im Schatten, sie wirkt kühl bis schroff und abweisend oder gar »männlich«, macht ihre Eigendrehungen, ungeachtet der Bedürfnisse und Wünsche anderer. Wirkt autonom und selbständig, grenzt sich gnadenlos ab. Forderungen, die an sie gestellt werden, nimmt sie nicht zur Kenntnis. Zu anderen hält sie Distanz. Das, was ihr fehlt, hat Bruder Klaus im Übermaß. Es ist deshalb nicht verwunderlich, wenn sich diese beiden gegenseitig anziehen. Für Bruder Klaus gibt es mit einer solchen Frau viel zu tun. Und er läßt nichts ungetan. Verwöhnt, sorgt und pflegt, liest ihr jeden Wunsch von den Augen ab. Er wird zwar dadurch die für ihn so bedeutende seelische Nähe mit ihr nicht erleben, aber als Gegenleistung erhält er die Gewißheit, daß er für sie unentbehrlich ist. Das ist die abstrakte Form des sich Verbundenseins. Und das muß ihm denn auch genügen.

Sie konsumiert seine Pflege und Fürsorge, ohne ihn auch nur einen Millimeter in ihre Seele einzulassen. Sie bleibt ihrer eigenen Gefühlswelt und derjenigen anderer gegenüber verschlossen.

Das ist der Mann, der sich bis aufs Hemd ausbeuten läßt, der sich auch mal von einer Frau zusammenschlagen läßt. Und nicht zurückschlägt. – Und von allen wird er herzhaft bemitleidet, was er dann allerdings sehr genießen kann. Da es viel weniger Frauen mit distanziertem Psychogramm gibt als Männer, im Gegenzug aber sehr viel weniger Männer mit nähesuchendem Psychogramm als Frauen, ist diese Kombination nicht allzuoft anzutreffen.

Wenn wir also selbst eher Wesenszüge von Schwester Hannelore oder des grenzensprengenden Psychogramms aufweisen, müssen wir uns nicht wundern, wenn wir niemals einem himmlischen Bruder Klaus begegnen. Und sollten wir einen derartigen kennenlernen, nehmen wir ihn zwar en passant zur Kenntnis, aber als Mann übt er keine besondere Anziehung auf uns aus. Es kann sogar sein, daß er uns mit seiner Hilfsbereitschaft gehörig auf die Nerven geht oder wir ihn gar als abstoßend erleben. Zuviel Ähnlichkeit. Das menschliche Wesen schaut nicht gerne in den

Spiegel, der ihm die eigenen Schwächen unverhohlen zurückspiegelt – oder noch vergrößert. Es ist, als wenn sich zwei positiv geladene Magnetfelder begegnen: Sie stoßen sich gegenseitig ab. Frauen mit nähesuchendem Psychogramm wünschen sich zwar einen Mann, der sie verwöhnt, ergreifen aber vor diesem Typ Mann unbewußt die Flucht. Sie wundern sich und beklagen sich bei der besten Freundin, daß sie nie einen derart Wunderbaren ergattern. Während die Distanzierte überhaupt nicht nach ihm suchen muß: Bruder Klaus steht bereits mit seiner Werkzeugkiste vor ihrer Tür.

Der Nähesuchende ist wohl der einzige Mann, der sich in der Liebe wirklich hingeben kann. Für ihn ist Zärtlichkeit, wie für die meisten Frauen, sehr wichtig. Und wahrscheinlich sind Männer mit nähesuchendem Psychogramm als einzige in der Lage, wirkliche seelische Intimität zuzulassen und zu leben. Er hat keine Berührungsangst zu Gefühlen, nimmt seine eigenen wahr und kennt sich bestens darin aus. Er hat Sinn für Romantik und läßt es diesbezüglich an nichts fehlen. Der Nähesuchende läßt sich in der Liebe viel Zeit, ein langes, zärtliches Vorspiel ist ihm selbst ein Bedürfnis, flankiert von wunderschöner Musik, Kerzenlicht und erlesenen Duftessenzen. Er zitiert im passenden Moment Heine, Goethe, Rilke oder gar eigene lyrische Ergüsse. Er würde den Geburtstag seiner Partnerin niemals vergessen, oder den Hochzeitstag oder den Tag, an dem sie sich kennengelernt haben. Er streut Rosenblätter, rollt den roten Teppich aus, verwöhnt die Auserwählte mit Geschenken, die er einfühlsam für sie ausgesucht hat. Nichts ist ihm zuviel, zu teuer, zu aufwendig. Seine Briefe legen Zeugnis von seiner seelischen Tiefenempfindung ab. Das Dumme daran ist nur, daß die Auserwählte, die mit vielen distanzierten Anteilen ausgestattet ist, diese Hingabefähigkeit überhaupt nicht schätzt, es ihr gar lästig oder peinlich ist, ja, ihr angst macht und sie lieber ein kühleres Klima vorzieht. Je mehr sich die Distanzierte abgrenzt, um so mehr steigt die Hingabe- und Leidensbereitschaft des Nähesuchenden, harrt leidenschaftlich, unerfüllt sehnend aus. Dabei kann sich die Partnerin ihm gegenüber benehmen, wie sie will, ihn schroff zurückweisen und ihn verletzen. Er wird ihr alles verzeihen – wenn's denn sein muß auch einen gelegentlichen Abstecher in fremde Betten.

Das Janusgesicht des Lieben und Netten

Er selbst ist treu. Er ist viel zu sehr auf seine Partnerin fixiert (wie ja auch das weibliche Pendant des nähesuchenden Psychogramms), als daß er freudig herumstreunt und anderweitig Umschau halten würde. Er ist das, was man als »treuen Hund« bezeichnet, selbst dann, wenn ihn seine Partnerin demütigt und kränkt. Er ist ein Meister im Einstecken von Demütigungen, Kränkungen und Verletzungen und vom Aushalten unzumutbarer Zustände. Er würde sich nie oder kaum wehren oder verteidigen. Außenstehende beurteilen ihn, je nach eigener Konstitution, als gütig, geduldig, einfühlsam, hilfsbereit, außerordentlich liebesfähig oder als Trottel, Waschlappen und Feigling.

In Partnerschaften mit einem Nähesuchenden hat die Partnerin die »Hosen an«. Sie bestimmt in äußeren Belangen, wo's langgeht. Er gerät mit seinem Bedürfnis nach emotionaler Nähe leicht unter die Räder. Hat die weibliche

Nähesuchende immerhin die Möglichkeit, ihr diesbezügliches Defizit bei ihren Freundinnen auszugleichen, fehlt dem männlichen Nähesuchenden die intime seelische Nähe in Männerfreundschaften. Sein ungestillter Hunger nach seelischer Beheimatung macht ihn nicht nur anfällig für Suchtverhalten, Alkohol, übermäßigen Fernsehkonsum usw., sondern auch für Beziehungen, die es ihm ermöglichen, über den Akt des Helfens einem anderen Menschen innerlich nahezukommen. Sie wählen deshalb oft pflegende, helfende und heilende Berufe als Krankenpfleger, Ärzte, Psychotherapeuten, Sozialarbeiter. Sie geben ihr Bestes, sind mit ihrem ganzen Herzen für das, was sie tun, engagiert. Es fällt ihnen sehr schwer, sich gegen Ansprüche anderer abzugrenzen und nein zu sagen. Sie lassen sich rund um die Uhr in den Dienst anderer einspannen und erleben dabei, wie unentbehrlich sie für andere sind. Die nähesuchende Persönlichkeit genießt ihre Überbeanspruchung, zeigt es doch, wie sehr andere von ihr abhängig sind, sie brauchen und ohne sie nicht leben könnten. Sie ist besonders anfällig, ihr ohnehin nicht allzu großes Selbstbewußtsein durch das Gefühl, von anderen gebraucht zu werden, zu restaurieren. Jedenfalls beruhigt es sie. Das eigene zentrale Thema »Abhängigkeit« und »Angst vor Trennung« wird auf andere übertragen und somit unschädlich gemacht. Ihr enormes Engagement, sich für andere uneingeschränkt einzusetzen und sich um andere zu sorgen, birgt die Gefahr in sich, daß sie sich abhanden kommen. Sie vergessen, sich um ihr eigenes Wohlbefinden zu kümmern. Sie fühlen sich ausgelaugt und ausgebrannt. »Ich bin innerlich total leergefressen«, so ein fünfundfünfzigjähriger Sozialarbeiter.

Sich leer und ausgepumpt fühlen ist nicht nur ein Thema

der nähesuchenden Persönlichkeit. Alle anderen Persönlichkeitsstrukturen können ebenso davon betroffen werden. Das dahinterliegende Motiv ist allerdings unterschiedlich. Während es sich bei der nähesuchenden Persönlichkeit stets um ein Bedürfnis handelt, für andere unentbehrlich zu sein, so spielt bei anderen Persönlichkeitsstrukturen die Erklimmung oberster Erfolgssprossen die entscheidende Rolle. Für die Karriere wird alles geopfert, gigantische Kräfte werden mobilisiert und unermüdlich eingesetzt. Irgendwann ist der Bogen überspannt. Unermüdliche werden müde, sie fühlen sich ausgebrannt.

Das Burn-out-Syndrom – die unerwünschte Antwort auf unökonomischen oder gar fahrlässigen Umgang mit Energien. Im besten Falle folgt ein plötzlicher körperlicher oder psychischer Zusammenbruch, eine breitangelegte Krise, die zum Umdenken auffordert. Im schlechteren hingegen schleicht sich lautlos eine nicht genau benennbare Sinnkrise ein, mit depressiven Verstimmungen. Fehlende Lebensperspektiven lassen das ganze Leben fad, öd und leer erscheinen. Gerade Menschen, die aus ihrer gefühlsfernen Persönlichkeitsstruktur her wenig dazu neigen, Gefühlen nachzuspüren und über sich nachzudenken, haben damit größte Schwierigkeiten, Lösungen zu finden, z. B. indem sie mit einer Vertrauensperson sprechen oder therapeutische Hilfe beanspruchen.

Der Mann mit nähesuchender Persönlichkeitsstruktur wird es da leichter haben, schließlich kennt er sich im Gefühlsbereich bestens aus. Dies zeigt sich noch anderweitig. Seine überaus große Bereitschaft, sich in andere einzufühlen, auf andere einzugehen, anderen beizustehen, kombiniert mit seinem eigenen Defizit nach seelischer Beantwortung, macht ihn auch noch anfällig auf einer anderen

Ebene. Bei keiner anderen männlichen psychischen Konstellation ist seelische Verbundenheit derart nahtlos und
dicht mit Sexualität verflochten. Während sich der distanzierte und ordnend-kontrollierte Mann mühelos von seinen
sexuellen Aktivitäten abzukoppeln vermag und entsprechend problemlos mit aushäusigen Abenteuern umgeht, ist
dies für den nähesuchenden Mann nicht möglich. Läßt er
sich helfend auf einen anderen Menschen ein, so kann es
geschehen, daß die intensive seelische Nähe beinahe unmerklich in eine körperliche übergeht. Für den nähesuchenden Mann liegen tiefe seelische Empfindungen haut-
nah beim Körperlichen. Sowohl in beruflich bedingtem
Trosteinsatz als auch im Familien-, Freundes- oder Ver-
wandtenkreis plätschert seelischer Beistand unmerklich an
die Gestade körperlichen Beischlafes. Er ist zweifellos kein
chronisch geübter Seitenspringer, sondern ein lautloser
Seitenschleicher. Seine unter mangelnder seelischer Beantwortung leidende Seele tankt sich im Akt des Helfens auf,
er wird liebend − und macht Liebe. Da er nicht auf zwei
Hochzeiten tanzen kann, leidet er. Entscheidungen zu treffen, sich von einem Menschen zu trennen ist nicht seine
Sache. So ziehen sich bei ihm Affären über Jahre hin. Er
beendet sie. Fängt sie wieder an. Beendet sie erneut.

Kommt es zur Scheidung, ist dieser Typ Mann dafür
geeignet, von seiner Partnerin so richtig geschröpft zu
werden. Er bezahlt, daß ihm das Liegen weh tut und ihm
selbst nichts mehr bleibt. Es liegt ihm näher, die Anwalts-
kosten der Frau für einen hervorragenden Staranwalt zu
übernehmen, als für sich selbst einen gerissenen zu engagieren. Er kämpft nicht für sich und seine Interessen. Nicht
selten werden ihm die Kinder zugesprochen, falls nicht,
wird er dennoch viel Zeit mit ihnen verbringen oder sie gar

zu sich nehmen, um ihnen möglichst viel an Wärme und Geborgenheit angedeihen zu lassen.

Von schlaffen Säcken, Waschlappen und Feiglingen

Bei soviel Aufopferungsbereitschaft sollte es eigentlich ganz passable Väter geben. Aber das ist ein Trugschluß. Solch ein Vater ist hingebungsvoll bis zur Selbstvergessenheit – aber nur dann, wenn er alleine mit den Kindern lebt und keine Ehefrau oder Freundin Ansprüche an ihn stellt. Denn diese hat für ihn stets Priorität. Er würde nie wagen, sich gegen sie zu stellen, ihr etwa das Gefühl zu geben, die Kinder seien wichtiger.

Die Liebe zu den Kindern lebt er hinter dem Rücken der Ehefrau aus. Die Kinder wissen zwar, daß der Vater sie sehr liebt, doch die Zuneigung bleibt stets im verborgenen. Das hat für die Kinder fatale Folgen. Söhne lernen von einem solchen Vater, wie Mann nicht offen zu seinen Gefühlen steht, sondern heimlich herumdruckst, duckmäuserisch unter dem Gartenzaun durchfrißt, hintenherum Beziehungen lebt, ohne offen dazu zu stehen.

Für Töchter entstehen durch solche Väter noch schlimmere Folgen. Die Tochter spürt seine außerordentlich hohe Sensibilität und seine tiefe Zuneigung und Liebe, die er für sie empfindet. Da er aber nicht offen zu seinen Gefühlen steht, wird sie zur heimlichen Geliebten des Vaters. Sie weiß es. Sie gibt sich mit einem Augenzwinkern hinterm Rücken der Mutter zufrieden, nährt sich aus nicht Ausgesprochenem. Zugleich bemitleidet sie den Vater. In ihrer Beurteilung ist die Mutter schuld, wenn Vater nicht zu seinen Gefühlen steht und nicht deutlich sein Interesse und

seine Zuneigung zu seiner Tochter zeigt. »Sie ist eifersüchtig, und deshalb darf er sich nicht mit mir beschäftigen«,
entschuldigt sie ihn. Sie kommt nicht einmal auf die Idee,
daß sich der Vater gegen die Mutter durchsetzen könnte.

Dieses Männermodell wird ihr später bei der Partnerwahl mit verheerenden Folgen die Weichen stellen.
Schließlich ist der Vater für die Tochter der erste geliebte
Mann. Und so läuten ihr beim schwachen Mann altbe-
kannte, heimatliche Glocken: bei einem Waschlappen, der
sich irgendeiner starken Frau, z. B. seiner Mutter oder
bereits vorhandenen Ehefrau, stets unterordnet, sich ihren
Wünschen und Vorstellungen lautlos fügt, nie zu dem
steht, was er eigentlich möchte, und der sich auch nie zu
seiner Liebe offen bekennt.

Eine solche Biographie ist ein ausgezeichnetes Training,
um sich für die Rolle als heimliche Geliebte vorzubereiten.
Die Frau wird einen langen Atem haben und lange Durst-
jahre des Wartens und des Hoffens auf sich nehmen. Früh
geübt, mit Unausgesprochenem und minimalster Zuwendung auszukommen und dennoch zu wissen: »Eigentlich
liebt er nur mich.« Selbstverständlich hofft sie, daß irgendwann das Wunder geschieht und sich der Mann, den sie
liebt, zu ihr bekennt. Das öffentliche Bekenntnis würde ihr
die alten Wunden heilen helfen, denkt sie.

Die Situation sieht für solche Frauen oft ganz anders
aus. Offizielle Anlässe werden mit der Ehefrau wahrgenommen. Die heimliche Geliebte fristet in spärlichen Rand-
stunden ihr Beziehungsdasein, nährt sich von Brotkrumen,
die vom gedeckten Tisch herunterfallen. Sie verzichtet
nicht selten auf einen eigenen Freundeskreis, um selbständig etwas zu unternehmen. Sie hält sich frei – für alle Fälle.
Es könnte sich bei ihm gerade eine günstige Zeitlücke

ergeben, und die will sie mit ihm nutzen und nicht verplanen. Diese Frauen leiden oft unsäglich darunter. Und es gäbe eigentlich keinen vernünftigen Grund, dieses Arrangement auch nur für eine Stunde weiterzuführen, wären sie nicht in frühesten Jahren darauf programmiert worden. Für sie heißt der Kernsatz: Der Mann, der mich liebt, steht nicht zu seiner Liebe zu mir. Den Mann, den ich liebe, liebe ich so, daß niemand etwas merkt.

Für Kinder, die mit einem Elternteil alleine leben, ist der Nähesuchende als Bezugsperson geradezu ideal. Jedenfalls bis zur Zeit der Ablösung. Er stellt sein ganzes Leben auf die Bedürfnisse der Kinder ein. Etwas für sich zu unternehmen, vergißt er total. Das Wohlbefinden der Kinder steht an erster Stelle. Er würde deshalb auch niemals aktiv nach einer neuen Partnerin Ausschau halten, es sei denn, es ergäbe sich zufällig etwas, wie z. B. durch helfende Aktionen. Dann aber entwickelt sich sehr schnell eine Eigendynamik. Ist die Frau mit einem geeigneten distanzierten Gegenpsychogramm ausgerüstet, so wird es nicht lange dauern, bis es ihn in den Sog der Ergänzung hineinzieht. Und zwar hoffnungslos. Der nähesuchende Mann segelt mit Leichtigkeit in die Sackgasse der Hörigkeit und wird nun alles tun, um die Wünsche der Partnerin, auch solche, die er nur vermutet, zu erfüllen.

Das bringt ihn seinen Kindern gegenüber in eine mißliche Situation. Es bricht ihm fast das Herz, wenn er nicht mehr in der Lage ist, gewisse Ansprüche zu erfüllen, um sich stets den Wünschen der Kinder zur Verfügung zu stellen. In diesem Spiel aber gewinnt immer die Partnerin. Sie besitzt den größten Trumpf: das Gegenpsychogramm. Mit ihr zusammen fühlt er sich ganz, und er wird alles daransetzen, sich ihr nah zu fühlen.

Geht der Vater eine neue Partnerschaft ein, können die Töchter ein trauriges Lied davon singen. In der Regel verändert sich die Beziehung Vater–Tochter abrupt, genauer gesagt, es gibt sie überhaupt nicht mehr in der alten Form. Der Vater hat aufgehört, als Einzelwesen zu existieren, er verschmilzt mit der neuen Partnerin zu einem Eintopfgericht, und so ergibt sich eine Vater-mit-neuer-Frau–Tochter-Beziehung. Die Töchter finden keine Möglichkeit, ihren Vater auch nur eine Stunde alleine zu sehen, die neue Frau ist ständig dabei. Die Tochter erlebt die neue Partnerin des Vaters zunächst als Fremde, eine, die eindringt, stört oder, aus der Sicht des Kindes, schuld an der Trennung der Eltern ist. Der neuen Partnerin fehlt es oft an Einfühlungsvermögen, sie will den Mann für sich alleine, möglichst ohne Anhang. Sie blendet die Tatsache aus, daß ihr Partner als Vater noch andere Bindungen hat, und ist nicht bereit, ihn für die Beziehung Vater–Tochter freizugeben. Picasso-Tochter Maya erzählt: »Unterdessen hat mein Vater Jacqueline Roque geheiratet, die schirmte ihn ab. Es war wie die Berliner Mauer.« (Interview »Der Spiegel« 36/1995.) Und in diesen Verhältnissen soll die Tochter nun unbekümmert dem Vater begegnen! Was von diesen Kindern verlangt wird, ist geradezu monströs. In der Regel hat die Tochter viel zu feine Antennen, als daß sie es wagen würde, den Vater um ein Treffen ohne die Neue zu bitten. »Dann bekommt er so traurige Augen! Das kann ich ihm unmöglich antun«, meint eine Fünfzehnjährige. Für den Vater ist es wichtig, daß Friede und Eintracht zwischen den Kindern und der neuen Partnerin herrschen. Deshalb wird sich die Tochter auch bemühen, sich entsprechend zu verhalten. Eine Vierzehnjährige erzählte: »Seit mein Vater eine neue Beziehung hat, habe ich ihn nie mehr allein gesehen. Eigentlich gibt es ihn für mich nicht mehr.«

Der Vater würde nie wagen, sich dafür einzusetzen, sich mit der Tochter alleine zu treffen. Seine Angst ist viel zu groß, seine Partnerin könnte das nicht schätzen. Eine Zwölfjährige, die bei ihrem Vater und neuer Frau aufwuchs, berichtet, sie sei jeden Abend mit dem Vater im gleichen Bus heimgefahren. Von der Bushaltestelle bis zur letzten Wegbiegung habe er seinen Arm um sie gelegt: sieben Minuten im Himmel! Auf dem Reststück zum Haus seien sie wie zwei Fremde nebeneinander hergegangen.

Das ist die Kehrseite des Paradies-Mannes.

Das ängstliche Geschlecht

Während für die meisten Männer das Eingeständnis von Angst einer schrecklichen Niederlage gleichkommt und deshalb erfolgreich kaschiert wird, steht der Mann mit nähesuchender Persönlichkeitsstruktur offen dazu. Diese Offenheit macht ihn einerseits sehr verletzlich, und er kann leicht zum Gespött werden, vor allem im harschen Klima der Kraftmeierei. Andererseits gewinnt er durch seine Ehrlichkeit gerade bei Frauen viel an Sympathie und Zuneigung und wird als Gesprächspartner für Intimes sehr geschätzt. In Freundschaften stehen sie rund um die Uhr zur Verfügung. Es sind jene Freunde, die man bei Seelenkummer morgens um drei anrufen kann oder die einen ohne weiteres mitten in der Nacht auf einem entlegenen Bahnhof abholen.

Aber sie fordern dafür unausgesprochen eine Gegenleistung: Zuwendung, Anerkennung und die Gewißheit, daß sie gebraucht werden. Sie wollen in der Freundschaft gepflegt und wertgeschätzt werden und verübeln einem Nachlässigkeit sehr, wie z. B. seinen Geburtstag zu vergessen oder sich über Wochen nicht zu melden.

Als Mitarbeiter oder Chefs sind sie nicht unproblematisch. Ihre berufliche Leistungsfähigkeit hängt direkt von ihrer Befindlichkeit ab. Sind sie privat unglücklich, werden sie sich kaum im Beruf davon distanzieren können, sondern leistungsmäßig sehr beeinträchtigt sein. Geht es ihnen aber gut und fühlen sie sich geschätzt, sind sie zu Höchstleistungen fähig. Als Mitarbeiter sind sie der Arbeit ergeben und stets bemüht, den Chef bzw. die Chefin zufriedenzustellen. Ein Lob zählt mehr als Lohnaufbesserung. Sind sie selbst in der Chefposition, kämpfen sie stets gegen nagende Zweifel an ihrem Können. Oft werden sie von schweren Ängsten gepeinigt, ob sie ihrer verantwortungsvollen Position überhaupt gewachsen sind. Sie leben in ständiger Angst, sich beweisen zu müssen, vor allem anderen Mitarbeitern gegenüber, von denen sie sich leicht, was fachliches Wissen betrifft, überrundet fühlen. Der Nähesuchende kann sich in eine beinahe hoffnungslose Position hineinspiralen. Ängste, von seinem Vorgesetztenposten abgesetzt zu werden, begleiten ihn einerseits und bereiten ihm schlaflose Nächte. Andererseits ist der Gedanke daran, den verantwortungsvollen Job zu behalten, nicht minder beängstigend, und er fühlt sich zwischen Versagens- und Verlustangst hin- und hergejagt.

Beim Autofahren ist der Nähesuchende leicht vom Distanzierten und vom Kontrollierten zu unterscheiden. Während der Distanzierte angriffslustig fährt, der Kontrollierte pädagogisch korrekt mit verhaltener Aggression, fährt der typisch Nähesuchende eher ängstlich, als ob er eine Kiste Eier transportieren würde. Das heißt, er fährt nicht, sondern er bremst. Dafür ist er weniger oft in Unfälle verwickelt, es sei denn, es ramme ihn ein besonders Ungeduldiger von hinten. Er fährt also defensiv und übervorsichtig.

Es gibt nun aber bei diesem Typus noch eine besondere Spielart der Natur. Da die nähesuchende Persönlichkeit im Umgang mit Aggressionen große Schwierigkeiten hat und ihr kein geeignetes Ventil zur Verfügung steht, Dampf abzulassen, kann ihr zeitweilig ein nötigender Fahrstil dazu verhelfen, ihren inneren Druck abzureagieren. So finden sich gelegentlich lammfromme, aggressionsgehemmte, freundliche und sensible Männer erstaunlich forsch und aggressiv hinter dem Steuer. Kaum haben sie jedoch das Steuer losgelassen, verwandeln sie sich wieder in die Sanftmütigen, Einfühlsamen und Fürsorglichen.

Allein die Vorstellung an derartige wonnigliche Fürsorge-Eigenschaften läßt mir das Wasser im Munde zergehen. Leider hatte ich nie das Vergnügen, irgendwann ein näheres Verhältnis mit einem Mann dieses psychischen Zuschnittes einzugehen. Ich bin nie weder in einen fürsorgerischen noch pflegerischen Genuß geraten, was mich oft genug wütend machte. Ich habe mich immer selbst versorgt. Meinen Lindenblütentee aufgebrüht, ein schlüpfriges Hafersüppchen gekocht und mir ein Kilo Pralinen gekauft. Ich arbeitete immer auf der dienenden Schwesternseite und sorgte mich um das Wohl des Partners. Bis zum heutigen Tag.

Ich bin eben damit beschäftigt, mich für die Veranstaltung umzuziehen, da platzt Felix mit seinem Telefonanruf in den Abend hinein. Ich stehe wie ein begossener Pudel da.

»Was?« schreie ich und will seinen Worten nicht glauben;

ein Stück der Mauer ist zusammengekracht. Ein großes Loch. Ein Lastwagen, der in der nahen Baustelle Kies anbrachte, fuhr rückwärts in die Mauer. Vom Lastwagen weit und breit keine Spur. Über den Bürgermeister, dem mehr als das halbe Dorf gehört, ist nicht in Erfahrung zu bringen, welches Baugeschäft da tätig war.

»Gut«, sage ich. »Eine Mauer ist ja keine Affäre. Die mauert man einfach wieder zu.«

»Irrtum«, belehrt mich Felix. »Eine französische Mauer ist nicht einfach eine Mauer, vor allem, wenn sie uralt ist. Da müssen Spezialisten her, die verstehen dieses Handwerk noch. Sie schichten die Steine kunstvoll ineinander, damit sie ohne Zement halten.«

Ich sehe schon den Rest der endlos langen Mauer, die das ganze Grundstück säumt, wie Dominosteine umfallen. Es würde ein kleines Vermögen kosten, sie wieder aufzurichten. Felix bleibt optimistisch. Er will mich beruhigen: »Schatz, wir haben doch eine Versicherung.«

Damit erreicht er bei mir nichts. Ich bin inzwischen, was Versicherungen angeht, pessimistisch. Ich bin voller Zuversicht, daß in unserem Versicherungsschutz ausgerechnet Mauerschäden ausgeschlossen sind. Versicherungen sind lediglich dazu da, daß sich die Versicherten gesichert fühlen. Es ist das Geschäft mit der Angst. Wir bezahlen freudig die Prämie und sind dafür die Angst los. Nur wenn ein Schaden entsteht, stehen wir im Regen, die Angst fährt ein, und wir befürchten, total Pleite zu machen. Dann aber ist es bereits zu spät.

Eigentlich will ich mit Felix nicht streiten, doch ehe ich mich versehe, lande ich mitten darin. Ich erinnere ihn an früher, an das tellergroße Brandloch im Spannteppich, das durch sein Verschulden entstand. Er hatte das Feuer im

Cheminee (ein backofengroßes Loch) unbeaufsichtigt gelassen, und da rollte ein Holzscheit auf den Boden herunter. Ich meldete gelassen die Angelegenheit der Versicherung und schilderte wahrheitsgetreu den Vorgang. Ich war erstaunt darüber, wie genau sie jedes Detail wissen wollten, ob der Schaden durch das glimmende Holzstück oder durch offene, flackernde Flammen entstanden sei. Und ich staunte noch mehr, als ich erfuhr, daß die Versicherung gegen Feuer nur dann in Kraft tritt, wenn der Schaden durch sichtbar züngelnde Flammen entstanden ist. Ebenso verhält es sich mit einer Versicherung gegen Wasserschäden. Wasser ist nicht Wasser. Es kommt immer darauf an, aus welcher Richtung das Wasser in ein Gebäude eindringt. Dringt Wasser seitlich durch die Wand oder zum Fenster herein, hat der Versicherte Pech gehabt und zahlt den Schaden selbst. Kommt es hingegen zur Türe herein, ob seitlich, von oben oder gar von unten, übernimmt sie den Schaden. Am günstigsten ist es, wenn es wie der Heilige Geist durchs Dach in die Innenräume hineinsteigt. Dann zahlt die Versicherung klaglos. Solche Dinge sollte man einfach vorher wissen, um hinterher den Schadenhergang entsprechend zu modifizieren.

Felix wirft mir vor, ich würde ihm noch immer das Teppichloch vorhalten. Ich versichere ihm, daß es mir nur um die Versicherungslogik ginge. Aber es nützt alles nichts. Er ist sauer auf mich.

An diesem Veranstaltungsabend klappt hingegen alles. Der Overhead-Projektor funktioniert. Das Mikrofon hält den ganzen Abend durch. Es gibt genügend Bücher. Der Vortragsraum ist groß genug und nicht überheizt, da die Heizung defekt ist. Und ich bekomme keinen Blumenstrauß.

Von Gauklern, Schwaflern und Charmeuren

Viel Lärm um nichts

Der kommende Tag ist für mich beinahe ein freier Tag. Ich muß nicht weiterreisen, da ich ein Paarseminar durchführe.

Die Teilnehmerinnen und Teilnehmer sind schon alle versammelt, und ich will mit der Veranstaltung beginnen, als von draußen Stimmengewirr zu hören ist. Ein lautes Paar drängt sich unangemeldet noch dazu, Stühle müssen herbeigeschafft werden. Während sie sich installieren, streiten sie ungeniert weiter, das heißt, er redet unaufhaltsam auf sie ein. Dazwischen erklärt er, sie seien in einer dicken Krise und von weit her angereist. Die Krise hat sich bereits zugespitzt, und sie sind nicht mehr in der Lage, sich auf das Seminar einzulassen. Der Konfliktstoff hat sie wie ein Zweikomponenten-Kleber ineinander verkittet. Sie kommen nicht voneinander los und nehmen außer sich nichts anderes mehr wahr. Obwohl ich mich in der Mittagspause in ein separates Zimmer zurückgezogen habe, spüren mich die beiden auf und lassen nicht von mir ab. Ich solle Schiedsrichter spielen, endlich urteilen, wer recht hat. Dieser Wunsch ist durchaus verständlich, um aber Konflikte in der Partnerschaft zu lösen, ist jede Bewertung durch Drittpersonen nicht nur überflüssig, sondern hinderlich.

Konflikte entstehen wie chemische Prozesse. Jede Zutat eines Stoffes verändert die Grundsubstanz. Während die Kombination zweier Nähesuchender keine großen Reaktionen auslöst, wird es sich unverzüglich verändern, wenn sich ein Nähesuchender mit einem Distanzierten zusammentut. Wer ist nun schuld, wenn es zu Schwierigkeiten kommt? Der Distanzierte? Der Nähesuchende?

Die Partnerschaft ist grundsätzlich eine Falle. Nichts verleitet mehr dazu, den anderen für seine eigenen Schwierigkeiten verantwortlich zu machen als eine Partnerschaft. Nichts aber wirft einen unerbittlicher auf sich selbst zurück wie Schwierigkeiten in der Partnerschaft. Das ist eine unangenehme Lektion – ich weiß.

Das Streitpaar will selbstverständlich mit derartigen Aussagen nichts zu tun haben. Jeder bemüht sich, beim anderen die Fehler aufzuzeigen und diese anhand tausend kleiner Geschichten zu beweisen. Und daß ich nicht in der Lage bin, ihren Konflikt in der Mittagspause zu lösen und ihr Eheschiff wieder flottzumachen, enttäuscht sie noch zusätzlich.

Was aber hatte sich zugetragen? Das Paar ist seit sechs Jahren verheiratet. Kinderlos. Sie ist in einem großen Betrieb angestellt, wo sie die Buchhaltungsabteilung erfolgreich leitet. Er hat zuerst eine Lehre als Damenfriseur gemacht. Dann macht er sich selbständig, indem er Haarpflegemittel vertreibt. Daneben läßt er sich mehrere Erfindungen in ganz Europa und Amerika patentieren. Weder der Produkte-Vertrieb noch die Erfindungen sind von großem Erfolg gekrönt. Er verfügt über einen kaum zu überbietenden Charme und versteht, mit seiner Begeisterung anzustecken, deshalb findet er leicht immer wieder Menschen, die bereit sind, Geld in seine diversen Unternehmungen zu stecken. Da er stets verschiedene Eisen im Feuer hat, wird der mangelnde Erfolg nie unbarmherzig sichtbar. Sein neuestes Projekt will er nun ebenfalls umsetzen und Kurse unter seiner Leitung anbieten: »Erfolgreiches Management«. Er selbst ist von sich, von dem, was er macht, sehr überzeugt, und es gelingt ihm mühelos, andere für sich einzunehmen. Nur seine Frau will ihm nicht mehr uneingeschränkt applaudieren. Schließlich ist sie es, die stets die finanziellen Löcher stopft und die Geldgeber zufriedenstellt.

Daß er es mit der Treue nicht sehr genau nimmt, liegt eigentlich auf der Hand. Wo immer er aufkreuzt, ist er Mittelpunkt und Liebling der Frauen, spart er doch nicht mit hinreißenden Komplimenten. Ob er an einem Kiosk der Verkäuferin ein verbales Ständchen zelebriert oder auf dem Patentamt die Sekretärin virtuos umflirtet, er ist stets diesbezüglich in Aktion. Dabei geht es ihm weniger darum, anderen durch ein ehrlich empfundenes Wort der Anerkennung eine Freude zu bereiten, als von den damit Beglückten Applaus für seine eigene Person zu ernten – den er beinah schamlos genießt. Er spricht von Frauen grundsätzlich als »meinen Fans«, während er sich wie im Abendscheinwerferlicht auf einer Varietébühne bewegt. Es gelang ihm jedoch bis jetzt, seine Frau von der völligen Belanglosigkeit der jeweiligen Intermezzi zu überzeugen. Meist trifft dies auch zu. Jedenfalls für ihn. Nur gelegentlich erwischt es ihn. Allfällige Beweise führt er ad absurdum: Das rote Haarband und eine Damenstrumpfhose unter dem Autositz gehöre mit größter Sicherheit dem Mädchen von der Tankstelle, das die Scheiben von innen putzte. Die Nachbarin, die ihn Arm in Arm mit einem weiblichen Wesen auf einer Bank am See sitzen sah, leide unter Halluzinationen — das wisse doch jeder! Die auf seinen Namen ausgestellte Hotelrechnung für ein Doppelzimmer sei ein blankes Versehen des fehleranfälligen Computers. Der in seiner Handschrift verfaßte Liebesbrief, der in einem bereits adressierten Umschlag steckt, sei lediglich ein Entwurf zum Hochzeitstag für seine Frau, und er hätte aus reiner Spielerei statt Rose, den Namen seiner Frau, Caroline verwendet. Sie glaubte ihm stets. Glaubt ihm gerne. Nur dieses Mal vertraut sie dem, was sie sieht, mehr, als dem, was er sagt.

Sie kam nach einer firmeninternen Klausurtagung einen Abend früher unangemeldet nach Hause. Und da lag er im Ehebett. Und mit ihm die Apothekerin. Beide splitternackt. Sie machte keine Szene, sondern machte kehrt und ging wieder. Er, wie von der Tarantel gestochen, ihr hinterher. Seither ist er in Aktion: Er macht ihr heftigste Vorwürfe, sie sei an allem schuld! Er bekomme zuwenig Anerkennung von ihr, nie sage sie ihm, daß er etwas gut gemacht habe. Letzte Woche habe er zweimal die Geschirrspülmaschine ausgeräumt, und sie habe es nicht bemerkt. Das Leben mit ihr sei für ihn die reine Hölle. Sie wolle stets Ruhe, auch im Urlaub. Wenn er an die ausgestorbenen Strände denke, würde ihm jetzt schon kotzübel: »Diese entsetzliche Stille! Und niemand, der mich sieht!« seufzt er verzweifelt, daß es einem beinahe das Herz erweicht. Bei solchen Vorwürfen bleibt sie in höflich gespannter Kontrolliertheit. Sie will sich von ihm trennen. Er will nicht.

Der Mann mit grenzensprengendem Psychogramm gereicht gar mancher Frau zur Freude, vor allem, wenn er deren Weg nur kurzfristig kreuzt. Durch seinen Charme, seine beinahe kindliche Offenheit erobert er die weiblichen Herzen im Nu. Er ist ein Ausbund frisch-frecher Verführungsspielereien, schreckt vor keiner ausgefallenen Idee zurück, dem weiblichen Geschlecht unverblümt zu huldigen. Ein Wonneknochen, wie er im Buche steht. Er verspricht das Blaue vom Himmel, will lächelnd Berge versetzen, nichts scheint für ihn unmöglich.

Kein Wunder also, wenn sich vor allem diejenigen von ihm angezogen fühlen, die in einem Panzer stecken, die sich selbst unter eiserner Kontrolle halten und tausend Verbotstafeln im Kopf herumtragen. Frauen mit ordnend-kontrollierten Wesensanteilen fühlen sich durch einen solchen Mann wie aus einem Kerker befreit.

Sagenhafte und unsägliche Liebhaber

Für die grenzensprengende Persönlichkeit steht die Liebe im Mittelpunkt ihres Lebens. Nicht aber, um selbst zu lieben, sondern um möglichst vielen Menschen die Möglichkeit einzuräumen, sie zu lieben und ihr zu huldigen. Geliebt werden bedeutet für diesen Menschen, Applaus zu bekommen. Applaus für seine Person, für seine großartige Einmaligkeit. Er braucht ihn wie kaum ein anderer, ist er doch für ihn gleichsam Bestätigung seiner Existenz: Ich erhalte Applaus, also bin ich. Entgegen den Erwartungen, die sein selbstsicheres Auftreten auslöst, ist sein Selbstbewußtsein derart schwach entwickelt, daß er diese Zufuhr an Existenzbestätigung pausenlos benötigt. Er hat es nicht leicht, sich über berufliche Leistung Anerkennung und Beifall zu sichern. Auf Grund seines Psychogramms kann er seine immense Energie nicht bündeln und konzentriert auf ein Ziel ausrichten, langfristig gesteckte kommen ohnehin nicht in Frage. Er will die Resultate sofort sehen, die seiner Anstrengung folgen. Es ist für ihn viel näherliegender, Illusionen nachzugehen. Und so bleibt er oft in gigantischen Phantastereien hängen. Plant viel, setzt nichts um. Dem mühsamen Schritt, eine Idee zu konkretisieren und in die Materie zu zwingen, entflieht er, indem er dauernd neue Pläne schmiedet, für die er sich erneut begeistern kann. Künstlerische, kreative, unkonventionelle Berufe liegen ihm besonders. Und gerade in diesem Bereich wird deutlich, daß der große kreative Hirnwurf noch lange nicht genügt, um erfolgreich zu sein. Sondern daß es nur in der Kombination mit einer guten Prise aus dem ordnend-kontrollierten Psychogramm zur geglückten Synthese werden kann.

Ich kenne einige großartige Künstler, die nie zur Großartigkeit vordrangen, weil sie sich davor drückten, sich selbst auf das ordnende Prinzip einzulassen.

Pauline, die sich für die größte Malerin des ausgehenden zwanzigsten Jahrhunderts hält, sitzt seit zwanzig Jahren in einem Atelier in Paris und hofft, von der Muse geküßt zu werden. Da sie eine begabte Langschläferin und eifrige Bistrogängerin ist, nimmt sie – wenn überhaupt – erst gegen Abend einen Pinsel zur Hand. Dabei kommt so gut wie nichts heraus. Ihre Muse ist vielleicht jeden Morgen um sieben Uhr zur Stelle, wartet bis Mittag, um sie endlich zu umarmen, und da die Künstlerin nicht erscheint, zieht sie unverrichteter Dinge wieder ab. Und das seit zwanzig Jahren! Kein Wunder, wenn sich die Muse eines Tages überhaupt nicht mehr blicken läßt. Danos, der hochbegabte Musiker, den niemand kennt. Außer ihm selbst weiß niemand etwas von seiner geigerischen Virtuosität. Er müßte mehr üben, meint er achselzuckend. Aber dazu fehle ihm die Lust.

Wie viele schreibende Genies gibt es! Einige haben mir davon erzählt, von ihren großen ungeschriebenen oder halbfertigen Jahrhundert-Romanen.

Berufliche Anerkennung zu erlangen, die persönliche Eigenleistung und Anstrengung erfordern, ist für die grenzensprengende Persönlichkeit sehr schwer. Deshalb liegt es näher, die eigene Person zum applaudierten Kunstwerk zu erküren. Und wo ließe sich das besser bewerkstelligen als auf der Bühne der Liebe, auf der er die Hauptrolle spielt und seine Einmaligkeit von allen Seiten zur Bewunderung zur Verfügung stellt. »In seinen Liebesbeziehungen ist der Mensch mit hysterischen Wesenszügen daher intensiv, leidenschaftlich und fordernd. Er sucht vor allem die Bestätigung seiner selbst; er möchte sich an seiner Liebe und an der des Partners berauschen, erwartet davon Höhepunkte des Lebens. Er versteht es, eine erotische Atmosphäre zu schaffen, und kann auf vielerlei Weise bezaubern, ist oft ein Meister der Erotik. Er versteht auf diesem Instrument zu spielen; vom Flirt über die Koketterie bis zur Verführung beherrscht er alle Nuancen. Er versteht es meisterhaft, dem Partner das Gefühl der eigenen Liebenswürdigkeit zu geben, was viel zu seinem Charme und seinem Sexappeal beiträgt. Er besitzt große Suggestivkräfte, denen man sich schwer entziehen kann — das Bewußtsein seiner Vorzüge und Reize wird so überzeugend dargelegt, daß man sie ihm glauben muß. (...)

Er liebt oft die Liebe mehr als den jeweiligen Partner und möchte sie in möglichst vielen ihrer Formen und Gestalten kennenlernen, voller Neugier und Lebenshunger. Er liebt Glanz und Pracht, Feste und Feiern, er kann ›die Feste feiern wie sie fallen‹ und versteht es auch, sie zu gestalten, ist auf ihnen meist Mittelpunkt, durch Charme,

Temperament, Gewandtheit und Direktheit. Todsünde ist nur, ihn nicht liebenswert zu finden, das kann er schwer ertragen und kaum verzeihen. Man kann mit ihm ›*Pferde stehlen*‹; je sensationeller das Leben ist, um so besser – Langeweile ist mordend, und er langweilt sich leicht, wenn er allein ist. So sind sie farbige, lebendige, zugewandte Partner, spontan in ihren Gefühlsäußerungen, fähig, den Augenblick intensiv zu leben. Sie sind genußfroh, phantasiereich und verspielt. Treue ist ihnen nicht so wichtig – zumindest die eigene; heimliche Liebschaften haben einen besonderen Reiz für sie und geben ihrer romantischen Phantasie Raum.« (Riemann, Grundformen der Angst, S.164.)

Instinktiv wird er Kontakte zu Menschen suchen, die sich von seinem hinreißenden Charme bezirzen lassen und ihm offen gezollte Begeisterung entgegenbringen. Flaut die Begeisterungsbereitschaft seiner »Fans« ab, werden sie ausgemustert und ersetzt. Ein Mann mit grenzensprengendem Psychogramm wird keine Stunde länger bei einer Partnerin ausharren, die ihm keine Bewunderung mehr zollt oder nicht mehr genügend für ihn »fant«.

Da es die grenzensprengende Persönlichkeit mit der Wahrheit nicht sehr genau nimmt und über störende Unebenheiten hinwegflunkert, nimmt sie es mit der Selbsterkenntnis ebenfalls nicht sehr genau.

Er hält sich für den Größten. Daran gibt es nichts zu rütteln. Wenn auch alles dagegen spricht. So hält er sich auch für einen ausgezeichneten, die Frauen überaus beglückenden Liebhaber. Zweifellos versteht er es, große Töne zu spucken, das Blaue vom Himmel zu versprechen. Die Realität fällt hingegen eher bescheiden aus. Meine Recherchen in Frauengruppen haben anderes ergeben. Die oft lauthals vorher angekündigte tolle Liebesnacht entpuppte sich als Totalflop. Bei diesen Gesprächen ist mir aufgefallen, daß Frauen sehr viel leichter über eigene Mängel sprechen als über die des Partners. Die Bereitschaft der Frauen zu verschleiern scheint grenzenlos! Den Partner nach außen so darstellen, wie er sich das wünscht. Mehr noch. Die eigene Wahrnehmung zu verfälschen. Es ist wie eine Scheu, genau hinzusehen. Als wenn wir durch die Wahrheit den Partner zutiefst verletzen. Und das tun wir ja auch. Wenn wir nicht mehr an das glauben wollen, was er in seiner Phantasie glaubt, werden wir zu Verräterinnen. Gut. In Frauengruppen ist es jedesmal ein ordentliches Stück Arbeit, bis wir wagen, die Unzulänglichkeit des Partners beim Namen zu nennen:

»Er hat von weiblicher Anatomie nicht die geringste Ahnung, stochert mit gekrümmtem Zeigefinger in meinen Geschlechtsteilen herum, ohne nur ein einziges Mal meine Klitoris zu berühren. Er hält sich für den größten Liebhaber aller Zeiten.«

»Mein Mann spielt den leistungsstrotzenden Sexprotz. Eine große Klappe und nichts, aber auch gar nichts dahinter! Meistens ist er müde vom vielen Fernsehen oder sonst unpäßlich. Aber vor seinen Kollegen prahlt er, daß die Wände wackeln.«

»Jedesmal wenn ich ihm einen Orgasmus vorspiele, strahlt er wie ein kleiner Junge und hampelt emsig in mir weiter. Er ist davon überzeugt, daß ich mit ihm die absoluten Höhen der sexuellen Lust erklommen habe. Wenn der wüßte!«

»Ich kann ihm unmöglich zeigen, daß ich seine ›virtuosen Gitarrengriffe‹ – wie er das nennt – zum Heulen finde. Während er vergnügt in die ›Saiten‹ greift, hoffe ich auf ein schnelles Ende.«

»Mein Mann ist ein miserabler Liebhaber, einer, um es sich schnellstens abzugewöhnen!«

Eine Lehrerin erzählte, wie sie von einem jungen Kollegen mit heißesten Liebesbriefen umworben wurde. Ebenso hätte er ihr täglich prächtige Blumenbouquets überbringen lassen. Sie sei dann aber doch sehr überrascht gewesen, als sie am Ende des Monats die Rechnung zur Begleichung vom Blumengeschäft erhielt.

Eine andere Frau erzählte, nachdem sie der inbrünstigen Werbung eines Charmeurs erlegen war und sie mit ihm eine äußerst bescheidene Liebesnacht in einem von ihm ausgesuchten Luxushotel verbrachte, sei sie darüber hinaus sehr erschüttert gewesen, als sie die Zeche auch noch bezahlen mußte, da er seine Kreditkarte angeblich vergessen hatte. Trotzdem gelang es ihm, sie zu weiteren intimen Treffen zu überreden. Nachdem sie bereits zum dritten Mal bezahlt hatte, wollte sie mit ihm darüber sprechen. Er beschimpfte sie als das letzte knausrige Huhn.

Persönlichkeiten mit grenzensprengendem Psychogramm sind nicht zimperlich. In Gelddingen nehmen sie es nicht so genau. Und wer letztlich etwas zahlt, ist auch nicht so wichtig.

Und dann haben wir es doch noch gehört, das Dessertgeschichtchen, wo uns allen das Wasser im Munde zusammenlief. Von jenem Sagenhaften, der unermüdlich spielerische Zartheiten über den weiblichen Körper, einem lieblichen Wellenschlag gleich, hinweggleiten läßt. Nie langweilig ist. Immer mit neuen Ideen aufkreuzt und mit zweihundertprozentiger intuitiver Wachheit und Aufmerksamkeit den geheimsten Wünschen der Liebsten nachspürt, um ihr alles vom liebenden Auge abzulesen.

Es gibt sie.

Diese sagenumwobenen Gestalten.

Allerdings: äußerst selten.

Vor allem sehr viel weniger, als sich Männer dafür ausgeben.

Vater unser

Männer mit grenzensprengendem Psychogramm lieben es nicht, sich mit knochenharten Fakten zu konfrontieren. Sie lieben den Höhenflug, die Illusion. Lieber den Pfau auf dem Dach als den Spatz in der Hand.

Im traditionellen Sinne also durchaus für die Vaterschaft geeignet, die irgendwo als theoretisches Konstrukt in den Wolken hängt.

Dem heutigen Anforderungsprofil für den Vater, wie sich ihn Frauen für ihre Kinder wünschen, hält er nicht stand. Er liebt es nicht, Verantwortung zu übernehmen, ganz zu schweigen vom Aufgeben persönlicher Interessen zugunsten der Bedürfnisbefriedigung des Kindes.

Ein schreiender Säugling macht ihn konfus. Ein quengelndes Kind überfordert ihn. Ein trotzender Pubertierender macht ihn wütend. Ein fightender Jugendlicher übersteigt seine Kommunikationsfähigkeit. Gerade im Umgang mit Kindern zeigt es sich, ob ein Mensch in der Lage ist, von sich selbst etwas Abstand zu nehmen, die Bühne für die Pirouetten eines anderen zu räumen.

Väter mit grenzensprengendem Psychogramm sind für Kinder keine Erwachsenen, auf die Verlaß ist, die stehen bleiben, auch wenn's etwas rund zu- und hergeht. Sie lassen sich leicht in die Dynamik des Geschehens hineinziehen, agieren frisch-fröhlich mit, streiten sich um das größte Kuchenstück, den bequemsten Stuhl, den besten Platz vor dem Fernseher, wollen recht haben. Frauen mit solchen Männern zählen am besten zu den Kindern noch eines dazu, ein besonders schwieriges, das sehr viel Aufmerksamkeit verlangt und stets im Mittelpunkt stehen möchte.

Falls es einen solchen Vater gelegentlich gelüsten sollte, mit seinen Kindern zu spielen, so schickt man sie am besten hinaus ins Freie. Und überläßt sie der Natur. Schnell wird aus dem Spiel ein Handgemenge, eine kleinere oder größere Rauferei, der Vater allen voran: Zerspringende Fensterscheiben, herunterfallende Porzellanvasen gehören zum Bühnenbild. Ein solcher Vater vergißt Raum und Zeit.

Hat dieser Vater Töchter, so wird er spätestens dann großes Interesse an ihnen zeigen, wenn sie zum ansehnlichen Teenie herangewachsen sind und er mit ihnen die Disco besuchen kann. Nichts genießt er dann mehr, als wenn man ihn für ihren Freund hält.

Als späte Väter tragen sie ihre Vaterschaft wie eine Trophäe vor sich her. Stolz sind sie auf sich. Stolz auf ihren Leistungsnachweis. Das ist aber dann auch schon alles.

Das Paarseminar steht ganz und gar unter dem Zeichen des Grenzensprengenden, der beinahe mein vorgesehenes Programm in die Luft sprengt. Und das ist eigentlich immer so, wo sich Menschen mit solchem Psychogramm aufhalten. Sie bringen das Geplante durcheinander, sorgen für Aufregung und Unterhaltung, bringen erfrischende Störungen. Der junge Friseur-Unternehmer-Erfinder ist in seiner Darstellungsfreude nicht mehr zu bremsen. Während Distanzierte und Ordnend-Kontrollierte der Vorstellung wie einer exotischen Zirkusnummer folgen und es gar genießen, fühlen sich Nähesuchende durch dieses für sie oberflächlich erscheinende Geplapper gestört. Und jene, die selbst ein grenzensprengendes Psychogramm besitzen, ärgern sich über diesen bodenlosen Narzißten, der sich schamlos in den Mittelpunkt stellt – und ihnen die Schau stiehlt.

Selbstverständlich würden sie das niemals mit diesen Worten formulieren, sondern lediglich Besorgnis zeigen, da den anderen zuwenig Zeit verbleibt.

Der Friseur-Unternehmer-Erfinder will über nichts anderes mehr sprechen als über seine Angelegenheit. Er erzählt meisterhaft, szenisch, drehbuchreif Einzelheiten aus seinem ehelichen Kummer. Er tanzt in immer neuen virtuosen Schrittkombinationen um den heißen Brei, ohne ein einziges Mal über sich selbst kritisch nachzudenken und sein Verhalten zu reflektieren. Nein. Sich selbst verändern will er nicht.

Der Schaumschläger

Die Grenzensprengenden haben einen hohen Unterhaltungswert. Verantwortliche Redakteure von Talk-Shows ahnen intuitiv diese Qualität, ohne daß sie selbst von Psychogrammen eine Ahnung haben. Aber das macht auch nichts. Die Gesprächsrunden sind in der Regel so zusammengestellt, daß mindestens eine Person mit grenzensprengendem Psychogramm mit von der Partie ist. Sie sorgt für Lebendigkeit, bringt mit schillernden, unzensierten Einwürfen Farbe in analytische Eintönigkeit. Ihr ist es zu verdanken, daß abstrakte Inhalte nicht wie vertrocknete Insekten zu Staub zerfallen.

Zu welchem Erfolg sich eine grenzensprengende Persönlichkeit hinaufzuschwingen vermag, illustriert die Figur des zur Zeit bekanntesten deutschen Literaturkritikers. Sowohl Inhalt als auch Form sind ungewöhnlich. Was er sagt, haben andere vor ihm nicht zu sagen gewagt. Und wie er es sagt, ist ebenfalls ungewöhnlich. Wenn er sich über die Jämmerlichkeit eines literarischen Werkes ausläßt, dann sind das keine abstrakten Worthülsen, sondern bis ins letzte dargestellte und erlittene Pein. Er demonstriert unverkrampft hinterhältigste menschliche Regungen, transportiert bissigsten Gram und Gespött, Häme und Entwertung unvergoren, eins zu eins, direkt ins mitmenschliche Fühlzentrum. Das Geheimnis des Erfolges dieses männlichen Hysterikers liegt darin, daß er vor nichts zurückschreckt, vor keiner Abscheulichkeit haltmacht. Er läßt sämtliche Spielregeln humaner Auseinandersetzung links liegen. Die größten Scheußlichkeiten werden unzimperlich zur Schau gestellt. »Aus Mangel an Selbstkritik und Selbstkontrolle hat die Aggression hier etwas zu Impulsives; man läßt sich leicht von ihr hinreißen und geht zu weit, wie ja überhaupt das Übertreiben zu diesen Persönlichkeiten gehört. (...) Die hysterische Aggression neigt zu ›Szenen‹, bei denen man sich in eine immer größere Intensität hineinsteigert, wobei ein Stück schauspielerisch-darstellerischer Begabung angewendet wird, die deutlich auf ›Publikum‹ ausgerichtet ist. Flammende Entrüstung, pathetische Gesten und leidenschaftliche Anklagen sind typische hysterische Aggressionsäußerungen, die oft in sich zusammenfallen, wenn kein Publikum mehr vorhanden ist.« (Riemann, Grundformen der Angst, S. 171/172.)

Der fünfundsiebzigjährige Verbal-Wrestler feuert seine

Schüsse gezielt unter die Gürtellinie, auch wenn sein Opfer längst bewußtlos am Boden liegt. Hunderttausende von Fernsehzuschauern eifern bei jedem Keulenschlag in die Weichteile mit, johlen bei jedem Faustschlag aufs Nasenbein. Da wird Literatur Nebensache. Da geht es um die Wurst: Der Hysteriker lebt Gefühle stellvertretend für all diejenigen aus, die ihre nicht gesellschaftsfähigen Triebimpulse unter Verschluß halten und nie wagen würden, sie offen nach außen zur Darstellung zu bringen. Die Identifikation mit dem Aggressor erzeugt kathartische Wirkung und ist für die Beliebtheit eines Hysterikers, Wrestlers oder Boxers maßgeblich verantwortlich.

Das Ärgerliche daran ist die Geschlechtsfixierung. Würde sich eine Frau derartiges leisten, wäre sie nach der ersten bildhaften Darstellung ihrer negativen Gefühlswelt weg vom Fenster. Auch wenn sie noch so gescheit wäre.

Die Unfähigkeit, über sich selbst nachzudenken

Die grenzensprengende Persönlichkeit mag nicht über sich selbst nachdenken, schon gar nicht ein kritisches Auge auf ihr Verhalten zu werfen. Dieser Typus hält sich für den Nabel der Welt, und es käme ihm einfach nicht in den Sinn, seine Verhaltensweisen einer Selbstreflexion zu unterziehen.

Auch der Distanzierte klammert sich selbst gerne in seinen scharfen Analysen aus. Der Ordnend-Kontrollierte lebt zu sich in einem Verhältnis, in welchem er zwar seine Verhaltensweisen beobachtet, bewertet und kontrolliert. Es fehlt ihm aber weitgehend die innere Freiheit, sich auf sich selbst einzulassen, Regungen nachzuspüren, seine

Verhaltensweisen, Reaktionen und Eigenschaften wohlwollend zu bedenken. So sind denn die Möglichkeiten dieser Persönlichkeiten einer ehrlichen Begegnung mit sich selbst sehr beschränkt. Während hingegen der Nähesuchende aus dem Grübeln, Sich-in-Frage-Stellen und In-der-eigenen-Seele-nach-Fehlern-Herumstochern nicht herauskommt.

Auch unser Friseur-Unternehmer-Erfinder will nicht über sich nachdenken. Er genießt im Paarseminar vor allem von seiten der Frauen vollste Narrenfreiheit. Er wirft ungetrübt neue Netze aus, und während er sich über seine eheliche Unbill ausläßt, trinkt er jeden zwinkernden Blick in sich hinein. Nebenbei bemerkt: Er sieht phantastisch aus, nachtdunkle üppiggelockte Haarpracht mit südseeblauen Augen. (Der äußere Vorteil ist für den Erfolg des Hysterikers, andere für sich zu begeistern, nicht zwingend, was der Fall des Literaturkritikers augenfällig belegt.)

Es gelingt unserem Friseur-Unternehmer-Erfinder immer wieder, mit neuen unterhaltenden Gags aufzuwarten. Er will vieles, nur über sich nachdenken will er nicht. Er denkt lieber über andere nach. Über seine Ehefrau und was sie verändern sollte. Er springt blitzschnell in andere Paar-Konstellationen, um dort mit Rat und Handlungsanweisungen mitzumischen. Dennoch versuchen wir, im Paarseminar zu arbeiten und uns mit den Fragestellungen der Paarkonstellation auseinanderzusetzen. Um allen, auch jenen, die ungern über sich reflektieren, die Auseinandersetzung etwas schmackhafter zu machen, arbeiten wir nicht mit logischen Wortinhalten, sondern mit nicht-logischen, assoziativen Bildelementen. Jeder Teilnehmer zeichnet in das vorliegende Schema dominante Eigenschaften, Schwerpunkte, ebenso andere Auffälligkeiten oder Merkmale, die nicht besonders im Vordergrund stehen, aber dennoch vorhanden sind, ein.

So erhält jedes Paar eine graphische Übersicht ihrer Psychogramme, einmal aus der eigenen Sicht als Selbsteinschätzung, einmal aus der Sicht des Partners, als Fremdeinschätzung.

Die Selbst- und Fremdeinschätzung unseres Friseur-Unternehmer-Erfinders und seiner Partnerin zeigen die Abbildungen 1 und 1a. Es ist nun hochinteressant zu sehen, wie selbst bei Abweichungen von Selbst- und Fremdeinschätzung die Schwerpunkte durchaus übereinstimmen. Werden Selbst- und Fremdeinschätzung übereinandergeblendet, erhalten wir folgende Bilder: Die Paarkonstellation mit Schwerpunkt Grenzensprengend – Ordnend-Kontrolliert zeigt Abb. 1b.

Die Abbildungen 2 und 2a stellen die Paarkonstellation mit Schwerpunkt Distanzierter – nähesuchende Persönlichkeitsstruktur dar. Bei diesem Paar zeigt sich das Gemeinsame im ordnend-kontrollierten Bereich.

Die Abbildungen 3 und 3a zeigen eine Paarkonstellation mit Mischtypen, ihr Psychogramm mit stark besetztem Feld der grenzensprengenden Persönlichkeitsstruktur, was in seinem Psychogramm völlig fehlt.

Eine Paarkonstellation mit Mischtyp eines Partners Nähesuchende/Ordnend-Kontrollierte – Distanzierter erkennt man in den Abbildungen 4 und 4a.

Die Abbildungen 5 und 5a zeigen eine Paarkonstellation mit Mischtypen, Schwerpunkt grenzensprengende – ordnend-kontrollierte Persönlichkeitsstruktur.

Diese Graphiken sprechen für sich: Der eine hat das, was dem anderen fehlt.

Selbsteinschätzung

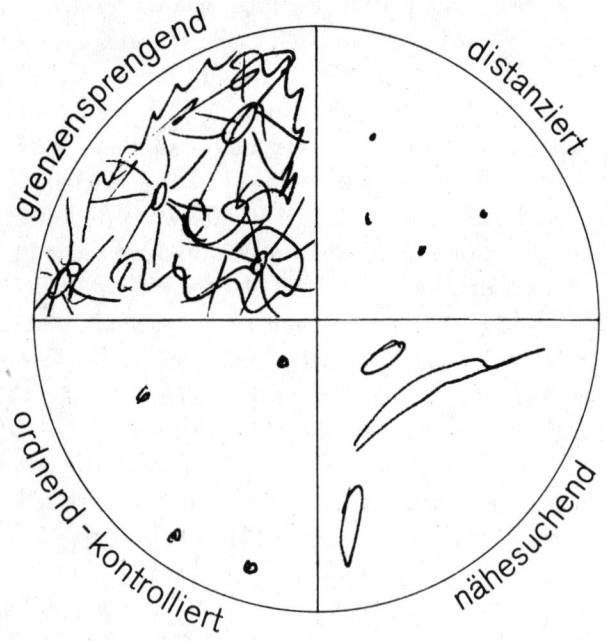

Abbildung 1: Selbst- und Fremdeinschätzung stimmen in der Bewertung »grenzensprengend« überein. Er attestiert sich selbst ordnend-kontrollierte Anteile, von denen seine Partnerin nichts sieht.

Fremdeinschätzung

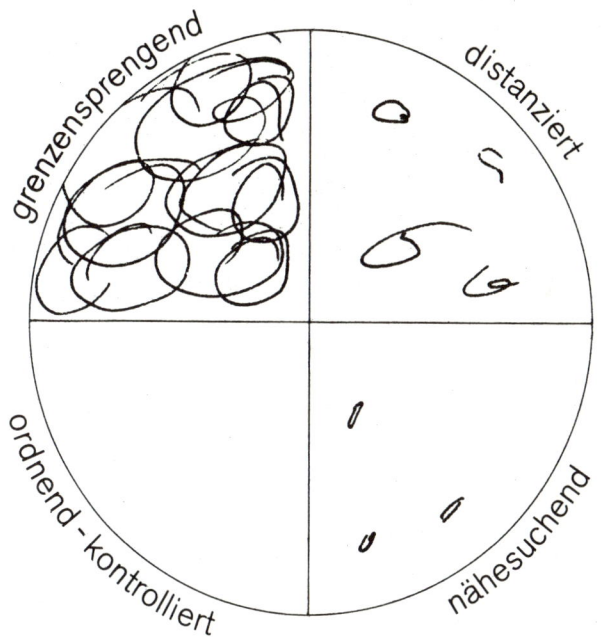

SIE

Selbsteinschätzung

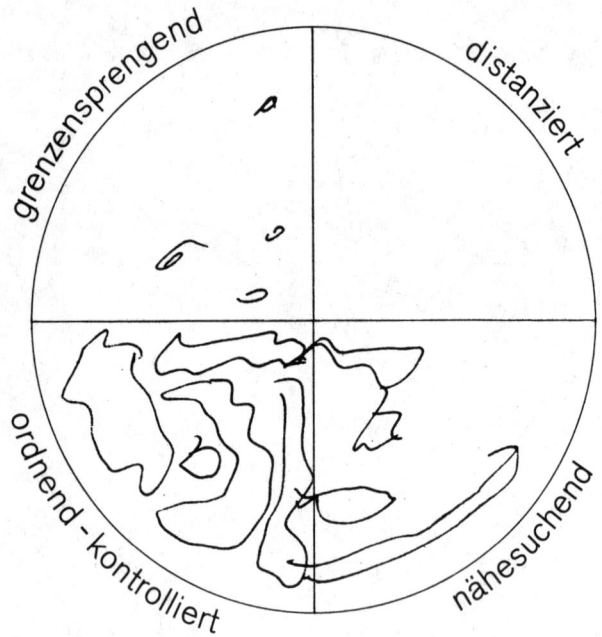

Abbildung 1a: Hier zeigt sich in der Selbst- und Fremdeinschätzung ebenfalls Übereinstimmung der Schwerpunkte: »ordnend-kontrolliert« mit erheblichen Anteilen »nähesuchend«. Unterschiedliche Beurteilung in untergeordneten Bereichen »grenzensprengend« und »distanziert«.

Fremdeinschätzung

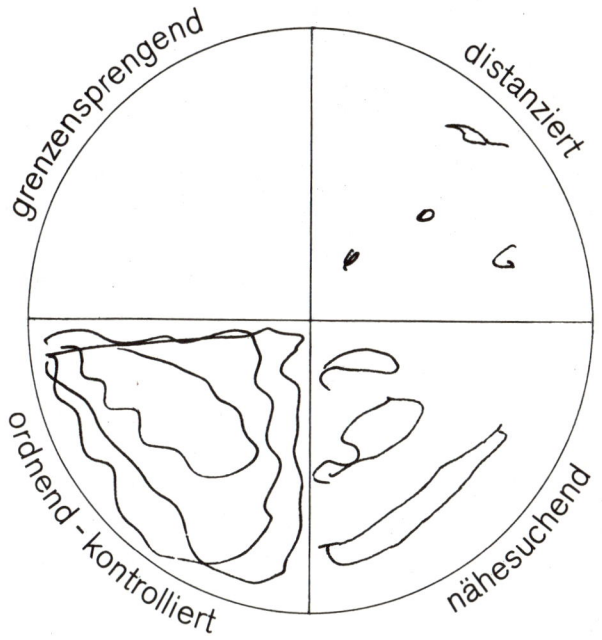

ER

Selbst- und Fremdeinschätzung
übereinandergeblendet

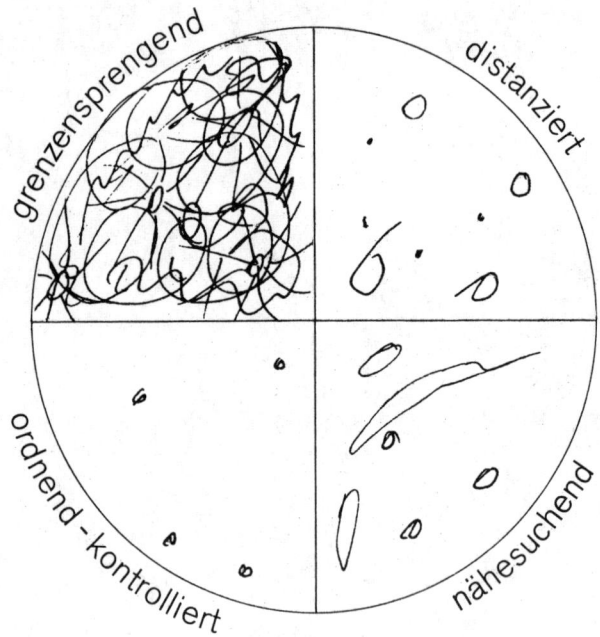

Abbildung 1b: Auch bei unterschiedlichster Selbst- und Fremdeinschätzung werden die Hauptanteile sehr deutlich.

SIE

Selbst- und Fremdeinschätzung
übereinandergeblendet

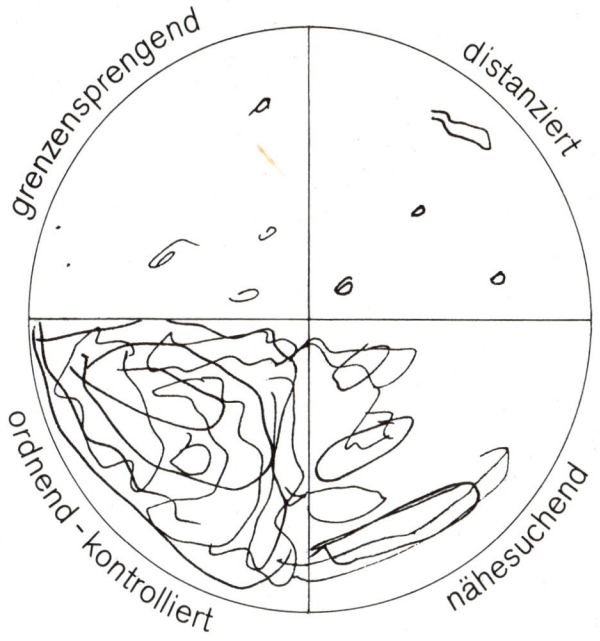

ER

Selbsteinschätzung

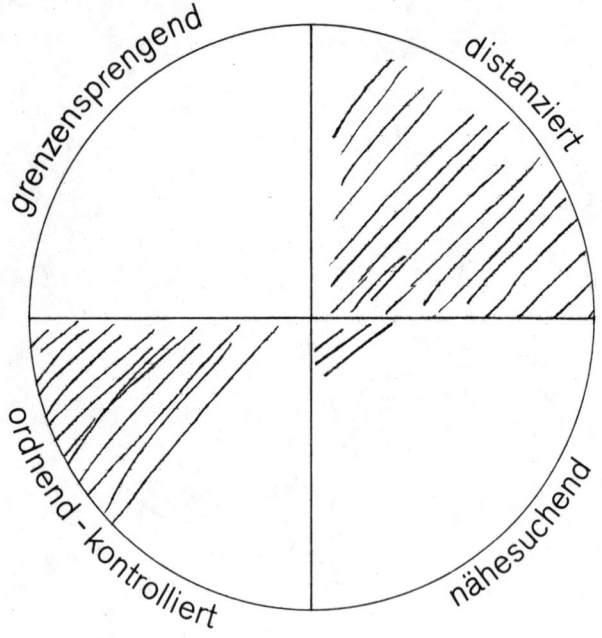

Abbildung 2: Gemeinsamkeit der ordnend-kontrollierten Anteile. In den Bereichen »nähsuchend« und »distanziert« komplementär.

SIE

Selbsteinschätzung

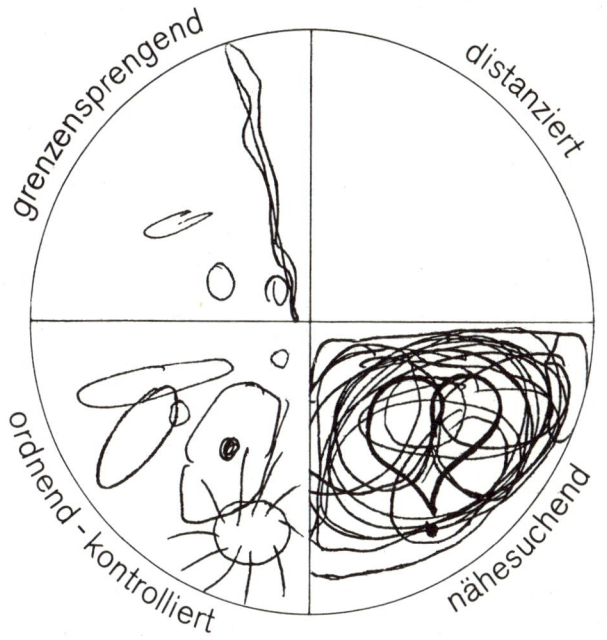

ER

Selbsteinschätzung

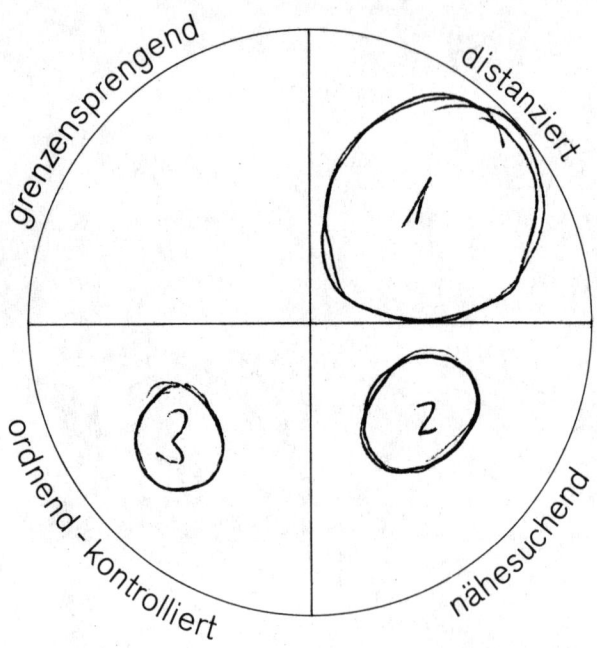

Abbildung 3: Beide Partner Mischtypen. Ihm fehlen grenzensprengende Anteile, die bei ihr dominierend sind.

SIE

Selbsteinschätzung

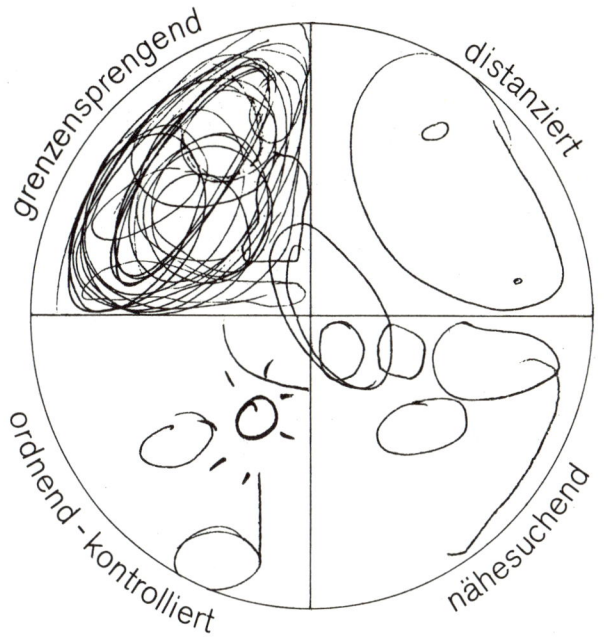

ER

Selbsteinschätzung

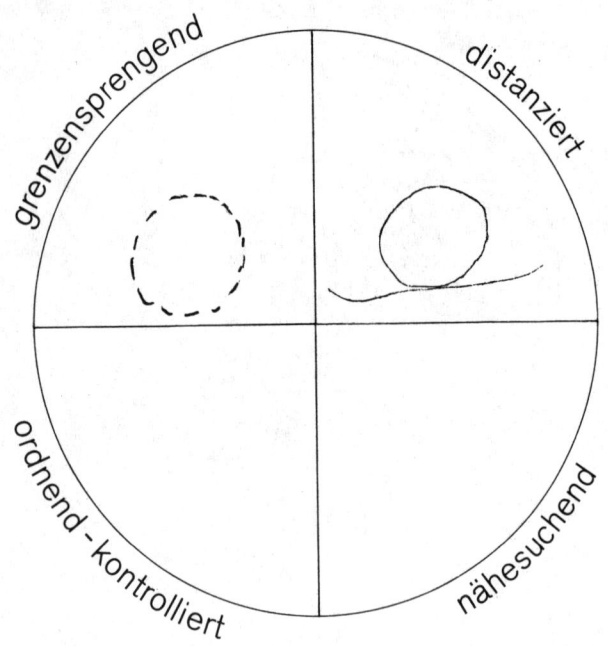

Abbildung 4: Komplementäre Mischtypen.

SIE

Selbsteinschätzung

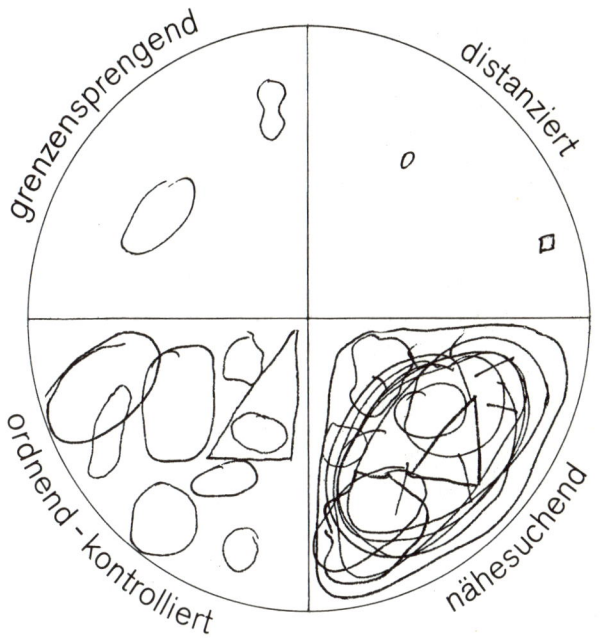

ER

Selbsteinschätzung

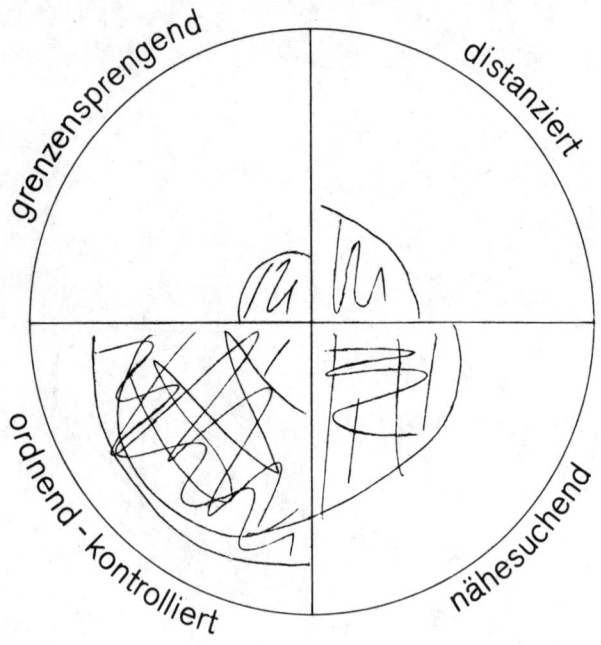

Abbildung 5: Mischtypen. Da, wo der eine etwas weniger hat, ergänzt der andere.

SIE

Selbsteinschätzung

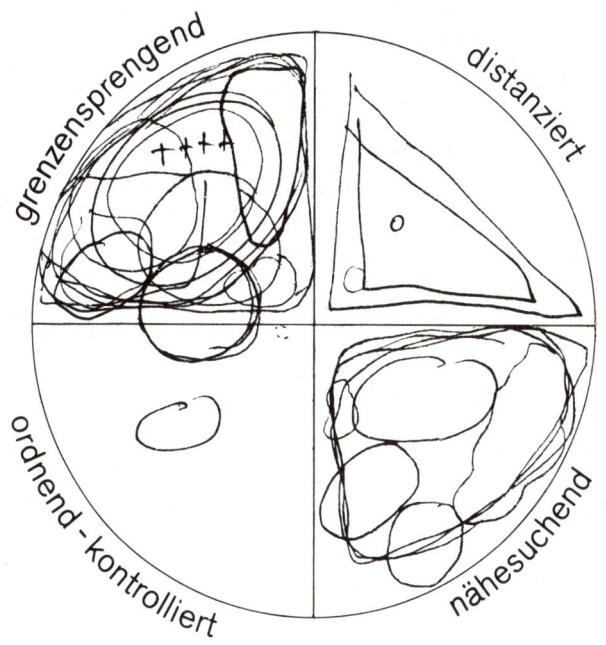

Im weiteren kann uns das Beantworten folgender Fragen zu noch mehr Klarheit über unsere Beziehungskonstellation verhelfen. Hier die Antworten des Paares Grenzensprengender/Ordnend-Kontrollierte:

1. Welche Eigenschaften wirkten zu Beginn unserer Bekanntschaft besonders anziehend auf mich?

   Sie antwortet:

   Seine Begeisterungsfähigkeit, Spontaneität und Unkompliziertheit.

   Er: *Sie wirkte auf mich wie ein Fels in der Brandung! Ein Mensch, auf den absolut Verlaß ist.*

2. Was vermisse ich inzwischen am meisten bei meiner Partnerin/meinem Partner?

   Sie: *Zuverlässigkeit, Beständigkeit, Verantwortungsbewußtsein, Ehrlichkeit, Besinnlichkeit und Ernsthaftigkeit. Und vor allem Treue.*

   Er: *Leichtigkeit und Fröhlichkeit. Freude, spontan etwas zu unternehmen. Und humorlos ist sie obendrein.*

3. Was sollte mein Partner/meine Partnerin an sich verändern?

   Sie: *Er sollte endlich einsehen, daß es so nicht weitergeht. Er sollte an sich arbeiten, eventuell eine Therapie machen, damit er nicht mehr wie ein Pubertierender hinter jedem Rock nachgeifert. Auch sollte er sein Mutterproblem endlich lösen und endlich erwachsen werden. Ich bin nicht mehr bereit, seine Flippereien mitzumachen usw. usw.*

   Er: *Sie sollte endlich ihre krankhafte Eifersucht abschütteln. Sie wittert in jeder Frau eine Konkurrenz. Das macht unsere Beziehung krank und mich dazu. Dann sollte sie endlich lockerer dem Leben gegenüber werden und von ihrer Pedanterie herunterkommen, lernen, Feste zu feiern, wie sie fallen, und nicht alles vorplanen und vororganisieren und sich gegen alle Himmelsrichtungen absichern, nur damit nichts Unvorhergesehenes geschieht. Einfach dem Leben gegenüber und allem, was es bietet, aufgeschlossener werden.*

4. Was müßte ich an mir verändern, um unsere Beziehung zu verbessern?

Sie: *Ich müßte endlich konsequent sein, seine Koffer packen und ihn hinauswerfen.*

Er: *Ich weiß nicht, was ich noch tun könnte. Schließlich habe ich auf ihren Wunsch an diesem Seminar teilgenommen.*

Es ist hochinteressant zu sehen, wie Paare ihre eigene Beziehungssituation und eine allfällige Konfliktlösung einschätzen:

1. Sie werfen sich gegenseitig jene Wesensmerkmale und Charakterzüge als Mangel vor, die der andere im Übermaß besitzt, die aber bei Beziehungsbeginn eine außerordentlich große Anziehung ausübten.
2. Die eigene Veränderungsmöglichkeit wird total ausgeblendet. Der andere sollte sich ändern. Und die Welt wäre wieder in Ordnung.

In einer Beziehung ist es äußerst schwierig, den genauen Zeitpunkt herauszufinden, den Beginn einer Veränderung festzumachen und den Moment zu erkennen, wo die Liebe begann abzukühlen. Es gibt ja Paare, denen sieht man es an, ohne ein Wort mit ihnen zu wechseln, daß sie vom blühenden Beziehungssommer bereits auf reduzierten Winterdienst umgestellt haben. Noch immer herrscht die irrige Annahme, daß es der Kinder wegen besser sei, eine solche Beziehung aufrechtzuerhalten. Wir muten Kindern zu, sich in der kargen winterlichen Landschaft in eine nicht vorhandene Sonne zu legen, um eine gesunde Hautfarbe zu erhalten. Wir wundern uns mit der Beschränktheit alleswissender Erwachsener, wenn die Wirkung ausbleibt. Später erwarten wir noch besonderen Dank von ihnen, schließlich haben wir ihretwegen ausgeharrt.

Es scheint eine menschliche Veranlagung zu sein, in der falschen Richtung nach Lösungen zu suchen. Es ist schließlich einfacher, den anderen unter die Lupe zu nehmen, ohne einen Blick in die eigene Waschküche zu werfen. Viele suchen die Fehler beim anderen, untersuchen seine Biographie nach passenden Hinweisen, oder sie fahnden detektivisch nach der Schnittstelle, wo sich die Beziehungsqualität zu verschlechtern begann.

Die Veränderung setzt bereits im ersten Moment des Sich-Kennenlernens ein, ohne daß wir es allerdings bemerken. Zu voll ist das Herz. Liebesgefühle strömen im Übermaß. Das Ergänzende zieht uns an, verspricht uns das Paradies. So wie einst. Als wir in einer Urgemeinschaft aufgehoben waren und es uns an nichts mangelte. Der Moment des Kennenlernens ist der Augenblick, wo das Gefäß voll ist. Und wenn wir nichts unternehmen, um die Liebe zu pflegen, sie zu erhalten, wird sie mit der Zeit weniger. Wenn wir konsumieren, ohne zu investieren, landen wir irgendwann in einem seichten Tümpel, wo allenfalls noch einige Erinnerungsfetzen herumschwimmen. Eine Beziehung zu konsumieren führt irgendwann ins Aus. Es kann zehn Jahre, zwanzig Jahre dauern, aber irgendwann erhalten wir die rote Karte: Das Spiel ist aus.

Was nützen uns Fragen wie: »Wann hat es angefangen?«, »Wer warf den ersten Stein?«

Menschen, die im Beziehungskonsum verharren, sehen wie alternde Säuglinge aus. Sie wollen gefüttert werden. Der andere ist für sie verantwortlich.

Da gibt es nur eins. Umdenken:

— Es ist nicht anzunehmen, daß der Partner bzw. die Partnerin zu Beginn der Beziehung ein *völlig* anderer Mensch mit *völlig* anderen Wesenszügen war. Wir verändern lediglich im Laufe des Zusammenlebens unsere Position und betrachten ihn bzw. sie aus einer anderen Perspektive.

— Am Anfang einer Beziehung besitzt die komplementäre Andersartigkeit die entscheidende Anziehung. Damit wird das andere in seinem Wert hoch geschätzt. Und wer sich wertgeschätzt fühlt, fühlt sich geliebt. Wer wertschätzt, ist liebend.

— Beziehungskonsum ohne pflegerische Eigenleistung führt dazu, daß die Faszination am Ergänzenden schwindet, bis sie schließlich ins Gegenteil kippt. Das Andersartige wird nicht mehr als besondere Qualität, sondern als besonderer Mangel und Defekt erlebt.

— Hiermit beginnt der unglückselige Akt der Be-Ziehung: Ich ziehe, du ziehst usw. Jeder Versuch, den anderen umzuerziehen, ihn verändern zu wollen, wird von ihm als eine Lieblosigkeit erlebt. Mit der Zeit fühlt er sich ungeliebt. Aus dieser Position heraus ist es schwer, liebend zu bleiben, so kippt die Liebe in Entwertung und Haß.

Das bedeutet:

Den Scheinwerfer, der die Fehler des Partners bzw. der Partnerin ausleuchtet, ausknipsen.

Die buchhalterische Kontenführung schließen.

Jeder Mensch ist ein eigenes Universum.

Und jeder hat nur ein einziges Ziel:

Den Heimweg zu sich selbst wiederzufinden.

Ganzheit zu erlangen.

Verantwortung für sich und sein Leben übernehmen.

Erwachsen werden.

Das ist alles.

Der Friseur-Unternehmer-Erfinder unterbricht meine Ausführungen. Er will nicht daran glauben, daß er an sich etwas verändern sollte. Auch seine Partnerin hat es schwer zu begreifen, daß sie selbst etwas beitragen müßte. Sie leide unter seiner Untreue, und das könne nur er verändern. Und nicht sie.

Der treulose Partner als Chance

Die Untreue des Partners sieht nach außen immer so aus, als ob es allein sein Problem wäre.

Wer aber mit einem untreuen Partner zusammenlebt – und viele sind in dieser glücklichen Situation –, sollte dies zum Anlaß nehmen, um sich selbst ein Stück näherzukommen. Jedenfalls können wir sehr viel von einem solchen Partner lernen.

Der untreue Partner inszeniert bildhaft, wie er sich, seinen Impulsen, wie, wann, wo und wie oft auch immer, treu bleibt. Er folgt seinen Wünschen dicht auf den Fersen und setzt sie um. Ob das nun richtig oder falsch ist, sei dahingestellt, ist völlig uninteressant und liegt in der Beurteilung einzig und allein des Seitenspringers. Nur der Aspekt des Sich-treu-Bleibens ist hier entscheidend. Und genau das können viele Frauen nicht. Wir begehen an uns ständig Treuebruch. Stehen nicht zu uns, zu dem, was wir wollen, zu unseren Bedürfnissen, zu unseren Wünschen.

Wir vergessen uns, kommen uns abhanden, verleugnen unsere wichtigsten Anliegen. Wir sind die großen Meisterinnen darin, uns in die hinterste Reihe zu stellen. An letzter Stelle.

Nun, wer sich vierzig oder fünfzig Jahre vergessen hat, muß etwas Zeit dafür aufwenden, um zu lernen, wieder Kontakt zu sich selbst aufzunehmen. Ich weiß selbst aus eigener Erfahrung, wie schwierig das ist! Deshalb habe ich mir eine Übung ausgedacht, die ich oft für mich praktiziere und auch in diesem Paarseminar vorstelle und anleite:

Die Paare setzen sich auseinander. Ich fordere sie auf, einen Brief an den anderen zu schreiben und alles darin aufzuführen, was auf die Seele drückt, woran man leidet, was man eigentlich schon lange einmal sagen wollte. Dazu ertönt eine indianische Kampfmusik. Es geht nicht lange, und die meisten sind mitten in einem Gefecht und befreien sich schreibend von seelischen Druckstellen. Hinterher versammeln wir uns im Freien, und jede bzw. jeder wirft seine Worte, seine Anschuldigungen, die gesamte Veränderungsforderung in ein großes Feuer.

Das mag vielleicht wie ein belangloses Psycho-Gesellschaftsspielchen erscheinen. Aber es ist sehr viel mehr! Es ist eine seelische Gesetzmäßigkeit, daß zuerst das Belastende weggeschaufelt werden muß, damit der Weg zu sich selbst freigelegt wird. Dann erst öffnen sich jene Bereiche, wo Eigenes spürbar wird und Veränderungen wirklich möglich werden.

Die Chefbuchhalterin beginnt zu weinen. Und dann erzählt sie. Nein. Sie berichtet. Nicht druckreif, flüssig. Sie sucht die Worte mühsam zusammen, ist selbst erschüttert, über das, was sie an Verlorenem, Vergessenem findet. Für Außenstehende mögen es unbedeutende Kleinigkeiten sein, für sie selbst ist es ein bedeutender Bereich ihres Lebens. Seit Jahren würde sie gerne wieder Tennis spielen, wagt daran aber nicht einmal zu denken. Sie war eine außerordentlich gute Spielerin. Nach ihrer Heirat hörte sie ganz damit auf. Sie würde viel lieber klassische Musik hören, vor allem Oper. Da sie aber weiß, daß ihr Mann dies nicht mag, läßt sie es einfach. Fürs Leben gern würde sie eine Rußlandreise machen. Er will in südliche Gefilde. Also schiebt sie ihren Wunsch beiseite und geht dahin, wohin er will. Sie erzählt lange. Der quirlige Friseur-Unternehmer-Erfinder wird für kurze Momente etwas nachdenklich und hört zu. Bei anderen Teilnehmern und Teilnehmerinnen öffnen diese Schilderungen Tür und Tor, sie begegnen ihren eigenen verleugneten Bereichen, denen sie nicht die Treue hielten. Der treulose Partner ist ein Sprungbrett, um in das eigene Wesen einzutauchen und die eigenen Tiefen zu ergründen.

Am Ende des Seminars geht jeder mit einem Selbsthilfeprogramm nach Hause, in welchem die einzelnen Schritte zur Arbeit an sich selbst enthalten sind. Der Partner bzw. die Partnerin ist aus dem unsäglichen Nacherziehungsprogramm entlassen.

Der Friseur-Unternehmer-Erfinder will nach Beendigung des Seminars noch unbedingt eine Stunde Ehetherapie bei mir. Ich bin müde. Der Schädel brummt. Ich muß eilends meine Sachen zusammenpacken, damit ich noch rechtzeitig zum Flughafen komme. Er hat dafür nicht das geringste Verständnis.

Klaus, der Buchhändler, fährt mich. Bei guten Verkehrsverhältnissen werden wir ca. zwei Stunden benötigen. Ich hatte mich schon auf die lange Fahrt gefreut, um mich noch ein wenig mit Klaus zu unterhalten. Aber es kommt anders. Obwohl die vier Kinder dieses Wochenende bei der Mutter verbringen sollten, ändert sie kurzfristig die Abmachung und verreist. So bleiben sie bei ihm. Und da er seine Mutter damit nicht belasten möchte, fahren alle mit. Der Jüngste, der dreijährige Mischa, wollte unbedingt vorne sitzen, damit er die verschiedenen Automarken besser sehen kann, die er alle kennt. Ich sitze mit den anderen drei Kindern hinten, denen die Fahrt bald etwas zu langweilig wird, und sie veranstalten miteinander kleinere Raufereien. Ich gerate, ohne zu wollen, mehr oder weniger intensiv in die handgreiflichen Auseinandersetzungen. Dabei verliere ich einen Ohrring, der spurlos in die Polster verschwindet. Später reißt noch meine Halskette. Für den Rest der Reise bin ich damit beschäftigt, die einzelnen Perlen sowie die stecknadelgroßen goldenen Zwischenglieder, die überall herumkullern, zusammenzusuchen. Selber schuld, denke ich, weshalb muß ich ausgerechnet das echte Zeugs auf die Reise mitnehmen. Das Pulsieren in meinem Schädel wird allmählich heftiger. Da das Radio auf Wunsch der Kinder auf Hochtouren läuft, kann ich nicht mehr so genau unterscheiden, ob es mein eigener Kopf ist, der hämmert, oder die Musik.

Klaus wird nicht müde, sich zu entschuldigen. Und ich bemühe mich, ihn zu beruhigen.

III. Vorbilder

Die letzten werden die ersten
sein

Heimreise

Obwohl ich zu früh auf dem Flughafen ankomme und die
Kinder unbedingt noch mit mir ein Eis essen gehen möch-
ten, verabschiede ich mich schnell. Etwas benommen, wie
auf einem fremden Stern, suche ich durch die verschiedenen Abschrankungen den richtigen Ausgang. Konnte ich
zu Beginn meiner Reise die Flugzeiten mit Gate-Nummer
auf den Tafeln noch entziffern, ist es jetzt nicht mehr
möglich. Auch mit Brille nicht. Beim Gang zur Rolltreppe
habe ich das Gefühl, der Boden schwanke leicht. Trotzdem
gehe ich zum Duty-Free-Shop. Wenigstens eine Krawatte
möchte ich Felix mitbringen. Auch möchte ich noch mein
Lieblingsparfum kaufen, doch der Name will mir trotz
größter Anstrengung nicht mehr einfallen. Also lasse ich
es.

Gate 17, nach Zürich; Abflug 19.50. Männerrudel. Jeder mit mausgrauem Hartgummi-Aktenkoffer. Sie sitzen
und lesen Zeitung. Sie stehen und lesen Zeitung. Sie lehnen
an Wänden und lesen Zeitung. Wenige unterhalten sich.
Austausch von Informationen. Typisches Linienflug-Pas-
sagiergut.

Managerflüge. Am Morgen hin. Am Abend zurück. Das
ist die seelisch impotente Wirtschaftselite. Da laufen die
wichtigsten Fäden in der emotionsfahlen Hand zusammen.

Während Frauengruppen auf unterster Ebene mit Herzblut für ihre Rechte kämpfen, spielen Männer unter Ausschluß ihrer Gefühle um höchste Profite. Während Frauen ihr Büro im fensterlosen Kellerloch einrichten, residieren Männer in vollklimatisierten Chefetagen.

Auf der einen Seite ist kein Geld vorhanden, und auf der anderen überlegt Mann sich, wie das vorhandene gewinnbringend angelegt wird.

Wundert's jemanden, wenn sich lediglich ein jämmerliches Prozent des Weltvermögens in Frauenhänden befindet?

Die Abendmaschine hat Verspätung.

Die Männer lesen weiter.

Keiner, der ein Buch liest.

Keiner, der in einer Geschichte spazierengeht.

Keiner, dessen Phantasie durch eine Romanfigur verzaubert wird.

Zeitung lesen. Informationen hineinschlingen. Kurzinfos genügen. Zahlen über Zahlen im Hirn schichten. Eine Nachricht über die andere gestapelt. Leben Nebensache. Gesichter in Stein gemeißelt. Kein Ausdruck von Freude, Lebenslust, Sorge, Nachdenklichkeit oder Besinnung.

In die Männerwelt kommt Bewegung.

Drei junge Mädchen erscheinen. Zwei in Jeans und überweiten darüberhängenden T-Shirts, die dritte im Bunde in der gleichen Aufmachung, alles aber zwei Nummern zu eng. Sie arbeiten für ein Meinungsumfragebüro. Ich winke ab. Möchte keinen Ton mehr von mir geben.

Die meisten Männer lassen sich gerne befragen. Die jungen Frauen haben ihre weibliche Lektion gut gelernt. Sie wissen instinktiv, wie Frau es anstellen muß, in der Aufmerksamkeitsprioritätenliste eines Mannes kurzfristig an erster Stelle zu rangieren: Weiblichkeit aufbieten. Ihre Fragen tragen sie mit leicht schräger Kopfhaltung vor, lieblich-bittenden Augen, aus der Perspektive von unten nach oben blickend. Das enggekleidete Mädchen räkelt den Oberkörper nach vorne und zieht den Bauch ein, ein Bein vor das andere geknickt. Das wirkt.

Sie beherrschen diese Präsentation hervorragend. Haben wohl früh geübt. Beim emotional abwesenden Vater. Haben sich früh die Zähne an seinem Desinteresse, seiner Arroganz, seiner seelischen Impotenz ausgebissen.

Man sieht, es ist hier mehr als nur eine Aufgabe, die sie erfüllen. Das im engen »Kostüm« atemlos lebende Mädchen benötigt für jede Befragung etwa doppelt so lange wie die anderen beiden. Sie badet in jedem Blick, kann beinahe nicht genug bekommen.

Mit jedem anerkennenden Männerblick etwas Heilsalbe auf die Vaterwunde. Phantomschmerz Vater. Eine geradezu ideale Voraussetzung, daß Frauen weiterhin dafür sorgen, Männer in ihrer größenwahnsinnigen Ansammlung von Macht und Geld zu unterstützen.

Nun bereue ich, nicht doch an der Umfrage teilgenommen zu haben. Zu gerne hätte ich den Inhalt der Fragen gewußt. Es müssen zweifellos Fragen sein, die leicht zu beantworten sind. Keiner, der auch nur eine Sekunde überlegen muß. Ich phantasiere.

Verheiratet? *Ja.*
    Kinder? *Zwei.*
    Grund der Reise? *Geschäftlich.*
    Reisedauer? *Ein Tag.*
    Automarke? *BMW... oder Mercedes. Oder. Oder. Oder.*
    Hobby? *Geschäft, Frauen, Deltafliegen.*

Was würde ich von diesen Männern wissen wollen?

Was tun Sie für die Pflege Ihrer Beziehung? *Frage nicht verstanden.*

Wie lösen Sie Probleme in der Ehe? *Wir haben keine Probleme.*

Geburtsdatum Ihrer Frau? *Da muß ich zuerst überlegen.*

Kinder? *Zwei.*

Geschlecht und Alter? *Ein Sohn, Alter äh, äh, da muß ich nachrechnen, und eine Tochter, Alter, äh, hm, äh... Wenn der Sohn sechs ist, dann muß äh, hm, die Tochter vier sein.*

Geburtsdatum der Kinder? *Äh...äh...äh... Meine Frau wüßte das genau* (ist ja klar).

Was macht Ihr Kind in diesem Moment? *Es ist bei der Mutter.*

Was machen die Kinder bei der Mutter? *Spielen.*

Die ganze Zeit spielen? *Keine Ahnung.*

Fürchtet sich Ihr Kind vor etwas besonders? *Mein Kind braucht sich vor nichts zu fürchten.*

Sind Sie treu? *Äh, hm, selbstverständlich äh, äh...*

Danke, das genügt.

Das ist der Durchschnittsprinz.

Nach ihm sind wir verrückt.

Sehnen uns nach ihm.

Verlieren den Verstand.

Wünschen uns Kinder von ihm.

Und wenn er uns verläßt, werden wir krank.

Und können uns ein Leben ohne ihn nicht vorstellen.

Als ob es nichts Schöneres auf der Welt gibt, als an der Seite eines seelischen Analphabeten zu verkümmern!

Wir werden zum Einsteigen aufgefordert. Die Mädchen hätten die Männer noch gerne weiter befragt, und die Männer hätten sich zweifellos gerne noch länger befragen lassen.

Wir sitzen in der Maschine. Zwei junge Stewardessen servieren sofort Drinks und Zeitungen. Eine ältere, also zwischen fünfunddreißig und vierzig, offeriert Erfrischungstücher. Während die beiden jungen viel Beachtung finden, wird die andere kaum zur Kenntnis genommen. Dann vertiefen sich die Männerköpfe wieder in neue Zeitungen.

Ein nach Schweiß stinkender Mann sitzt selbstbewußt neben mir, seine Zeitung weit ausladend vor meinem Gesicht. Später entledigt er sich seines Jacketts, und es stinkt noch mehr. Wir fliegen dem Wochenende entgegen. Muttertag. Da werden die Mütter gewürdigt. Da wird ihnen kurzfristig Bedeutung zugemessen. Wichtigkeit suggeriert. Dank zelebriert. Stadtmuttertage sind Ausflugstage. Die Mütter werden einmal im Jahr ausgeführt. Sie sitzt vorne. Sie staunt. Was ihr großer Junge alles kann. Sie ist stolz auf ihn. Er hat es zu was gebracht. Auch wenn er nicht in der Chefetage sitzt. Er chauffiert gewandt durch das Muttertagsstraßenchaos. Überall die gleiche Besetzung. Ein großer Junge am Steuer. Daneben die Mutter. Unauslöschbar der eigenartige Glanz in ihren Augen. Auf dem Dorf stürzt sich der eine oder andere in die Uniform, um in der Dorfmusik das Muttertagsständchen aufzuspielen. Bereits um acht Uhr geht's los. Mütter sind eben Frühaufsteherinnen. Die Männer blasen mit geschwollenen Backen den Müttern ein Ständchen. An jeder Ecke wird haltgemacht. Vor dem Altersheim etwas länger. Ausgewachsene Männer stehen stolz wie Kinder beim Krippenspiel mit der Blockflöte. Und sie blasen, was das Zeug hält. Sie blasen den Müttern Dank ins Gehör. An diesem Tag. An diesem einen Tag. Während die Gattin zu Hause die drei kleinen Kinderlein beschäftigt, die heute selbstverständlich auch früher als sonst aufgestanden sind, um der lieben Mutter das Selbstgebastelte zu überreichen. Hinterher wird sie das Muttertagsfestmahl selbst zubereiten, der Mann wird hungrig heimkommen. Nach anschließendem Kneipenbesuch mit den anderen Muttertagsmusikern kehrt er in der strammen Uniform heim. Die Frau wird sie wieder auf dem Speicher verstauen, nicht ohne dieselbe ausgebürstet und auf dem Balkon am speziell dort angebrachten Haken drei Stunden ausgelüftet zu haben. Nach diesem Dankgeblase hat er einen guten Appetit. Aber er hat seine Schuldigkeit getan. Am Nachmittag geht's dann auf den Fußballplatz, während die junge Mutter in der Wohnsiedlung sitzt und die drei kleinen Kinder zu beschäftigen versucht.

Junge Mütter werden mit aus Klorollen gebastelten Eierbechern geehrt.

Vor-Wechseljährige erhalten einen Blumenstrauß. Die Wechseljährigen werden kurzfristig vergessen, da Pubertierende mit sich selbst genug zu tun haben. Ab fünfundfünfzig werden Mütter zum Abendessen eingeladen. Ab fünfundsechzig zum Mittagessen oder einen geschlagenen Tag durch blühende Obstbaumgegenden geführt.

Und allen wird zu Ehr und Preis eins geblasen.

Mütter freuen sich über alles.

Landung in Zürich.

Felix holt mich ab. – Wie schön.

Er ist unheimlich sauer, weil die Maschine eine volle Stunde Verspätung hatte. Genervt nimmt er mir das Lokkenwicklerbild, den Schirm und den Minikoffer ab und scheißt mich gleich mal gehörig zusammen, ob ich nicht noch mehr Müll zum Schleppen hätte. Er steuert zielstrebig in das Restaurant, ich eile mit meinem großen Plastiksack hinter ihm her. Ich sitze Felix gegenüber, schaue ihn an und denke, irgend etwas stimmt nicht mit mir. Felix berichtet von Frankreich. Ich höre zu und trinke eine heiße Schokolade. Dann möchte ich erzählen. Aber mir fällt nichts mehr ein. Als wir gehen, muß ich mich nur noch um meine Handtasche kümmern. Felix trägt Plastiksack und Minikoffer. Das Bild übergab er dem Kellner mit einer Zehn-Frankennote für die Entsorgung. Den Schirm läßt er im Schirmständer stehen. Auf der Heimfahrt schlafe ich ein. Vielleicht ist es so, wenn man stirbt. Man gleitet lautlos durch eine kleine Öffnung an den Zehen hinaus. Und das war's dann wohl.

Nichts Eßbares im Haus. Versuche, Felix Schuldgefühle einzujagen, schließlich hätte er sich das denken und einkaufen können, bevor er mich vom Flughafen abholte. Er springt nicht an. Er springt auf Schuldgefühle grundsätzlich nie an. Er ist absolut immun dagegen, auch dann, wenn sie durchaus berechtigt wären.

»Ich habe alles, was ich brauche: Zigaretten und Kaffee«, kommentiert er.

Ich finde im Kühlschrank noch ein Schoko-Dessert – allerdings weit übers Verfalldatum hinaus. Nach wenigen

Stunden sterbenselend. Die ganze Nacht auf der Toilette. Trotzdem stehe ich früh auf. Einkaufen. Koffer auspakken. Waschen. Aufräumen.

Bei allem, was ich mache, bin ich nicht richtig anwesend. Als wenn ich das Schlupfloch unten bei den Füßen nicht mehr gefunden hätte, um wieder in den Körper hineinzusteigen. Ich stehe neben mir.

Wir hatten uns lange nicht gesehen. Und ich hoffte, die Trennung würde seinen ständig blühenden pädagogischen Eifer zum Erliegen gebracht haben. Das Gegenteil ist der Fall. Mit neuem Elan kommentiert er meine Handlungen, von denen er die meisten als völlig blöd, unüberlegt oder grundsätzlich überflüssig einstuft, schließt hinter mir Türen, Schränke, Klodeckel und löscht Lichter. Sein Nacherziehungseifer erreicht mich nicht. Ich bin nicht dort, wo er mich vermutet. Ich stehe daneben. Schaue zu. Beinahe unbeteiligt. Nur der Schädel brummt.

Nach drei Tagen kann ich den Kopf nicht mehr drehen. Und er brummt noch mehr. Der Boden inzwischen ein wellendes Meer, der Schultergürtel ein Eisenkreuz. Irgendwie habe ich das Gefühl, der Kopf sitzt nicht mehr an der richtigen Stelle. Nach dem Wochenende hätte ich erneut für die nächste Tournee aufbrechen müssen. Alle Termine müssen abgesagt werden.

Ich liege herum, im Bett, auf dem Sofa oder sonstwo. Nicht lesen. Nicht gehen oder stehen. Dazu Felix, der alles andere als vor pflegerischer Begeisterung strotzt.

Andere Menschen verlieren in einem solchen Zustand an Gewicht, die Schleimsüppchen holen sie aus allfälligen schwergewichtigen Hitparaden herunter, und sie sehen jämmerlich und abgemagert aus. Bei mir ist das Gegenteil der Fall. Ich esse, was ich finde, Pralinen und Eistorte.

234

Dabei lege ich, zusätzlich zu den bereits überflüssigen, noch einige Kilo zu, sehe rosa aufgedunsen aus. Das Unglück ist vollkommen. Außenstehende meinen, ich sei eben von einer dreiwöchigen Mastkur zurückgekehrt. Und ich rechne aus, falls ich jemals wieder auf die Beine kommen sollte, würde ich mit Sicherheit weder in meine Kleider noch in die Schuhe hineinpassen.

Ich werde geröntgt. Der oberste Halswirbel hat sich verschoben, und alles chiropraktische Drehen und Wenden, Manipulieren und Behandeln verschlechtert meinen Zustand. Im brummenden Pelzschädel spielen tausend kleine Giftzwerge Geige. Traumschwer zwischen die Stunden hinunterfallen. Bleierne Zeitlupenbilder: pißblonden Schafskopf unter silberne Guillotine legen und schafsblöd dem Fallbeil entgegenwarten. Es fällt pünktlich. Jede Nacht. In jedem Zwischenschlaf. Immer wieder fährt die eiserne Faust Gottes ins Genick.

Die Therapie bringt nichts, und es müssen noch weitere Veranstaltungstermine abgesagt werden.

Ich überrede Felix dazu, wieder nach Frankreich abzureisen und sich um das Haus zu kümmern. Seine Anwesenheit macht die Sache noch schlimmer.

Menschen mit distanzierten oder grenzensprengenden Anteilen eignen sich nicht für pflegerischen Einsatz. Sie sind zu sehr mit sich selbst und ihrem eigenen Wohlbefinden beschäftigt. Da kann es leicht geschehen, daß sich die angeschlagenen Nähesuchenden noch immer um die Partner kümmern. Ich mache mir tatsächlich große Sorgen um Felix. Es geht ihm schlecht. Er muß schließlich meinen Anblick ertragen. Er kann nichts mit mir unternehmen. Und das hält er fast nicht aus.

Nachdem wir von unserem Nachbarn aus Frankreich

nochmals telefonisch benachrichtigt wurden, daß nun noch ein weiteres Stück der Mauer zusammengekracht sei, fährt er sofort los. Ich bin etwas erleichtert.

Mein Zustand verschlechtert sich nicht. Er verbessert sich nicht. Er bleibt konstant: Seegang, Übelkeit, Dauerkopfschmerz, gelegentlich eingeschlafene Hände und Füße, Hirnpausen und Denkausfälle. Nach weiteren langen Wochen stelle ich mich allmählich darauf ein, für den Rest meines Lebens in diesem eigenartigen Zustand vor mich hin zu dämmern. Alle Termine für die kommenden drei Monate werden abgeblasen.

Da ich nicht mehr lesen kann, gehe ich in meinem Kopf spazieren.

So ungestört hielt ich mich noch nie in meinen Gedanken auf. Es ist, als wenn ich auf dem Speicher in Ruhe in alten Sachen herumkramen könnte, ohne daß jemand dazwischenfunkt. Die Augen sind schlechter geworden und ertragen überhaupt kein grelles Licht. So bleiben die Fensterläden auch tagsüber geschlossen. Am wohlsten fühle ich mich mit einer schwarzen Binde vor den Augen, damit mich auch nicht die kleinste Lichtritze blendet und stört.

Alle Außenreize sind abgeschnitten. Ich schlendere gemächlich durch die Innenräume, strolche durch die verborgensten Gegenden. Ich kenne mich bald sehr gut aus, taste mich sicher durch die Hirngänge und entdecke stets Neues. In Ecken aufeinandergestapelte Erinnerungen, die wie alte Videofilme ungeordnet herumliegen. Blätterteig-Gedanken. In jeder Schicht eine andere Welt.

Männliche Psychogramme
. . . und was daraus zu lernen ist

In einer gemütlichen Nische breite ich alle Bilder, Manns-
bilder und Eindrücke, die ich auf meiner Reise gesammelt
habe, vor mir aus, sortiere die unterschiedlichen Männer,
denen ich begegnet bin, nach ihren Psychogrammen, teile
ein, ordne. Auf einer großen imaginierten Wandtafel
zeichne ich Kästchen ein, notiere Fragestellungen, die
mich beschäftigen. Ich genieße die Ruhe, die Zeit, die
unendlich scheint, die mir erlaubt, in meinen Reiseerinne-
rungen Ordnung zu schaffen und mir alle meine Fragen
selbst zu beantworten. (Siehe Tabellen Seiten 238–245.)

Männliche Psychogramme – auf einen Blick erkennbar

	Der Distanzierte	Der Nähesuchende
Äußeres Erscheinungsbild Auftreten	Meist schilfrohrdünn, wirkt kühl, unnahbar, distanziert, abweisend, fern	unauffällig, zurückhaltend, freundlich, liebenswürdig, geht auf andere ein, hört zu
seine Stärken	kühler Denker, analytische Fähigkeiten, Sachlichkeit, hohe Intelligenz, durchsetzungsfähig, unabhängig	einfühlend, hilfsbereit, fürsorgend, mitfühlend, geduldig, hingabefähig, selbstkritisch, selten in Auseinandersetzungen verstrickt, liebesfähig
seine Schwächen	von Gefühlswelt abgekoppelt, steuert alles mit dem Kopf, seelische Impotenz, schwierig in enger Kooperation, ungeduldig, Einfühlung läßt grüßen!	läßt sich ausnutzen, opferbereit bis zum Martyrium, vergißt sich selbst, kann nicht nein sagen, fügsam, ängstlich, bequem, Ärger in sich hineinfressend, mitleidend
Was können wir als Partnerin von ihm erwarten?	nichts	wenn Nähe gewährleistet ist: alles
Was taugt er als Liebhaber?	nichts	viel; Zärtlichkeit, Einfühlsamkeit, Hingabefähigkeit
Was hält er von Treue?	Fremdwort	sehr viel, kein chronischer Fremdgänger, benutzt Schleichwege
Ist er eifersüchtig?	bei Aufrechterhaltung der häuslichen Infrastruktur kaum	stirbt vor Eifersucht, leidet wie ein Hund
Wie ist sein Verhältnis zu Geschenken?	als Schenker völlig ungeeignet, vergißt chronisch Geburts- und Hochzeitstag. Falls er daran erinnert wird, kauft er etwas, was *ihm* gefällt. Als Geschenkempfänger bleibt er, auch bei besonderem Aufwand, ungerührt.	Macht sich viel Gedanken. Fühlt sich in die Partnerin ein. Schenkt mit viel Herz. Wird er beschenkt, bewegt es ihn sehr.

Der Ordnend-Kontrollierte	Der Grenzensprengende
sauber, pünktlich, korrekt, anständig, leicht verkrampfte Höflichkeit	exotischer Vogel, auffallende Kleidung: von attraktiv bis bodenlos geschmacklos, charismatisch, begeisternd, mitreißend
Präzision, Ordnung, exakter Denker, Organisationstalent, traditionsverbunden, sparsam, begabt im Umgang mit Geld, fleißig	stellt sich blitzschnell auf neue unbekannte Situationen ein, spontan, einfallsreich, kreativ, großzügig, Ärger herauslassend, verzeihend, unabhängig, fähig zum Ausgelassensein
hält stur am alten fest, unspontan, phantasielos, unkreativ, geizig, unfähig zum Ausgelassensein, übereifrig, wahrheitsfanatisch, übergenau, kaum hingabefähig	unexakt, unkonzentriert, auf sich bezogen, nimmt es mit der Wahrheit nicht genau, hochstaplerisch, unbegabt im Umgang mit Geld, unordentlich, pseudologisch, wenig zur Selbstreflexion und -kritik neigend
wenig, hat seine Prinzipien	Abwechslung, Unterhaltung, nie langweilig, anstrengend
außer Regelmäßigkeit nichts	viel Lärm um nichts, bis auf wenige Ausnahmen
theoretisch viel, praktisch wenig, häufige Zwischenverpflegungen	nichts
rasend, kontrolliert, will hinterste Details wissen	dramatisch
Vergißt kein Datum. Exakte Buchführung über die Höhe der Auslagen. Schenkt praktische Dinge: Staubsauger, Küchengeräte, Bügeleisen, usw.	Mal denkt er dran, mal nicht. Wenn er schenkt, inszeniert er seine großzügigen Geschenke und genießt den Applaus. Gelegentlich folgt die Rechnung hinterher. Er selbst kann sich über Geschenke sehr herzlich freuen.

	Der Distanzierte	Der Nähesuchende
Was können wir von ihm als Vater erwarten?	nichts	viel Engagement, kann sich schlecht gegen Drittpersonen für die Rechte der Kinder einsetzen, steht nicht zu seiner Liebe
Welche Berufe bevorzugt er?	Naturwissenschaften, Forschung, Informatik	helfende Berufe: Sozialarbeiter, Psychotherapeut, Sonderpädagoge, Arzt
als Mitarbeiter	sprüht nicht vor Teamgeist, kontaktunfreudig, eigenbrödlerisch, pflegeleicht, verschwiegen, diskret	hohe soziale Kompetenz, engagiert
als Chef	sachlich, kompetent, unabhängig	fühlt sich leicht überfordert, abhängig vom Urteil der Mitarbeiter
als Lehrer	katastrophal, kann nicht auf Kinder eingehen	einfühlsam, geduldig
als Psychotherapeut	analysiert bis zum Gehtnichtmehr, versteht viel, fühlt wenig, ungeeignet für Klienten mit nähesuchendem u. grenzensprengendem Psychogramm	empathisch, braucht den dankbaren Glanz in den Augen seiner Klienten, Kritik verunsichert ihn, überzieht Sitzungen, fühlt sich von distanzierten Persönlichkeiten überfordert
sein Verhältnis zur Aggression	Innere Spannungen werden unmittelbar 1:1 nach außen abgeführt.	frißt Ärger in sich hinein, richtet aggressive Impulse gegen sich selbst
sein Verhältnis zur Frauenbewegung	hält sie für unnötig und völlig überflüssig	unterstützend, fördernd

Der Ordnend-Kontrollierte	Der Grenzensprengende
wenig emotionale Beteiligung, Gerechtigkeit	alles, außer Verantwortung u. Pflichtgefühl, spielt gelegentlich mit älteren Kindern, wetteifert und streitet mit ihnen, pädagogischer Zick-Zack-Kurs
Ordnungshüter, Beamte, Rechtsanwälte	künstlerische, kreative Berufe: Modeschöpfer, Designer, Friseur, Tänzer, Musiker, Schauspieler
fleißig, einsatzfreudig, pünktlich	anstrengend, aber unterhaltsam
alles unter Kontrolle	überfordernd, überrollend, delegiert, motiviert, mitreißend, chaotisch
streng, gerecht	begeisternd, mitreißend, unberechenbar, ungeduldig, parteiisch
arbeitet methodisch korrekt, beendet Sitzungen pünktlich, nicht sehr einfühlsam, nähesuchende Persönlichkeiten bleiben auf der Strecke, grenzensprengende fühlen sich entwertet und rasten aus	arbeitet unorthodox, spontan, Methodenvielfalt, bringt in kurzer Zeit viel in Gang, kurzer Atem, langweilt sich leicht, Guruallüren
hält Ärger und Wut unter eiserner Kontrolle; wenn Sicherungen durchbrennen, Neigung zum jähen Zorn	unkompliziert, hält Spannungen nicht aus, entlädt sich von Wut bühnenreif, wer ihn kritisiert, wird heftig angegriffen; vergißt, verzeiht schnell, trägt nicht nach
theoretisch unterstützend, faktisch patriarchale Strukturen festigend	gegnerisch

Psychogramm und Gegenpsychogramm der distanzierten und nähesuchenden Persönlichkeitsstruktur

	Distanziert	Nähesuchend
Konstitution	zartsensible Anlage, große seelische Empfindsamkeit, leicht verletzlich, verwundbar, motorisch-expansive aggressive Anlage	gemüthaft, gefühlsintensiv, warmherzig, hingabefähig, beständig, schwerblütig, wenig kämpferisch, friedfertig, phlegmatisch
Umwelteinflüsse	Reizüberflutung, oft allein gelassen, verlassen, keine verläßliche Bezugsperson	Verwöhnung, Verweichlichung, Überbehütung, Ablehnung
Welche Lektion wurde mangelhaft gelernt?	sich vertrauensvoll auf Menschen einlassen, Urvertrauen entwickeln	eigene Bedürfnisse und Wünsche wahrnehmen, eigenen Impulsen folgen
Welche Strategien wurden als Kompensation entwickelt?	Ausbildung eines messerscharfen Verstandes; mangelnde Gefühlskompetenz und Mißtrauen werden durch hohe intellektuelle Fähigkeiten und Bildungswissen überdeckt	Hilfseinsätze für andere rund um die Uhr, Altruismus, sich für andere aufopfern
Was kann der/die eine vom anderen lernen?	sich auf Gefühle einlassen, sich in andere einfühlen, fürsorgende Aspekte, Hilfsbereitschaft	sich selbst in den Mittelpunkt zu stellen, Eigenes wahrnehmen und umsetzen, Eigendrehungen
Gemeinsames Thema: hohe Sensibilität	Während die nähesuchende Persönlichkeit gefühlsoffen und -zugewandt lebt, verschließt sich die distanzierte P. und schirmt sich ab. Die nähesuchende P. »riecht« die eingeschlossene Gefühlswelt der distanzierten P. und will sie erlösen.	
Schwierigkeiten im sozialen Umgang	Die distanzierte Persönlichkeit hat Angst vor Nähe, die nähesuchende Persönlichkeit hat Angst vor Trennung.	
Beziehungszündstoff	Je mehr Nähe die nähesuchende P. wünscht, um so abweisender reagiert die distanzierte P. Je mehr Distanz die distanzierte P. wünscht, um so anklammernder reagiert die nähesuchende P.	

Veränderungsprogramm für Frauen mit nähesuchendem Psychogramm, die mit einem Distanzierten zusammenleben

1. Sämtliche sonderpädagogischen Interventionen einstellen.
2. Klagesätze umformulieren:
   Anstelle von: »Mein Partner denkt nur an sich«, formuliere: »Von meinem Partner lerne ich, wie man seine eigenen Bedürfnisse umsetzt.«
   Anstelle von: »Ich kann mit meinem Partner nie über Gefühle sprechen«, formuliere: »Von meinem Partner lerne ich, sich nicht von Gefühlen dominieren zu lassen.«
   Anstelle von: »Mein Partner ist angriffslustig und aggressiv«, formuliere: »Von meinem Partner lerne ich, Ärger und Wut auszudrücken und mich nicht von der Reaktion anderer beeindrucken zu lassen.«
3. Jeweils zur vollen Stunde sich während fünf Sekunden an sich selbst erinnern.
4. Mehrmals täglich sich in Frage stellen: Wie geht es mir? Wie fühle ich mich?
5. Bilanz ziehen im Freundeskreis. Sich von jenen Freunden, die einem die Energie aus den Knochen ziehen, verabschieden. Das sind die ewigen Miesmacher, die Mißtrauischen, Negativen und Nörgler, die alles in schlechtestem Licht sehen.
6. Dreimal pro Tag bewußt nein sagen.

Veränderungsprogramm für Frauen mit distanziertem Psychogramm, die mit einem Nähesuchenden zusammenleben

1. Sich in die Welt und das Bezugssystem des anderen einfühlen. Sich immer wieder die Frage stellen, wie fühlt sich der andere, wie geht es ihm.
2. Hellhörig werden auf eigene sarkastische Äußerungen. Dem Gefühl dahinter nachspüren.
3. Vom anderen lernen, eigene Bedürfnisse in den Hintergrund zu stellen zugunsten eines anderen.
4. Auf harter Kruste wird kein Same gesät. Sich der Gefühlswelt öffnen.
5. Risiko eingehen, mehr Nähe zu anderen Menschen zulassen.
6. Mindestens zehnmal pro Tag ja sagen.

Psychogramm und Gegenpsychogramm der ordnend-kontrollierten und grenzsprengenden Persönlichkeitsstruktur

	Ordnend-Kontrolliert	Grenzensprengend
Konstitution	lebhaft, motorisch-expansiv, eigenwillig, eigenständig od. nachgiebig, fügsam, gründliches, exaktes Denken	lebhaft, leicht emotional bewegbar, erregbar, mitteilungsfreudig, aufgeschlossen, kontaktfreudig, anpassungs- u. wandlungsfreudig, phantasievoll, schöpferisch
Umwelteinflüsse	rigides, starres Umfeld, autoritär-patriarchale Erziehung, strenge Regeln, 1000 Verbote oder chaotisches Umfeld	widerspruchsvoll, orientierungslos, chaotisch od. starre Regeln
Welche Lektion wurde mangelhaft gelernt?	sich auf die Vergänglichkeit einlassen, Veränderung zulassen	Grenzen akzeptieren, Realität anerkennen, ordnen, Spielregeln einhalten
Welche Strategien wurden als Kompensation entwickelt?	alles, was lebt, einer unverrückbaren Ordnung zu unterwerfen	Flucht in die Phantasie, Lebensphilosophie: Genuß ohne Reue
Was kann der/die eine vom anderen lernen?	der Unberechenbarkeit der Lebensfülle neugierig folgen, Vergänglichkeit annehmen	dem eigenen Leben Ordnung geben, Energie sammeln, zusammenbündeln, Ziele verfolgen
Gemeinsames Thema: Lebhaftigkeit, Neugier, Lebensfreude	Während der grenzsprengenden Persönlichkeit die Lebensenergie ungehindert durch sämtliche Sinne ausströmt, tröpfelt die Energie bei der ordnend-kontrollierten P. durch die Kontrolle verengter Ventile. Die grenzsprengende P. ist für die ordnend-kontrollierte P. stellvertretend: aus dem vollen schöpfen. Die ordnend-kontrollierte P. ist für die grenzsprengende P. ein Fels in der Brandung.	
Schwierigkeiten im sozialen Umgang	Die ordnend-kontrollierte Persönlichkeit hat Angst vor Vergänglichkeit, die grenzsprengende Persönlichkeit hat Angst vor Festlegung.	
Beziehungszündstoff	Je mehr sich die ordnend-kontrollierte P. an Regeln klammert, um so heftiger kämpft die grenzsprengende P. dagegen an. Je mehr Freiheiten sich die grenzsprengende P. erlaubt, um so stärker versucht ihr die ordnend-kontrollierte P. Grenzen zu setzen.	

Veränderungsprogramm für die Frau mit ordnend-kontrolliertem Psychogramm, die mit einem Grenzensprengenden zusammenlebt

1. Traditionen bewußt durchbrechen. Familienfeste neu gestalten.
2. Aufgaben an andere delegieren. Kontrolle aufgeben.
3. Zur eigenen Meinung Gegenthese aufstellen. Mit sich selbst die verschiedensten Standpunkte diskutieren. Um einen Gedanken herumtanzen: Es gibt immer mehrere Ansichten.
4. Alte Zeitungen und Journale wegschmeißen. Beim Aufräumen sich von möglichst vielem trennen.
5. Urlaub machen, ohne vorher ein Hotel zu buchen.
6. Sich gelegentlich etwas Überflüssiges, Luxuriöses kaufen.

Veränderungsprogramm für die Frau mit grenzsprengendem Psychogramm, die mit einem Ordnend-Kontrollierten zusammenlebt

1. Energien nicht mehr bewußt ausfließen lassen. Mitteilungsfreudigkeit zügeln. Bewußt etwas Bewegendes niemandem erzählen, sondern für sich behalten.
2. Kernsatz: Ich will die Verantwortung für alles, was ich denke, fühle und wie ich handle, vollumfänglich übernehmen.
3. Eingebrocktes auslöffeln. Konfrontation mit der Realität. Grenzen akzeptieren. Aus Fehlern lernen.
4. Sich bewußt einer Aufgabe zuwenden, die Kleinlichkeit erfordert: Erbsen zählen, Kosmetikschrank aufräumen, Haarspangen sortieren, usw.
5. Der Vergänglichkeit ins Auge blicken:
   Spieglein, Spieglein an der Wand,
   bin nicht mehr die Schönste im ganzen Land.
   Das Spiel ist aus.
   Die Zeit vorbei.
   Schluß mit Gejammer und Geschrei.
6. Dem Partner Absolution erteilen: Ab heute übernehme ich die Verantwortung für mein Glück selbst. Ich will erwachsen werden.

Obwohl ich weiß, daß solche Einteilungen vor allem dazu da sind, sie möglichst schnell wieder zu vergessen, können sie dennoch Orientierungshilfe in der eigenen Arbeit an sich selbst sein.

Für eine Woche habe ich mir Punkt 6 aus dem Veränderungsprogramm für die nähesuchende Persönlichkeit sowie Punkt 4 für die grenzensprengende Persönlichkeit vorgenommen. Dies ermöglichte mir immerhin, nachdem ich schon einige Tage geübt hatte, bei telefonischen Anfragen nach weiteren Vorträgen ein klares Nein in den Hörer zu hauchen. Gut, hinterher hatte ich noch etwas Schuldgefühle. Mit dem Erbsenzählen allerdings komme ich noch nicht weiter.

Das Geburtstagsständchen

Jeden Tag führe ich stundenlange Telefongespräche mit Felix. Weshalb gibt es in Beziehungen Situationen, die am Telefon sehr viel besser zu meistern sind? Obwohl es für ihn viel zu tun gibt, bedauert er zutiefst, nicht bei mir zu sein. Seine theoretische Fürsorge dringt in mein Ohr, und ich genieße es. In Frankreich kümmert er sich um die elektrischen Installationen, steht täglich vor neuen Entscheidungen, wo Steckdosen hinkommen, wo Telefon- und Fax-Anschlüsse montiert werden sollen usw.

Frankreich liegt fern für mich. Auf einem anderen Stern. Wer weiß, ob ich je wieder dahin fahren kann.

Die Faust im Nacken hat mir einen heftigen Strich durch die Rechnung gemacht. Ich hatte mir alles so schön ausgemalt. An meinem Geburtstag wollte ich in Frankreich ein Fest geben, viele liebe Freunde einladen und mit ihnen feiern. Da ich nicht transportfähig bin, werde ich in der Schweiz bleiben müssen. Felix will kommen. Aber wozu? Um mir beim Liegen zuzuschauen? Ich weiß nicht. Er besteht allerdings darauf.

Meine beiden Töchter wollen mich ebenfalls besuchen, »wenigstens gratulieren«, wie sie meinten. Wir verabreden, zusammen zu frühstücken, und auf ihren ausdrücklichen Wunsch nicht vor zwölf Uhr. Felix kommt abends zuvor hundemüde von der Reise. Er schläft auch noch am Morgen und steht erst gegen Nachmittag auf. Ich bin hingegen schon sehr früh wach, versuche mich von nagenden Hungergefühlen abzulenken und trinke einen Kaffee nach dem anderen. Gegen elf Uhr ruft mich die ältere Tochter an, sie komme nun doch nicht, weil sie gestern abend sehr spät ins Bett gekommen sei und sich obendrein auch noch erkältet habe. Als um zwölf die andere Tochter noch nicht da ist, halte ich es vor Hunger nicht mehr aus und beginne zu frühstücken. Allerdings sehr gemächlich, damit wir, falls sie doch noch kommen sollte, zusammen essen können. Als ich damit fertig bin, kommt sie. Damit sie nicht alleine frühstücken muß, setze ich mich zu ihr, allerdings etwas schief, die einzige Stellung, in der ich es einige Minuten am Stück aushalte. Sie ißt schnell und meint, das sei sauungemütlich hier, wie in einem Lazarett, deshalb wolle sie lieber gleich wieder gehen.

Kaum ist sie weg, steht Felix auf und ist ziemlich sauer, weil ich ihn nicht zum Frühstück mit den Kindern geweckt habe. Dann holt er einen großen Blumenstrauß und überreicht ihn mir.

»Aber du freust dich ja gar nicht darüber«, sagt er enttäuscht.

»Aber doch, ich freue mich doch«, beruhige ich ihn.

»Ich weiß zwar, daß du große Blumensträuße nicht magst, aber ich fand ihn so wunderschön. Da dachte ich, den mußt du haben. Eine sehr attraktive Frau, die ebenfalls im Blumenladen stand, war begeistert von mir und meinte, was ich doch für ein toller Mann sei, der seiner Frau so wunderschöne Blumen schenkt.« Ich muß ihm immer wieder versichern, daß ich mich doch wirklich sehr darüber freue. Da ich in dieser Größe keine Vase besitze, stelle ich die Blumen in einen Putzeimer, was Felix sehr kränkt.

Dann ruft meine Mutter an, um mir zu gratulieren. Sie ist ebenfalls ziemlich verärgert, weil sie dreimal eine falsche Nummer wählte und sich stets jemand anderes meldete. Ich entschuldige mich.

Es dauert nicht lange, da ist mein einziger Geburtstagsgast wieder eingeschlafen. Ich hole eine Eistorte aus dem

Tiefkühlschrank, esse etwa die Hälfte, während ich vor mich hin summe: Happy Birthday.

Später binde ich mir meine schwarze Binde wieder um und gehe ins Bett.

Ich habe mich schon beinahe an meinen Zustand gewöhnt, da teilt mir eine Bekannte mit, daß unmittelbar in der Nähe meines Wohnortes ein Heilpraktiker eine Praxis betreibe, der sich speziell mit den oberen Halswirbeln beschäftige. Noch am selben Tag bekomme ich einen Termin. Der Heilpraktiker erklärt mir als erstes, daß er keine Zulassung hätte und deshalb von der Kasse nicht bezahlt würde. Wenn der Kopf nicht mehr dort sitzt, wo er sollte, und Funktionen ausfallen, verschiebt sich die ganze Welt. Das Leben schmilzt auf das Wesentliche zusammen. Worte wie »keine Zulassung des Gesundheitsdepartements« sind unverständliche Fremdworte.

Der Heilpraktiker ohne Zulassung macht sich einige Minuten an meiner Wirbelsäule zu schaffen, er klopft, streicht darüber oder drückt mit leiser Vibration, kaum bemerkbar. Dann lege ich mich eine halbe Stunde hin und schlafe.

Hinterher nochmals die gleiche Prozedur.

Es gibt sie doch. Die kleinen und großen Wunder.

Nichtkassenpflichtig. Gesetzwidrig.

Aber der Boden schwankt nicht mehr.

Ich gehe noch einige Male zur Behandlung, und jedesmal wird es besser. Der Heilpraktiker erzählt mir, daß er soeben durch die Prüfung gefallen sei und die Zulassung nicht bekäme. Diejenigen, die die Prüfung bestehen, können nicht helfen, und diejenigen, die durchfallen, können helfen. Ordnung über alles. Felix will erst wieder nach Frankreich, wenn ich mitkommen kann.

Nach einigen weiteren Behandlungen ist es soweit. Zwar löst jede größere Anstrengung den altbekannten Kopfschmerz aus, ebenso vertrage ich schlecht Wärme, und mir wird sofort übel.

Felix ist wie ein ausgewechselter Handschuh. Er erkundigt sich pausenlos nach meinem Wohlbefinden, stellt die Innentemperatur des Autos ganz auf meine Bedürfnisse ein, was ja sonst immer sein alleiniges Territorium gewesen ist. Bei soviel Fürsorge gerate ich ziemlich ins Schleudern.

»Soll ich das Fenster noch einen kleinen Spalt mehr öffnen?«

»Welches Fenster soll ich öffnen? Deines oder meines?«

»Bei welcher Variante zieht es unangenehm herein, wo ist die Frischluft angenehm?«

»Soll ich langsamer fahren?«

»Möchtest du, daß ich anhalte, damit du dir die Füße vertreten kannst?«

»Möchtest du Musik hören?«

Viele Fragen, die ich nur nach genauem Nachdenken beantworten kann. Oft habe ich einfach keine Ahnung, wie es mir geht.

Während er fährt, hält Felix meine Hand und läßt sie nur schnell zum Schalten los oder wenn er eine Zigarrette raucht. Ich bin ziemlich verwirrt. Als er mir dann noch unterbreitet, daß er in Frankreich unbedingt ein gemeinsames Schlafzimmer wünsche, gerate ich total aus der Fassung. Bis jetzt war es ein ungeschriebenes Gesetz: getrennte Schlafzimmer. All die vielen Jahre schlief jeder für sich. Unterwegs oder in den Ferien hingegen bewohnten wir jeweils ein Doppelzimmer. Es gehörte für mich zur

Ferienstimmung: zusammen einschlafen, zusammen aufwachen. Allfällige Unstimmigkeiten des Tages noch in der Dunkelheit klären. Einen versöhnlichen Händedruck spüren. Oder gemeinsam dem Rauschen der Bäume lauschen. Den Regentropfen. Dem Meer. Der Stille in der Nacht. Felix teilte meine diesbezügliche Begeisterung nicht. So hatte ich mir derartige Wünsche allmählich abgewöhnt.

Und nun will Felix plötzlich anders leben: nicht nur ein gemeinsames Schlafzimmer, sondern auch noch in einem einzigen, wenn auch großen Bett.

Mir wird schwindelig.

Als wir nach langer Fahrt ankommen, geht mir beim Anblick des Hauses das Herz auf. Es steht noch da. Unbeschadet. Noch immer hochstirnig, stolz, zur Mittagssonne gerichtet. Das ganze Anwesen samt großem Loch in der Mauer badet ungetrübt in heiterem Sonnenlicht.

Felix schließt das Tor auf. Er fährt vorsichtig über die hohe Schwelle, damit der Wagen nicht aufschlägt oder um meinem Kopf einen Schlag zu ersparen.

Wir steigen aus. Tulpen zieren den Wegrand, violette, meterhohe Waldblumen blühen mir entgegen, französisches Vogelgezwitscher.

Wir treten feierlich ins Haus. Eigentlich hatten wir früher in unseren Träumen oft damit herumgespielt, diesen Moment durch ein besonderes Ritual hochleben zu lassen. Er wollte mich in seinem jugendlichen Übermut und fern aller Diskussionen über Emanzipation über die Schwelle tragen. Ich erschauerte stets bei diesem Gedanken – nicht nur aus feministischer Sicht.

Als wir eintreten, schwappt mir eine Hitze entgegen, die mich beinahe ohnmächtig werden läßt. Das ganze Haus ist total überheizt, wir reißen die Fenster auf, sperren und klemmen Türen, damit es Durchzug gibt. Leider ist es draußen auch ziemlich warm, so daß der kühlende Effekt ausbleibt. Schwindel und Kopfweh sind sofort zur Stelle. Ich kann mich nicht hinlegen, in den Zimmern ist es derart warm, daß es noch schlimmer wird. Ich lege mich in die Wiese. Dort beginne ich leicht zu frösteln.

Dann bekomme ich einen Tobsuchtsanfall. Felix sei eine totale Flasche und nicht einmal in der Lage, eine simple Heizung zu bedienen. Felix schreit noch lauter, ich sei die noch größere Flasche, und ich solle mich gefälligst selbst um den Laden kümmern.

Ich steige in den Heizungsraum. Tausend Schalter. Knöpfe. Hebel. Uhren. Ich suche den Aus-Knopf und drücke ihn. Die Heizung poltert unbeeindruckt weiter. Ich drücke auf sämtliche Aus-Knöpfe, drehe sämtliche Knöpfe auf Null. Nichts geschieht. Der ehemalige Hausbesitzer erzählte uns vom einwandfreien Funktionieren der beinahe neuen Heizung. Auf dem Heizkessel liegt eine verstaubte Gebrauchsanweisung, zweiundfünfzig Seiten stark, selbstverständlich in französisch. Auf den ersten Blick ist nichts auszumachen. Die Heizung wuchtet weiter und heizt und heizt. Wir suchen die diversen Sicherungskästen, deren es sieben gibt, überall in Nebengebäuden verteilt. Da nichts angeschrieben ist, verbringen wir den Rest des Tages und die halbe Nacht damit herauszufinden, welche Sicherung die Heizung in Betrieb hält. Wir finden sie nicht, nur einen Hauptschalter, an dem sämtliche Anschlüsse im Haus hängen, den wir sofort ausschalten. Als es jedoch langsam dunkel wird, wir ohne Licht nichts mehr sehen können und Wasser aus dem Kühlschrank tropft, drehen wir den Hauptschalter wieder an. Und sofort wird es wieder unerträglich warm.

Wir schlafen bei offenem Fenster, im selben Zimmer — und auf Felix' Wunsch auch in einem Bett. Auch will er unbedingt das Kopfkissen mit mir teilen. Er schmiegt sich dicht an mich, ich bin bereits wieder mit Kopfschmerz und Übelkeit beglückt, jede Bewegung macht er mit, läßt keinen Millimeter Raum zwischen sich und mir aufkommen. Ich wälze mich hin und her, kann beim besten Willen nicht einschlafen. Die Hitze. Felix, der an mir klebt.

Gegen Morgen, um drei, kann ich einfach nicht mehr, knipse das Licht an, setze mich im Bett auf. Felix mir nach. Und dann will ich endlich wissen, was das alles zu bedeuten habe.

»Schatz, ich habe deine Notizen über die Psychogramme und Gegenpsychogramme gelesen«, teilt er mir ernst mit. »Und da habe ich eine Graphik nach deiner Anleitung erstellt, mein Psychogramm ermittelt und darüber nachgedacht: Auch ich will anders werden! Das hast du doch immer bei mir vermißt, das Nähesuchende!« Dabei drückt er mich fest an sich.

Ich bin erschüttert. »Aber doch nicht auf diese unerträgliche, penetrante Art, in dieser Hitze!« argumentierte ich.

Felix bleibt unbeirrt: »Ich will es so schnell wie möglich hinter mich bringen und ganz werden! Noch in dieser Nacht will ich endlich ganz werden!«

Ich bekomme fast keine Luft mehr. »Hör endlich mit diesem Mist auf. Ich halte es einfach nicht mehr aus.«

»Ich will aber ganz werden!«

»Ich kann dieses verdammte Wort nicht mehr hören!« schreie ich verzweifelt. Er gibt nicht auf, bis ich schluchzend in meine Kissen falle. So muß es sein, wenn ein Mensch durchdreht. Der Schädel pulsiert. Kaum Luft zum Atmen. Erstickungsangst. Die Heizung läuft auf Hochtouren. Und Felix. Der unbedingt noch heute nacht ganz werden will.

Irgendwann schlafe ich völlig erschöpft ein. Bis tief in den nächsten Morgen hinein und mir die Sonne ins Gesicht knallt.

Die nächsten drei Tage verbringe ich im Heizungskeller, wo es noch etwas wärmer ist. Ich studiere die Gebrauchsanleitung, zweiundfünfzig Seiten von vorne und von hinten. Ich hatte mir vorgenommen, mir möglichst schnell ein psychologisch-feministisches Vokabular anzueignen, um auf diesem Gebiet tätig zu werden. Nun aber arbeite ich mich durch Worte wie Heizkurven, Dichtungsventile, Temperaturregulatoren hindurch und bin wohl bald eher in der Lage, ein Unternehmen mit Zentralheizungen zu führen, als mich psychotherapeutisch zu betätigen.

Ich bestelle mir bei der zuständigen Heizungsfirma eine deutsche Ausgabe der Gebrauchsanweisung, die mir per Expreß zugestellt wird. Auf deutsch verstehe ich überhaupt nichts mehr. Die Datenleitung ist total verstopft. Weshalb sind die meisten Gebrauchsanweisungen, einschließlich der Handbücher für Computerprogramme von didaktischen Nieten geschrieben? Weshalb gibt es keinen Verbraucherschutz, der die Käufer vor dem Durchdrehen schützt? Ich weiß nicht, wie viele Stunden ich in meinem Leben damit verbracht habe, Handbücher zu dekodieren. Während ich vor Wut beinahe in die Luft gehe, folgt mir Felix dicht auf den Fersen, will mich immerzu halten, küssen oder einfach mir nah sein. Er besteht weiterhin darauf, möglichst schnell ganz zu werden. Und heil. Und rund.

Nach anstrengenden Tagen gelingt es uns, einen Heizungsmonteur aufzutreiben und ihn dazu zu bewegen, sich den Apparat anzusehen. Er teilt uns mit, die ganze Heizung sei nicht fachmännisch installiert, und bringt die Sache in Ordnung.

Ich bin völlig erschöpft. Felix ebenso.

Am nächsten Morgen stehe ich sehr früh auf.

Ich will raus hier.

Einen weiten, elendlangen Spaziergang machen.

Mausallein.

Und ungestört meinen Gedanken nachhängen.

Ich löse mich vorsichtig aus dem Klammergriff, damit Felix nicht erwacht.

Bevor ich davonschleiche, schreibe ich einen Zettel und lege ihn ihm vorsichtig neben das Kopfkissen.

»Schatz, sei nicht böse, ich mußte unbedingt wieder einmal allein sein. Komme gegen Abend zurück.

Und noch etwas.

Bitte bleib lieber so, wie Du bist.

Denn so bist Du in Ordnung.«

Informationen über Vorträge und Seminare der Autorin:
Frauenseminar Bodensee, Finkernstr. 11,
CH-8280 Kreuzlingen, Tel. u. Fax 071-6721554

GOLDMANN

Das Gesamtverzeichnis aller lieferbaren Titel erhalten Sie im Buchhandel oder direkt beim Verlag.

Taschenbuch-Bestseller zu Taschenbuchpreisen
– Monat für Monat interessante und fesselnde Titel –
∗
Literatur deutschsprachiger und internationaler Autoren
∗
Unterhaltung, Thriller, Historische Romane
und Anthologien
∗
Aktuelle Sachbücher, Ratgeber, Handbücher
und Nachschlagewerke
∗
Esoterik, Persönliches Wachstum und
Ganzheitliches Heilen
∗
Krimis, Science-Fiction und Fantasy-Literatur
∗
Klassiker mit Anmerkungen, Autoreneditionen
und Werkausgaben
∗
Kalender, Kriminalhörspielkassetten und
Popbiographien

Die ganze Welt des Taschenbuchs

Goldmann Verlag · Neumarkter Str. 18 · 81673 München

Bitte senden Sie mir das neue kostenlose Gesamtverzeichnis

Name: _____

Straße: _____

PLZ / Ort: _____